LA
CONFÉDÉRATION SUISSE

Imp Delachaux & Niestlé — Neuchâtel.

Tous droits réservés.

LA CONFÉDÉRATION SUISSE

PAR

SIR FRANCIS OTTIWELL ADAMS

K. C. M. G., C. B.

ANCIEN ENVOYÉ EXTRAORDINAIRE ET MINISTRE PLÉNIPOTENTIAIRE
DE S. M. BRITANNIQUE, PRÈS LA CONFÉDÉRATION SUISSE

ET

C. D. CUNNINGHAM

Édition française avec Notes et Additions

PAR

HENRY G. LOUMYER

DOCTEUR EN DROIT, CONSEILLER DE LÉGATION DE S. M. LE ROI DES BELGES, A BERNE

PRÉFACE DE

LOUIS RUCHONNET

CHEF DU DÉPARTEMENT FÉDÉRAL DE JUSTICE ET POLICE

BALE, GENÈVE & LYON
H. GEORG, ÉDITEUR

1890

La Suisse est une démocratie tempérée par le bon sens.

COMTE BERNARD D'HARCOURT.

CE LIVRE EST DÉDIÉ

PAR PERMISSION SPÉCIALE

A

S. E. LE PRÉSIDENT DE LA CONFÉDÉRATION

ET AUX AUTRES

MEMBRES DU CONSEIL FÉDÉRAL

PRÉFACE

Aucun livre, dans le genre de celui que l'éditeur Georg, de Bâle, présente aujourd'hui au public n'a encore été écrit, bien que depuis de longues années le nombre d'étrangers qui visitent la Suisse n'ait fait que croître. Beaucoup d'entre eux avaient remarqué que les coutumes et les mœurs de ce pays n'étaient pas moins intéressantes que ses montagnes et ses glaciers; plusieurs ont publié des études sur celles de ses institutions qui avaient particulièrement frappé leur esprit; mais il n'existait encore aucun livre écrit par un étranger où l'on trouvât exposés dans leur ensemble les traits caractéristiques de notre organisation fédérative, les constitutions des différents cantons et les principes dirigeants de l'administration fédérale, cantonale et communale.

Il appartenait à sir Francis Adams, qui fut pendant cinq ans ministre de la Grande-Bretagne à Berne, de combler cette lacune. C'était un sincère ami de notre pays, où il est revenu mourir, et où il a trouvé un tombeau dans le centre de nos plus belles Alpes, à Grindelwald. Sir Francis Adams connaissait bien la Suisse : ses relations avec les hommes les plus distingués du pays lui avaient permis de réunir une foule de renseignements qu'il a su utiliser avec discernement. Il a trouvé aussi dans M. C.-D. Cunningham un collaborateur des plus précieux.

Le livre de MM. Adams et Cunningham a été écrit en anglais. L'édition française qu'en donne aujourd'hui M. Loumyer, conseiller de la légation de Belgique, ancien collègue de sir Francis Adams et ami des deux auteurs, est plus qu'une traduction. M. Loumyer y a introduit les additions et les corrections qui étaient nécessaires pour mettre l'ouvrage au courant des faits de ces dernières années. Sous sa plume l'ouvrage est devenu pour ainsi dire un livre nouveau.

Quoique les auteurs n'aient point écrit ce livre au point de vue philosophique, et qu'ils n'aient pas cherché à trouver le secret de la longévité de ce petit pays, enserré entre des colosses, à dire pourquoi il a conservé au travers des siècles ses institutions et sa liberté, à montrer comment avec les éléments les plus divers, les langues, les religions, les mœurs, les intérêts opposés, au travers d'une histoire pleine d'ombre comme de lumière, où les luttes intestines ont malheureusement une place très grande, il est arrivé à posséder un esprit national sûr de lui-même et qui serait aujourd'hui à la hauteur de tous les sacrifices, il n'en est pas moins certain qu'ils ont mené à bonne fin la tâche qu'ils s'étaient donnée de décrire en détail les institutions de la Suisse.

Tel qu'il est, le livre de MM. Adams et Cunningham, traduit et revu par M. Loumyer, est encore le meilleur que nous possédions. Les étrangers ne sauraient trouver un guide plus sûr pour les conduire au travers de la multiplicité et de la diversité de nos constitutions et pour leur expliquer clairement le système de notre gouvernement et le mécanisme de nos démocraties. Les Suisses aussi y prendront des leçons à la lecture de ces pages sereines et bien écrites où nos institutions, vues du dehors, sont jugées avec une sagacité qui, pour être toujours bienveillante, n'en est pas moins féconde en enseignements.

Berne, le 3 juin 1890.

L. RUCHONNET.

EXTRAIT DE L'AVANT-PROPOS
DES AUTEURS

Dans cet ouvrage, les auteurs se sont efforcés de donner un tableau succinct de la naissance et des progrès de la Confédération suisse pendant les sept périodes de son développement graduel et de la façon dont la souveraineté fédérale, sous l'empire de la Constitution revisée de 1874, est exercée par les pouvoirs législatif, exécutif et judiciaire. Ils ont consacré un chapitre spécial à la question du referendum ou vote populaire, fédéral ou cantonal, institution particulière à la Suisse; au droit d'initiative, ou pouvoir accordé à chaque électeur ou corps électoral, de faire des propositions destinées soit à créer une législation nouvelle sur tel ou tel sujet ou de demander le changement ou l'abolition des lois existantes; aux communes, qui sont la base des institutions républicaines suisses. Ils ont étudié également l'organisation des cantons et de leurs tribunaux, de l'armée, de l'instruction publique, la religion, le commerce, l'agriculture et quelques autres questions encore. Ils ont donné au chapitre XIX une courte comparaison entre les institutions politiques de l'antique Confédération suisse et la république, plus moderne, des Etats-Unis d'Amérique.

Nous avons pensé qu'un livre de ce genre s'occupant de questions plus sérieuses que celles que l'on trouve généralement traitées dans les publications ordinaires, pourrait être d'un intérêt général. Surtout à notre époque, où il est impossible de ne pas s'apercevoir des progrès que la démocratie a faits chez nous, on fera bien d'accorder quelque temps à l'étude des institutions d'un pays profondément démocratique.

Dans l'accomplissement de la tâche que nous nous sommes imposée, nous avons trouvé des aides qui nous ont été très précieux. Et tout d'abord nous ne saurions assez remercier M. le président de la Confédération et les autres membres du Conseil fédéral qui nous ont permis de leur dédier cet ouvrage, et tout particulièrement M. N. Droz, chef du Département fédéral des Affaires étrangères, dont l'assistance nous a été très utile dans les questions politiques, et M. L. Ruchonnet, chef du Département fédéral de Justice et Police, qui a également bien voulu nous donner des renseignements fort utiles sur nombre de questions épineuses.

Nous tenons à remercier ici aussi publiquement M. le professeur König, un juriste dont la réputation est européenne, qui est depuis de longues années l'avocat de la légation de S. M. Britannique à Berne, pour les renseignements qu'il nous a donnés avec une extrême obligeance en matière légale; M. l'avocat Ch. Boiceau, de Lausanne, ancien membre du gouvernement du canton de Vaud, pour ceux qu'il nous a fournis relativement à l'organisation des tribunaux de ce canton de Vaud, M. le lieutenant-colonel A. de Tscharner, de l'état-major général, pour l'armée; feu M. le professeur D^r Vœgelin, ancien membre du Conseil national, M. A. Frey, secrétaire de l'association suisse du commerce et de l'industrie, M. Henri Schneebeli, de l'école d'agriculture de Zurich, M. Gaspard Grob, secrétaire du Département de l'Instruction publique à Zurich, et M. Th. Curti, membre du Conseil national, et nous fermons cette liste en adressant tous nos remerciements à M. H. Angst, consul d'Angleterre à Zurich, qui dans toutes les occasions s'est efforcé de nous donner tous les renseignements dont nous avions besoin.

Nous ne devons pas non plus oublier de mentionner ici M. Boyd Winchester, ministre des Etats-Unis, que nous avons pu consulter au sujet de notre chapitre sur la comparaison des institutions politiques de la Suisse et de l'Amérique.

Parmi ceux qui, en Angleterre, ont contribué à nous faciliter notre tâche, nous mentionnerons ici MM. James Bryce et A.-V. Dicey, tous deux professeurs à l'université d'Oxford, le lieutenant-général H. Brackenbury, de l'artillerie royale, le colonel C.-W. Bowdler'Bell, le major E.-T.-H. Hutton, M. James

Blaikie, du Département écossais de l'Instruction publique; le Rev. W. Cunningham, D.-D., M. Wynnard Hooper et enfin M. W.-E. Davidson, du Foreign Office.

F. O. A. et C. D. C.

Je n'ajouterai que quelques mots pour adresser ici l'expression de ma reconnaissance la plus vive et la plus sincère à M. L. Ruchonnet, qui a bien voulu revoir en entier la traduction de ce livre que je n'ai entreprise que dans le but de faire mieux connaître au public de langue française les institutions si originales du peuple suisse, et à M. Furrer, l'auteur de l'excellente encyclopédie suisse qui se publie en ce moment et lequel a bien voulu me donner les renseignements les plus exacts et les plus récents sur le commerce et l'agriculture de ce pays.

Quelques-unes des notes du chapitre de l'armée ont été extraites des excellents articles sur l'armée suisse qui ont paru l'année dernière dans le *Journal des Débats* et dont l'auteur est M. Ch. Malo. La note relative au système des monnaies a été prise en partie dans l'ouvrage de M. Alb. Escher, *les Monnaies suisses*. Je dois citer ici aussi l'ouvrage de M. Gaullieur, *la Suisse historique*, où j'ai également puisé quelques renseignements utiles.

BERNE, 25 juin 1890.

H. L.

CHAPITRE PREMIER

INTRODUCTION HISTORIQUE

Les sept périodes de la Confédération suisse : I. La ligue des trois communautés (1291) : Uri, Schwytz et Unterwald. — Guillaume Tell. — Le traité de Brunnen. — II. La Confédération des huit cantons (1353). — La Charte des prêtres. — La Convention de Sempach. — Aristocratie et démocratie. — Convention de Stanz. — III. La Confédération des treize cantons (1513). — La Réformation. — Les Diètes. — Influence de la France. — Intervention. — IV. La République helvétique (1798). — Abaissement des cantons. — Centralistes et Fédéralistes. — V. L'Acte de Médiation de Bonaparte et la Confédération des 19 cantons, 1803. — Diète et Landammann. — VI. Le Pacte fédéral de 1815. — Indépendance croissante des cantons. — Hostilités entre catholiques et protestants. — VII. La Constitution fédérale de 1848. — L'Assemblée fédérale composée de deux Chambres et le Conseil fédéral de sept membres ou Pouvoir exécutif. — Berne, ville fédérale. — La Revision de 1874.

Nous ne nous proposons pas de donner dans cet ouvrage un récit détaillé de l'histoire de la Suisse depuis ses origines; notre examen ne portera que sur les sept périodes par lesquelles la Confédération suisse a eu à passer depuis la première ligue des trois petites communautés en 1291, en confirmation et en renouvellement d'anciennes alliances, jusqu'aux Constitutions de 1848 et de 1874.[1]

---

[1] On trouvera dans la seconde partie de l'excellent ouvrage de M. Dubs, qui traite du droit public de la Confédération suisse, dans l'*Instruction civique* de M. Droz, dans l'*Abrégé de l'Histoire suisse de* Magnenat et dans l'*Histoire de la Confédération suisse*, par Daguet, tous les détails que nous ne pouvons donner dans ce chapitre.

Ces sept périodes sont :

1) La ligue des trois communautés entre les hommes de la vallée d'Uri, ceux de Schwytz et les montagnards de la Basse-Vallée qui devait former plus tard une partie du canton d'Unterwalden,[1] 1291.

2) La Confédération des huit cantons, 1353.

3) La Confédération des treize cantons, 1513.

4) La République helvétique, 1798.

5) L'Acte de Médiation (19 cantons), 1803.

6) Le Pacte fédéral (22 cantons), 1815.

7) La Constitution fédérale de 1848 et sa revision en 1874.

Il faut surtout ne pas oublier que la Ligue de 1291 se composait d'éléments exclusivement allemands et que peu à peu d'autres cantons, de même langue, vinrent se joindre aux premiers confédérés. Ce ne fut qu'en 1803 seulement que les Ligues rhétiennes (Grisons), où deux cinquièmes de la population parle le romanche, deux cinquièmes l'allemand et un cinquième l'italien, le Tessin, où l'italien est la langue dominante, et le canton tout français de Vaud, devinrent membres de la Confédération suisse.

Dans les temps primitifs, le saint empire romain possédait une grande partie des territoires qui devaient former plus tard la Suisse, et ceux qui relevaient directement et nûment de l'empereur, devaient s'estimer bien plus heureux que ceux qui avaient à redouter la tyrannie d'un seigneur intermédiaire. Tout le monde sait comment le sage Rodolphe de Habsbourg, le des-

---

[1] Le plateau d'Urseren, qui appartenait alors à l'abbaye de Dissentis, devint plus tard une partie du canton d'Uri. Ce que l'on appelait la « Haute-Vallée » vint former l'autre partie du canton d'Unterwald. Ces deux vallées prirent le nom de Obwald et de Nidwald, c'est-à-dire en dessus et en dessous de la forêt qui servait de limite entre eux. A la fin du XIVe siècle, ils furent définitivement divisés en deux demi-cantons. Leur nom officiel, dans leur Constitution, est Unterwald-le-Haut et Unterwald-le-Bas.

cendant d'une simple famille noble d'Argovie, où il commandait au nom de l'empereur Richard, fut, lors de la mort de ce dernier, élevé lui-même à l'empire grâce à l'intervention de Grégoire X (1273). Mais lorsque le fondateur de la maison impériale d'Autriche mourut quelques années plus tard, en 1291, l'empire retomba pour quelque temps dans cet état d'anarchie dont il l'avait fait sortir, et ce fut alors que les trois communautés dont nous avons parlé plus haut, sentirent le besoin de s'unir plus intimement pour la défense de leurs intérêts communs; ce fut là l'origine du pacte qu'ils conclurent ensemble le 1er août 1291, et qui contenait en lui le germe de la Confédération suisse actuelle.

Les hommes d'Uri relevaient pour la plupart de la couronne impériale. Ceux de Schwytz, à part quelques serfs de nobles ou d'abbés, étaient en majorité des hommes libres, tandis que ceux d'Unterwald-le-Bas étaient presque tous des vassaux n'ayant au milieu d'eux que quelques hommes libres. Les confédérés (qu'on appelle en allemand *Eidgenossen*, c'est-à-dire alliés par un serment) signèrent une alliance perpétuelle, non pas comme on pourrait le croire, dans le but de renier leur allégeance soit envers l'empereur, soit envers les nobles possesseurs de terres ou titulaires de droits sur leur territoire, mais pour opposer une barrière au pouvoir despotique exercé par les baillis ou intendants. Une poignée d'hommes, représentant quelques milliers de concitoyens, jurèrent de tout sacrifier pour rester libres et de se secourir mutuellement contre tous ceux qui voudraient porter atteinte à leurs personnes ou à leurs biens. En fait, cette alliance ne fut guère qu'une sorte de société d'assurance mutuelle purement défensive au commencement, puisque chaque peuplade s'était réservé le droit de se gouverner comme elle l'entendait. Le principe de la souveraineté impériale ne fut pas contesté, mais à mesure que la Ligue devint plus forte et plus nombreuse, il fut peu à peu méconnu. A la fin du XVme siècle, celle-là, n'était plus que purement sommaire et le traité de Westphalie, en 1648, vint l'abolir complètement[1].

Telle fut la première période de la Confédération suisse qui n'était formée alors uniquement que de ce que l'on a appelé les trois cantons *primitifs*. C'est à cette époque qu'appartient la légende de Guillaume Tell[2].

Quelques années plus tard, dans la nuit du 17 novembre 1307, au milieu du petit champ du Grütli, situé au pied du Seelisberg sur les bords du lac de Lucerne, on raconte que Werner Stauffacher, de Schwytz, Walter Furst, d'Uri et Arnold du Melchthal, d'Unterwald, se réunirent, chacun avec dix compagnons et jurèrent de délivrer le sol suisse de ses op-

---

[1] Ce traité est une époque solennelle pour la Suisse. La Confédération des treize cantons, indépendante de fait, depuis trois siècles de l'Empire germanique, mais dont aucun acte public n'avait encore reconnu l'existence, fut formellement soustraite à la juridiction de l'Empire. L'Autriche confirma solennellement la paix de Bâle qui avait exempté les Suisses de toutes charges envers l'Empire, mais sans faire explicitement abandon de ses prétentions. La Suisse fut enfin déclarée neutre à perpétuité pour qu'elle servît de barrière entre l'Autriche et la France. La reconnaissance formelle de l'indépendance helvétique vint mettre ainsi le sceau à la liberté glorieusement conquise par les armes des Confédérés.   H. L.

[2] Nous craignons bien que ce mot de « légende » ne soit que trop bien appliqué ici, quoiqu'il n'y ait rien d'impossible à ce que quelque malheureux, transformé en héros par l'imagination populaire, ne se soit soulevé contre un oppresseur quelconque, qui pouvait fort bien être un bailli autrichien. La tradition véritable semble venir des pays scandinaves. Nous demandâmes un jour à un érudit, aujourd'hui décédé, mais très connu dans le monde de Berne, s'il croyait à l'existence du héros de Schiller : « Pas en Suisse au moins, me répondit-il : si vous voyagez un jour dans le district du Hasli (Meyringen, etc.), vous y rencontrerez une race distincte d'hommes qui sont d'origine scandinave, et je pense que ce sont leurs ancêtres qui ont apporté cette légende avec eux. »

presseurs et de reconquérir leurs anciens droits. Ils devaient être : « Un pour tous et tous pour un. »

Ce ne fut cependant que quelques années plus tard qu'ils eurent à se souvenir de leur serment et à défendre leur pays. En novembre 1315, Léopold d'Autriche entra en Suisse à la tête d'une armée de chevaliers choisis parmi les plus nobles et de fantassins fournis par les cités et les villes[1]. Le 15 novembre ils arrivèrent à un défilé au-dessus duquel sur les hauteurs de Morgarten dans le canton de Zug, les attendaient les soldats paysans, qui lancèrent sur les Impériaux une pluie de pierres et de troncs d'arbres, et descendant de leurs montagnes, achevèrent une défaite que la confusion avait commencée.

Quelques semaines plus tard, des députés d'Uri, Schwytz et Unterwalden se rassemblèrent à Brunnen, sur le lac de Lucerne, et le 9 décembre conclurent une nouvelle alliance perpétuelle. Un des articles établissait que chacun devait obéir à son seigneur dans ce qui était juste et droit, sans rien faire cependant d'hostile aux Confédérés. Un autre déclarait qu'aucun des Etats confédérés ne devait s'engager envers un seigneur sans la permission des autres; que toute négociation extérieure devait être poursuivie et achevée de concert, que toutes les discussions qui pourraient survenir entre eux devraient être jugées à l'amiable et selon le droit; qu'ils se porteraient secours et assistance dans toutes les difficultés extérieures et intérieures, envers et contre tous. La souveraineté de l'empire était cependant reconnue.

En 1332, la ville de Lucerne vint s'ajouter aux trois Etats primitifs, portant ainsi à quatre le nombre des cantons forestiers *(Vierwaldstätten)*.

Berne et Zurich étaient pendant ce temps, de même

---

[1] Zurich, Winterthur, Zug, Lucerne, Sempach et les villes de l'Argovie fournirent l'infanterie.

que d'autres cités et villes, devenus des fiefs impériaux. La puissance croissante de la première de ces villes ne tarda pas à exciter la jalousie de la noblesse de l'ouest de la Suisse qui, au mois de juin 1339, alla avec des forces considérables, mettre le siège devant Laupen, ville située sur son territoire, mais le 21 du même mois, les Bernois et leurs alliés, sous le commandement de Rodolphe d'Erlach, les défirent complètement, portant ainsi un coup fatal à la noblesse féodale de la Suisse occidentale.

En 1351, la ville impériale de Zurich, alors en guerre avec l'Autriche, accéda à la Confédération des quatre cantons forestiers qui, de leur côté, y trouvèrent à la fois une muraille contre leurs ennemis héréditaires, un marché pour leurs besoins et un centre politique important.

En 1352, Glaris et Zug se débarrassèrent du joug autrichien et vinrent renforcer l'alliance, puis ce fut le tour de Berne en 1353. La Confédération comptait alors huit Etats[1] et entrait ainsi dans la seconde phase de son existence. La souveraineté de chacun de ses membres, dans ses limites particulières, se trouvait maintenant plus clairement définie, tandis que leur intérêt collectif leur faisait conclure des actes politiques qui les engageaient tous.

Ce sont surtout trois de ces traités, signés dans les temps primitifs de la Suisse, qui ont une importance matérielle. On les nomme :

1º La Charte des prêtres, 1370.
2º La Convention de Sempach, 1393.
3º La Convention de Stanz, 1481.

Nous parlerons en leur temps des deux derniers. Ces trois actes formèrent, avec le premier pacte fédé-

---

[1] Le mot « Canton » n'avait pas encore été introduit à cette époque. Mais plus tard, on se servit indifféremment du mot Canton ou du mot Etat.

ral de 1291, les bases du droit constitutionnel de la Suisse jusqu'à la fin du XVIIIme siècle.

La Charte des prêtres *(Pfaffenbrief)* fut ainsi nommée parce que ce fut la conduite d'un prêtre zurichois qui la rendit nécessaire. Ce prêtre était prévôt de la cathédrale de Zurich; il se nommait Broun et était le fils du fameux bourgmestre de ce canton. A la suite d'un démêlé personnel avec l'avoyer de Lucerne, Gundoldingen, il voulut se rendre justice à lui-même, l'attaqua à l'improviste et le fit prisonnier. C'était là une atteinte à la souveraineté du canton de Lucerne. Pour empêcher de pareils faits, les Confédérés conclurent cette convention qui contenait les dispositions nécessaires à protéger la paix du pays également menacée par prêtres et laïques. Ce document est digne de remarque en ce sens surtout qu'il introduit le principe de la majorité pour l'adoption de nouveaux articles dans le pacte d'alliance.

En 1386, nouvelle guerre. Le 9 juillet, l'archiduc Léopold d'Autriche (neveu de celui qui avait été battu à Morgarten), trouva la mort à Sempach (canton de Lucerne), où son armée fut défaite par les Confédérés [1].

Deux années plus tard, en 1388, les Autrichiens furent encore défaits à Næfels, dans le canton de Glaris, par les hommes de ce canton assistés de quelques gens de Schwytz.

En 1393, les députés des huit Etats confédérés et ceux de Soleure — ville alliée de Berne — se réunirent à Zurich et y signèrent une nouvelle convention

---

[1] Cette victoire a été attribuée au dévouement d'un certain Arnold Strutthan de Winkelried, d'Unterwald, chevalier, qui, s'il faut en croire la légende, voyant la bataille presque perdue, s'élança hors des rangs, atteignit l'ennemi et embrassant quelques lances, se les enfonça dans la poitrine et tombant à terre, ouvrit un chemin par lequel les Confédérés purent s'élancer dans les carrés autrichiens et changer en une victoire complète la défaite qu'ils allaient subir.

connue sous le nom de *Convenant de Sempach*, destinée à fortifier encore le principe de la souveraineté fédérale, et dont les articles principaux avaient pour but de prévenir les guerres illégitimes et d'établir une organisation militaire nouvelle. — Les églises et les couvents devaient être protégés quoiqu'il fût permis d'y rechercher ses ennemis. Aucune femme ne devait être outragée ou maltraitée par un Confédéré, sauf le cas où elle-même aurait entrepris un acte d'hostilité contre les Confédérés, soit par trahison, soit par délation, ce qui fit qu'on l'appela aussi quelquefois la Charte des femmes (*Frauenbrief*).

Ces glorieuses victoires des Confédérés firent donner au XIVme siècle le nom « d'âge héroïque » de la Suisse. Pendant la première moitié du XVme siècle, la Confédération crût en force et en étendue; chaque État ajoutait à son territoire tout ce qu'il pouvait prendre et plus d'une fois on put craindre que des dissensions sérieuses surgissent entre les membres de la ligue. Leurs institutions d'ailleurs différaient beaucoup entre elles.

Dans les cantons primitifs, sauf à une certaine période de leur histoire, tous les citoyens étaient libres et égaux en droit, mais il n'en était pas de même dans les territoires possédés par les villes souveraines. Là c'étaient les landsgemeindes[1] qui décidaient toutes les questions importantes; ici, les bourgeoisies, sans le secours des habitants des campagnes. Cette situation d'inégalité s'aggrava encore lorsque les Confédérés eurent conquis l'Argovie sur le duc d'Autriche, en 1415, et l'eurent réduite à l'état de bailliages, sauf la

---

[1] Dans la Constitution d'Uri, ce mot est écrit « Landesgemeinde » au singulier. Dans les deux demi-cantons d'Unterwalden, dans ceux d'Appenzell et de Glaris, on le trouve toujours épelé « Landsgemeinde ». Cette orthographe est considérée comme meilleure par les autorités suisses compétentes.

partie qui fut donnée au canton de Berne. Les huit cantons devinrent ainsi des souverains qui possédaient des sujets : c'est ainsi que la Thurgovie tomba sous leur domination en 1460. Elle ne devait recouvrer son indépendance qu'en 1798.

Bientôt la guerre civile se déchaîna entre la Confédération et Zurich, qui avait conclu une alliance séparée avec l'Autriche. Le lien fédéral risqua même de se déchirer à cette occasion et il fallut les batailles de St-Jacques sur la Sihl (1443) et de St-Jacques sur la Birse (1444), pour contraindre Zurich à renouer cette alliance et faire prévaloir ainsi de nouveau la souveraineté fédérale sur la souveraineté cantonale. En 1474, les Confédérés déclarèrent la guerre à Charles de Bourgogne[1], surnommé le Téméraire et le défirent d'abord à Grandson, sur le lac de Neuchâtel, après qu'il eut pris cette ville par surprise et mis à mort toute la garnison, puis à Morat[2], et enfin le 5 janvier 1477, sous les murs de Nancy, défendue alors par René duc de Lorraine et 8000 Confédérés. Le duc de Bourgogne, on le sait, y trouva la mort.

Le danger d'une dislocation complète de la Confédération fut encore plus grand après cette guerre. La distribution inégale du butin pris à Grandson et à Morat avait causé beaucoup de jalousie et d'irritation de la part des cinq cantons à landsgemeinde contre les cantons à bourgeoisie (Zurich, Berne, Lucerne). Différentes diètes, convoquées pour faire cesser ces dissensions, ne firent que les accroître. Une dissolution de la Confédération semblait imminente. Enfin, grâce à l'heureuse influence de l'ermite Nicolas de

---

[1] Dans son *Essai sur Charles-le-Téméraire*, M. Freeman énumère tout au long la cause de cette guerre, qu'il attribue aux intrigues et à l'or de la France, ainsi qu'à la diplomatie bernoise. Le but que se proposait cette dernière République était évidemment d'augmenter son territoire. Son âpreté au butin ne se fit jour que plus tard.

[2] En allemand, Murten.

Flue, le conflit se termina à la Diète de Stanz (Nidwald) par l'adoption de la nouvelle convention connue sous le nom de Convenant de Stanz (22 décembre 1481). Les trois cantons primitifs et ceux de Zug et de Glaris cessèrent de faire opposition à l'entrée dans la Confédération de deux villes nouvelles, Fribourg et Soleure, qui formèrent ainsi les 9me et 10me canton.

Le Convenant de Stanz vint encore fortifier la souveraineté fédérale et l'admission de nouveaux cantons donner un développement plus grand à la Confédération. Le partage du butin de guerre fut réglé pour l'avenir, toute alliance séparée fut interdite entre Etats Confédérés et des dispositions furent prises pour assurer le maintien de la paix générale.[1]

En 1501, les villes de Bâle et de Schaffhouse vinrent former les 11me et 12me cantons, et Appenzell le 13me en 1513. Ce dernier, primitivement propriété de l'abbé de St-Gall, avait obtenu son indépendance au commencement du XVme siècle.

Telle fut la troisième période de la Confédération, qui se composait alors de 13 cantons. Cet état de choses dura sans modifications jusqu'en 1798, mais il fut marqué par des dissensions profondes résultant surtout des questions religieuses et des mouvements révolutionnaires (guerre des paysans, conjurations de Davel, Chenaux, Henzi, etc., etc.). Ce fut pendant cette période que nombre de Suisses allèrent s'engager comme soldats à la solde de l'Angleterre, de l'Espagne, de la France, de la Hollande, etc. On trouve dans l'histoire de ces différents pays les noms d'une

---

[1] L'espace nous manque pour parler ici des conquêtes des Confédérés dans le Milanais, conquêtes qui pour un moment les rendit pour ainsi dire tout puissants en Europe, mais qui devaient se terminer par la sanglante défaite de Marignan (14 septembre 1515), à laquelle leur vaillant chef, le cardinal Schinner, le plus grand homme politique de la Suisse peut-être, ne survécut que bien peu d'années. H. L.

foule de membres des familles patriciennes suisses qui servirent avec distinction les princes étrangers [1]. Ces services mercenaires qu'on a souvent reprochés à la Suisse, ne datent que de l'époque des guerres de Bourgogne [2].

Le XVIme siècle vit la naissance et le développement du protestantisme. Ulrich Zwingle en fut le promoteur à Zurich, qui devint bientôt la forteresse de la foi nouvelle, d'où elle se répandit sur Berne, St-Gall, une partie d'Appenzell, Schaffhouse et Bâle. Le sang coula bientôt et à la bataille de Kappel (canton de Zurich) les Zuricois furent battus par les hommes des cantons forestiers et de Zug, et Zwingle trouva la mort dans la lutte.

Pendant ce temps la religion réformée, grâce surtout aux efforts du canton de Berne, faisait de grands progrès dans la Suisse occidentale. Genève, qui avait

---

[1] Les noms de Louis Pfyffer, surnommé le roi des Suisses, de d'Erlach, qui fut fait maréchal de France, et de tant d'autres sont trop connus pour que nous ayons à en parler ici ; mais rien que depuis 1792 jusqu'en 1859, époque où les capitulations furent abolies, nous trouvons à la solde de :

L'*Angleterre*, les régiments de Salis, de Roveréaz, de Bachmann et de Courten jusqu'en 1801, puis ceux de Meuron, de Roll et de Watteville, licenciés en 1816 au Canada.

L'*Espagne*, dix régiments en vertu de la capitulation du 6 avril 1804, plus un régiment à la solde du Roi Joseph.

La *France*, sous la République, les deux brigades auxiliaires ; sous l'Empire, quatre régiments et deux bataillons (du Valais et de Neuchâtel) ; sous la Restauration, deux régiments de la garde et quatre régiments de ligne.

La *Hollande*, quatre régiments.

Naples, quatre régiments et un bataillon de chasseurs,

Du *Piémont*, en 1814, un régiment grison.

(Voyez l'*Histoire des régiments suisses au service de France*, par M. de Schaller, de Fribourg.)   H. L.

[2] Sans doute ces reproches étaient jusqu'à un certain point mérités. Mais le spectacle que donnaient ces quelques 30,000 hommes en montant la garde autour de certains trônes européens, n'était pas dénué de grandeur et a certainement contribué beaucoup à rendre le nom Suisse fameux en Europe (Voyez chapitre XI).

été une ville épiscopale, et qui plus tard s'était alliée avec Berne et Fribourg contre la tyrannie du duc de Savoie, se vit enfin délivrée par la troupe de ces Etats et se déclara en république en 1535. Elle adopta en 1541 une nouvelle législation civile et ecclésiastique, œuvre du célèbre Calvin, et plus tard encore quand le pays de Vaud, longtemps soumis à la maison de Savoie, fut conquis par les Bernois en 1536, presque tous ses habitants se firent protestants.

En 1597, sous l'influence de querelles religieuses, Appenzell se divisa en deux demi-cantons. Appenzell Rhodes-Intérieures resta catholique. Appenzell Rhodes-Extérieures devint protestant. Pendant tout le XVIIme siècle il y eut entre les Confédérés tant de dissensions, que le lien fédéral semblait alors exister à peine.

Berne, dont le territoire tout entier occupait à l'origine moins de place que n'en tient aujourd'hui sa commune seule, était devenu le plus important des cantons. Il avait étendu sa puissance de tous côtés : au sud, vers l'Oberland et jusqu'au lac de Genève; à l'ouest, jusqu'aux lacs de Neuchâtel et de Bienne, et au pied du Jura; au nord, presque jusqu'au Rhin; à l'est, il touchait aux frontières de Lucerne et d'Unterwald. Les bourgeois de Berne s'étaient constitués en une de ces corporations exclusives dont nous aurons l'occasion d'expliquer la nature au chapitre des communes (VIII). Ils n'y voulaient plus admettre de nouveaux membres et le gouvernement, ainsi que tous les emplois officiels, se concentrèrent chaque jour davantage entre les mains d'un nombre toujours plus petit de familles patriciennes. Il en fut de même à Lucerne, Fribourg et Soleure où certaines familles se maintinrent constamment au pouvoir à l'exclusion de la majorité du peuple. Berne, Fribourg, Lucerne et Soleure furent donc les cantons aristocratiques. Zurich, Bâle et Schaffhouse, des cantons mi-aristocratiques, où les bourgeois avaient leur part dans les élections à l'exclusion du peuple des campagnes. Les six autres cantons étaient démocratiques [1] et se gouvernaient eux-mêmes dans des landsgemeindes.

Il y avait en outre des Etats alliés ou protégés et des territoires sujets plus ou moins étendus, appartenant à un ou plusieurs cantons, dont le nombre s'élevait à une vingtaine.

Les relations des Etats alliés *(zugewandte Orte)* avec les cantons étaient de natures différentes. Le Valais et les Grisons étaient des Républiques démocratiques; Genève, Bienne, Mulhouse et la ville de St-Gall des républiques aristocratiques; la Principauté de Neuchâtel, appartenait alors au Roi de Prusse et obéissait à ses lois; l'Abbaye de St-Gall et l'Evêché de Bâle obéissaient à des souverains ecclésiastiques.

Les Etats protégés *(schutzverwandte Orte)* étaient les domaines d'Engelberg, dans le canton d'Unterwald, et d'Einsiedeln, dans le canton de Schwytz, et la petite république de Gersau, sur le lac de Lucerne.

Dès les premiers temps, le pouvoir législatif de la Confédération avait été entre les mains des Diètes *(Tagsatzungen)*. Au commencement le droit de convoquer ce que l'on appelle les Sessions fédérales, — c'est-à-dire le droit de fixer le jour où l'on se réunirait pour discuter les questions d'intérêt général — appartenait à chaque canton et le lieu de réunion était soit indiqué dans la lettre d'invitation, soit laissé au choix de l'Etat qui lançait les convocations. Après s'être réunis, les députés des Etats se communiquaient les uns aux autres leurs instructions. Quelquefois même ils ne s'assemblaient que pour écouter les différentes propositions soumises à la Diète, et en déférer

---

[1] Nous employons ce mot dans son sens suisse.

à leurs gouvernements *(ad auditorum et referendum)*, remettant à une autre session la discussion de ces questions.

Tant que dura l'ancienne Confédération, cette manière de procéder demeura pour ainsi dire sans changements essentiels. Peu à peu cependant, les réunions en vinrent à se tenir à des dates fixes, et ce fut généralement le canton de Zurich qui, étant le premier en rang, fut appelé « Vorort » (canton directeur), et lança les invitations. C'était aussi lui qui convoquait les Diètes et dirigeait les discussions, transmettait à chaque canton les décisions qui les concernaient particulièrement, et servait d'intermédiaire avec les Etats étrangers, sans avoir cependant ni pouvoirs ni droits d'initiative. Antérieurement à la Réformation, ces assemblées se réunissaient généralement à Zurich, à Frauenfeld et à Bâle; mais après, il y eut pendant longtemps des Diètes séparées, l'une à Lucerne pour les cantons catholiques, l'autre à Aarau pour les cantons protestants. Les Diètes générales se tenaient à Zurich, Frauenfeld et Bâle.

Les attributions essentielles des Diètes étaient les affaires étrangères, la guerre, le règlement des querelles entre cantons; mais leur autorité était, sinon entièrement, du moins en grande partie annulée par ce fait que les cantons étaient souverains chez eux et que les députés ne pouvaient agir qu'en vertu des instructions qu'ils recevaient.

Les Etats voisins et la France spécialement exercèrent une influence considérable sur les affaires publiques de la Suisse pendant le XVIIIme siècle. Louis XVI conclut en 1777, une alliance défensive avec les 13 cantons et entretint beaucoup de soldats suisses à sa solde. Ses envoyés exercèrent jusqu'à la révolution de 1789, une grande influence sur la Diète et dans toutes les affaires cantonales.

L'état intérieur des cantons laissait voir de tous côtés le besoin de réformes sérieuses. Zurich, Berne et Bâle, quoiqu'ils eussent d'habiles administrateurs, étaient souvent gouvernés d'une façon tyrannique, et les abus ne manquaient pas davantage dans les Etats démocratiques. Les territoires sujets avaient surtout à se plaindre de la conduite arbitraire des *baillis*, qui ne songeaient guère qu'à s'enrichir au plus vite et par tous les moyens possibles. La législation pénale particulièrement, était dure dans tous les pays. Et cependant le commerce et l'agriculture se développaient, et Zurich, Bâle et Genève prospéraient. L'art de l'horlogerie était introduit à Neuchâtel. Nombre d'hommes illustres venaient prouver le développement intellectuel du pays.

L'inégalité criante, cependant, qui existait entre les habitants des villes et ceux des campagnes, entre les bailliages et les Etats souverains donna lieu, sous l'influence de la Révolution française, à un soulèvement parmi ceux qui en fait étaient sujets et non citoyens. En janvier 1798, le pays de Vaud se déclara indépendant et appela une armée française à son secours contre les Bernois. Dans d'autres parties de la Suisse des soulèvements populaires se produisirent. Les Bernois, sous le commandement du colonel de Graffenried, défirent les Français à Neueneck, canton de Berne (un obélisque a été élevé à cet endroit) mais le général alsacien Schauenbourg battit d'Erlach à Fraubrunnen et à Grauholz, et s'empara de Berne. La vieille Confédération suisse avait vécu [1].

---

[1] La chute de Berne fut le signal de la chute du reste de la Suisse, qui avait assisté à cette lutte l'arme au bras. Mais c'est au colonel Aloys de Reding, de Schwytz, ancien officier au service de l'Espagne, d'une famille dont le nom et les services se rattachaient à la gloire antique de ce canton libérateur de la Suisse, qu'appartient l'éternel honneur d'avoir défendu son pays jusqu'au dernier moment. Le 2 mars

Jusqu'en 1798, il n'y avait eu entre les différents cantons que de simples alliances. Il n'y avait pas de Constitution fédérale proprement dite. L'établissement de la République helvétique, une et indivisible, qui forma la quatrième période de la Confédération, fut le premier pas vers une Constitution, imposée d'ailleurs à la Suisse par l'étranger et contraire à toutes les traditions de ce pays. D'Etats souverains, les cantons, dont toutes les limites primitives furent changées, se virent réduits à l'état de simples départements. Le pays entier était en proie aux dissensions. La minorité, composée de centralistes, désirait conserver la République, une et indivisible, et remettre l'autorité législative suprême entre les mains d'un seul pouvoir central. La majorité, composée de Fédéralistes, demandait au contraire le retour à l'ancien état de choses d'avant 1798, avec les cantons souverains.

C'est alors que Bonaparte fit venir à Paris des députés des deux partis et après de longues consultations, donna à la Suisse, le 19 février 1803, une constitution nouvelle connue dans l'histoire sous le nom d'Acte de Médiation. La Suisse redevint un état fédératif composé de treize anciens cantons et de six nouveaux, savoir : St-Gall, les Grisons, Argovie, Thurgovie, le Tessin et Vaud. Ce fut là la cinquième période de la Confédération.

Une Diète fut établie où chaque canton envoyait un député avec pouvoirs limités, car il ne pouvait voter que selon les instructions qu'il avait reçues. Les 19 députés disposaient cependant de 25 votes, car les

---

1798, il battit les Français à Morgarten, dans cette même plaine où quatre cent quatre-vingt-trois ans auparavant, et toujours sous la conduite d'un Reding, les Suisses avaient gagné leur premier triomphe sur leurs oppresseurs. Mais cette victoire fut inutile, et la fin de l'année 1798 vit la soumission complète de la Suisse. H. L.

six d'entre eux qui représentaient des cantons de plus de 100,000 âmes avaient deux voix. La Diète se réunissait tour à tour et d'une année à l'autre, à Zurich, Berne, Lucerne, Fribourg, Soleure et Bâle. Le canton où se tenait la Diète était, pour cette année, le canton directeur (Vorort) et le président du canton devenait de droit Landamman de la Suisse et président de la Diète. Il y avait 3 cantons catholiques et 3 cantons protestants.

L'acte de médiation était loin de plaire à tout le monde, et, avant de devenir complètement indépendante, la Suisse devait subir encore une intervention étrangère. La chute de l'empereur Napoléon amena la destruction de l'ordre de choses qu'il y avait établi. Le congrès de Vienne reconnut l'indépendance et la neutralité de ce pays, sous condition toutefois que les cantons nouveaux seraient maintenus et il en ajouta trois autres à leur nombre. C'est ainsi qu'en 1814 le Valais (République alliée à la Confédération depuis le moyen âge jusqu'en 1798), Neuchâtel (qui, relevant du roi de Prusse, avait été donné par Napoléon au maréchal Berthier) et Genève (qui avait été annexé à la France par le Directoire en 1798, mais était alors indépendant et agrandi par l'adjonction de certains territoires appartenant à la France et à la Savoie), furent ajoutés aux anciens cantons. Enfin la neutralité perpétuelle de la Suisse et l'inviolabilité de son territoire furent garanties par l'Autriche, la Grande-Bretagne, le Portugal, la Prusse et la Russie dans l'acte signé à Paris le 20 septembre 1815. Neuchâtel ne gagna cependant réellement son indépendance qu'en 1857, lorsque ce canton cessa d'être une principauté prussienne [1].

---

[1] La République fut en réalité proclamée le 1ᵉʳ Mars 1848. Mais ce ne fut qu'en 1857, il est vrai, à la suite de l'insurrection de 1856, que le roi de Prusse renonça définitivement à sa qualité de Prince de Neuchâtel.

H. L.

La Confédération se composait ainsi de 22 cantons. Le Pacte fédéral de 1815, élaboré par la Diète de Zurich, et accepté par le Congrès de Vienne, vint prendre la place de l'Acte de médiation et demeura en force jusqu'en 1848. C'était, à certains égards, un retour partiel à l'état de choses antérieur à la révolution. Il restituait aux cantons une grande partie de leur ancienne souveraineté. Toutefois il maintenait un lien fédéral assez fort. Il remettait la direction des affaires fédérales à un Vorort qui alternait tous les deux ans entre Zurich, Berne et Lucerne. Mais encore une fois les députés de chaque canton ne pouvaient voter que conformément à leurs instructions. Chaque canton n'avait qu'un vote. Ce fut la sixième phase de la Confédération.

Le Pacte fédéral de 1815 fut suivi d'une époque de trouble et d'agitation. La Confédération souffrait d'un vice fondamental ; la faiblesse du pouvoir central. Les cantons étaient devenus trop indépendants et donnaient trop volontiers à leurs députés des instructions absolument opposées à celles de leurs codéputés.

La chute des Bourbons en 1830 eut son contre-coup en Suisse. Les patriciens de Berne et les classes aristocratiques dans les autres cantons perdirent l'ascendant qu'elles avaient peu à peu reconquis depuis le commencement du siècle et le pouvoir du peuple s'en accrût d'autant. En quelques mois, douze cantons, parmi lesquels Lucerne et Fribourg, modifièrent leurs Constitutions dans un sens démocratique, les uns sans secousse, les autres par une révolution. La plupart des nouvelles constitutions consacraient le principe de la souveraineté du peuple et de l'égalité civile et politique des citoyens. A Bâle, le refus d'accorder au peuple des campagnes la représentation proportionnelle, amena l'effusion du sang et la séparation de ce canton en deux Etats séparés, Bâle-Ville et Bâle-Campagne (1833). Entre 1830 et 1847, il y eut vingt-sept revisions de constitutions cantonales.

Aux querelles politiques vinrent s'ajouter des troubles religieux. En Argovie, la Constitution de 1831 qui établissait que le Grand Conseil serait composé de 200 membres, moitié catholiques et moitié protestants, fut revisée en 1840. La nouvelle constitution déclarait que les membres ne devaient plus être choisis d'après leur religion, mais sur la base d'une large représentation populaire. C'était donner l'avantage aux protestants et provoquer le mécontentement des catholiques. Deux mille paysans de ce dernier parti prirent les armes et furent battus à Villmergen en janvier 1841 par les protestants, qui profitèrent de leur victoire pour décréter la suppression des huit couvents du canton et la confiscation de leurs biens. Cette mesure fut généralement regardée comme une violation du Pacte fédéral de 1815 dont l'article 12 garantissait l'existence des couvents et chapitres, et quoique plus tard les quatre couvents de femmes eussent été rétablis, cette affaire devait amener de sérieuses conséquences.

Le premier résultat de la suppression de ces couvents fut la chute du gouvernement libéral à Lucerne et l'arrivée au pouvoir des chefs du parti ultramontain. Deux ans plus tard, le nouveau gouvernement convoqua les délégués des cantons catholiques à Rothen, près de Lucerne, et là, dans des conférences secrètes, et sous le prétexte que leur religion était en danger, ils jetèrent les bases d'une ligue séparée — Sonderbund — composée des quatre cantons forestiers, de Zug et de Fribourg, auxquels le Valais devait se joindre plus tard. C'était violer ouvertement, non seulement la lettre, mais l'esprit du Pacte fédéral.

En 1844 le Grand Conseil de Lucerne se prononça en faveur des Jésuites qui demandaient à être chargés de la direction de l'éducation supérieure publique, et les hostilités s'ouvrirent entre les libéraux et les ultramontains. Des bandes de volontaires attaquèrent cette ville mais furent repoussées. L'expulsion des Jésuites devint la question du jour. Enfin lorsque la Diète ordinaire se réunit à Berne, en juillet 1847, les cantons dits du Sonderbund déclarèrent leur intention de persévérer dans leur alliance séparée jusqu'à ce que les autres cantons aient décrété le rétablissement des couvents argoviens, écarté la question des Jésuites et renoncé à modifier le Pacte. Ces conditions ne pouvaient naturellement être acceptées. On apprit que le canton d'Unterwald faisait élever des fortifications sur le Brunig et le canton d'Uri au Susten-Pass, tandis que des munitions de guerre traversaient le Tessin à destination des sept cantons alliés.

Toutes ces questions furent soumises à un comité de la Diète composé des sept membres suivants : Ochsenbein (Berne), Furrer (Zurich), Munzinger (Soleure), Näff (St-Gall), Kern (Thurgovie), Luvini (Tessin) et Druey (Vaud). Ce comité se considéra dès ce moment comme investi du pouvoir en tout ce qui touchait à la question du Sonderbund et siégea jusqu'à ce que les cantons rebelles eussent été vaincus.

Le 4 novembre 1847, après le départ des députés du Sonderbund, cette ligue fut déclarée dissoute, et les hostilités commencèrent. Dans une courte mais décisive campagne de vingt-cinq jours, sous le commandement du général Dufour, les troupes fédérales s'emparèrent de Fribourg. Lucerne ouvrit ses portes un peu plus tard. Les petits cantons et le Valais capitulèrent. La guerre était finie.

Quoique la question des Jésuites eût été le prétexte et que les cantons protestants eussent mis en avant leur crainte de voir cet ordre prendre trop d'influence sur la jeunesse de Lucerne, appelée à jouer plus tard un rôle considérable dans les affaires de la Suisse, il n'y a aucun doute qu'un certain nombre d'Etats désiraient une revision du Pacte fédéral de 1815 qui n'était plus d'accord avec les nouvelles constitutions cantonales, modifiées comme elles l'étaient dans un sens démocratique. Il était facile de comprendre, en outre, que les grands cantons désiraient avoir une part plus prépondérante que les petits dans les affaires fédérales.

Aussitôt après la dissolution du Sonderbund, il devint nécessaire de procéder à la revision du Pacte fédéral. Les opinions différaient nécessairement au sujet de la manière dont elle devait être effectuée et quatre différents groupes se formèrent. Ils comprenaient:

1º Les partisans du *statu quo*. On n'en trouvait que dans le canton de Neuchâtel.

2º Les partisans d'une réforme modérée du Pacte de 1815, dont les bases devaient être conservées sans représentation populaire. Furrer, Näff et Munzinger se faisaient remarquer dans ce groupe.

3º Les partisans d'un retour à l'Acte de médiation. Casimir Pfyffer, de Lucerne, en était le chef.

4º Les partisans d'un changement complet, avec la constitution des Etats-Unis comme modèle. Druey (de Vaud) et Fazy (de Genève), étaient à la tête de ce mouvement qui trouvait ses partisans surtout dans la Suisse française.

Le 17 février 1848, le soin d'élaborer une constitution nouvelle fut confié à une commission de 14 membres. Les rapporteurs étaient MM. Druey et Kern, et leur travail fut achevé le 8 avril suivant. Le projet fut soumis aux cantons et adopté sur-le-champ par treize d'entre eux et un demi-canton; d'autres l'acceptèrent dans le courant de l'été. Elle fut enfin promulguée de l'assentiment de tous le 12 septembre 1848.

C'est ici que commence la septième et dernière

phase de la Confédération, période marquée par l'adoption d'une Constitution fédérale unique pour tout le pays, la première qui ait été entièrement l'œuvre de Suisses et dégagée de toute influence étrangère. Quoique ses auteurs se soient inspirés de celle des Etats-Unis, ils furent en même temps assez sages pour comprendre que cette dernière ne pouvait être acceptée en Suisse dans tous ses détails, et ils accomplirent leur tâche difficile avec succès [1].

La Constitution fédérale de 1848, comme le remarque M. Droz, a donné à la Confédération la force dont elle avait besoin, d'un côté pour maintenir l'ordre à l'intérieur, de l'autre, pour représenter et défendre les intérêts communs vis-à-vis de l'étranger. Pour la première fois il y eut deux Chambres : le Conseil national, dont les membres étaient élus en proportion de la population, favorisant ainsi les grands cantons tout en représentant le peuple suisse dans sa totalité, et le Conseil des Etats — semblable au Sénat américain — où chaque canton, petit ou grand, fut représenté par deux membres. Ces deux Chambres formèrent l'Assemblée fédérale. Un pouvoir exécutif fut créé sous le nom de Conseil fédéral. Il se composait de sept membres, dont cinq avaient fait partie de la Commission du Sonderbund. Le Dr Kern, qui pendant tant d'années représenta si dignement la Suisse à Paris, fut remplacé par le colonel Frei-Hérosé d'Argovie et M. Luvini par M. Franscini, Tessinois comme lui. Des sept membres de ce premier Conseil fédéral, le général Ochsenbein survit seul (janvier 1890).

La Constitution de 1848 réservait à la Confédération le droit de disposer de l'armée pour le maintien de l'ordre intérieur et la sauvegarde de l'indépendance nationale. Elle répondait à des besoins généralement sentis en centralisant plusieurs grands servi-

---

[1] Voir chapitre XIX.

ces publics : les monnaies, les poids et mesures, les postes et les télégraphes. Les cantons reconnurent à la Confédération le droit exclusif d'établir des péages aux frontières et de fabriquer de la poudre de guerre et, en échange de certaines indemnités, ils consentirent à abolir certains impôts et droits d'octroi qu'ils percevaient à l'intérieur du pays. Il fallut nécessairement songer à choisir une ville fédérale ; ce fut Berne qui fut désigné et devint ainsi le siège des deux Chambres et du Conseil fédéral.

La Constitution de 1848, œuvre de modération et de compromis, avait été évidemment élaborée dans le but de donner autant que possible satisfaction aux éléments cantonal et national ; et en fait, elle a procuré à la Suisse de longues années d'un bonheur et d'une prospérité sans précédents. Mais si la création d'un pouvoir central était venue diminuer l'indépendance et la souveraineté des cantons, elle leur avait donné en échange bien plus de force au point de vue de leurs relations extérieures, grâce à l'union qu'elle avait ainsi cimentée. Elle était véritablement proportionnée aux intérêts de la nation. Mais le temps marche incessamment, faisant surgir sous ses pas des questions nouvelles qui veulent être résolues. Le développement du commerce et de l'industrie, la paix confessionnelle souvent troublée par des actes d'intolérance, la diversité des législations civiles des différents cantons, qui de jour en jour devenait un obstacle plus grand aux relations multiples de la vie, tout cela venait rendre nécessaire une revision de la première constitution suisse. Cette revision fut proposée en 1871, puis en 1872, mais les partisans d'une centralisation plus grande ne purent faire voter par le peuple l'œuvre qu'ils avaient réussi à faire adopter par les Chambres ; elle échoua dans la votation du 12 mai 1872 par le vote négatif de 261,072 citoyens contre 255,609, et de 13 cantons contre 9.

Néanmoins le mouvement une fois lancé ne pouvait s'arrêter ainsi. Le projet de Constitution fut repris et rendu plus acceptable aux partisans de l'indépendance cantonale. Le 19 avril 1874, la nouvelle Constitution fédérale fut adoptée à la majorité de 340,199 voix contre 198,013 et de 14 $^1/_2$ cantons contre 7 $^1/_2$, dans la proportion de deux à un par conséquent.

C'est cette Constitution — datée du 29 mars 1874 — quelque peu revue et modifiée, qui régit aujourd'hui la Confédération helvétique.

En terminant cette introduction historique, qu'il nous soit permis de remarquer que la Constitution suisse, telle qu'elle existe aujourd'hui, remplit les deux conditions qui, selon le professeur Dicey, sont la base essentielle de tout Etat fédératif.

Il faut, dit-il (dans son *Cours préparatoire à l'étude de la loi et la Constitution*, pages 128-130, 2me édition), comme première condition, que les peuples qui doivent plus tard former un état fédératif, soient, comme les colonies anglaises de l'Amérique, les provinces du Canada, les cantons de la Suisse, dans une telle connexité de lieu, d'histoire, de race, qu'aux yeux de ses habitants mêmes, ils portent l'empreinte d'une nationalité commune. L'histoire nous montre qu'en général tous les Etats fédératifs qui existent aujourd'hui, ont été, à une période quelconque de leur existence, soit soumis à un même souverain, soit unis par une alliance commune; toutefois ce serait aller plus loin que les faits ne nous permettent de le prouver, que d'affirmer que cette connexité primitive est une des conditions essentielles de la formation d'un Etat fédératif, mais il est parfaitement certain que là où cette forme de gouvernement s'est établie, elle n'a été que le résultat lentement et laborieusement acquis d'une alliance étroite et ancienne.

Quant à ce qui regarde la Suisse, cette condition a

été pleinement remplie nous le savons. En 1291, trois petites communautés que leur position géographique, leur race et tant d'autres liens venaient étroitement unir, formèrent une alliance perpétuelle et la Confédération d'aujourd'hui n'est pas autre chose que la conséquence heureuse de cette union primitive.

La seconde condition, qui selon le professeur Dicey est absolument essentielle à la formation du système fédératif, est l'existence d'un certain sentiment tout particulier parmi les habitants des pays que l'on se propose de réunir en un seul Etat. Ils doivent désirer l'union, l'unité; si ce désir n'existe pas, la fédération n'a pas de base sérieuse; si d'un autre côté, le peuple désire l'unité, il saura trouver ce qui lui convient dans une constitution, non fédérale, mais unitaire, c'est-à-dire centralisée. Pour former un Etat fédératif, il faut, en un mot, que le peuple sente le besoin de former, sous certains rapports, une seule nation, sans vouloir pour cela renoncer à l'indépendance individuelle de chaque canton particulier. On pourrait même peut-être aller encore un peu plus loin et dire qu'on ne pourrait former un gouvernement fédératif que si la plupart des habitants de chaque Etat séparés se sentaient plus liés envers leur propre canton qu'envers l'Etat fédéral représenté par le gouvernement commun.

La Suisse remplit cette seconde condition comme elle remplit la première. Les cantons suisses, tout en désirant l'union ne désirent pas une unité telle qu'elle en arrive à l'exercice de l'autorité législative suprême par un seul pouvoir central, comme cela existe dans le Parlement britannique. La création de la République helvétique, une et indivisible, en fut la preuve: elle ne dura que cinq ans, de 1798 à 1803. Il est certain qu'au moment de la guerre du Sonderbund, les citoyens des cantons catholiques romains se sentaient plus portés envers leur canton qu'envers la Confédération et l'on peut en dire autant, quoique à un degré moindre peut-être, des habitants protestants de Zurich et de Berne. Ces deux sentiments peuvent paraître plus ou moins inconsistants avec l'existence d'un gouvernement fédéral, mais ils n'en doivent pas moins exister. Il faut désirer l'union nationale, mais en même temps il faut que chaque canton soit décidé à se maintenir indépendant dans une certaine mesure.

CHAPITRE II

LA CONSTITUTION SUISSE

La double souveraineté fédérale et cantonale. — Lutte entre ces deux forces. — Pouvoirs relatifs. — Droits relatifs. — La souveraineté fédérale : guerre, contrôle de l'armée, frappe de la monnaie, importations et exportations, postes et télégraphes, travaux publics pour toute la Suisse. — La souveraineté cantonale : lois cantonales, tribunaux, police, écoles, travaux publics dans les limites du canton. — Construction et fonctionnement des chemins de fer. — Les trois pouvoirs fédéraux : l'Assemblée ou pouvoir législatif ; le Conseil fédéral ou pouvoir exécutif ; le Tribunal fédéral ou pouvoir judiciaire. — Récapitulation. — Fonctions exécutives et judiciaires. — Puissance croissante de la Confédération.

L'histoire intérieure de la Suisse démontre clairement l'existence d'une souveraineté [1] double au sein de la Confédération, l'une fédérale, l'autre cantonale, et l'on peut citer de nombreux exemples de cas où elles se sont trouvées en opposition l'une avec l'autre. La Confédération suisse est une agglomération de cantons contenant différentes races, différentes langues, différentes sectes ou croyances sur une surface

---

[1] Les juristes trouveront peut-être ce terme « double souveraineté » plus ou moins inexact, parce qu'il ne peut y avoir dans un Etat qu'un seul pouvoir suprême ou souverain. Mais ce terme est consacré par l'usage universel en Suisse et ne peut être remplacé par aucun autre.

relativement peu étendue. Chacun de ces cantons peut se targuer tant qu'il le veut de sa souveraineté, mais même lorsque la Confédération ne se composait que de trois petites communautés, Uri, Schwytz et Unterwald, chacune d'elles sentait fort bien qu'en présence d'un danger commun, l'intérêt commun exigeait une action commune. Il en a été de même de tout temps. Chaque fois que le lien fédéral a perdu de sa force, l'existence même de la Confédération a été en danger. Ces deux souverainetés doivent co-exister et le problème est d'empêcher l'une d'entre elles de devenir trop puissante au détriment de l'autre. C'est la raison pour laquelle le pouvoir exécutif ou Conseil fédéral, créé en 1848, essaie toujours, dans les différentes questions qui s'élèvent chaque jour, de ménager la susceptibilité des parties sous ce rapport.

Il arrive parfois cependant que le sentiment fédéral semble prévaloir entièrement pour un moment sur le sentiment cantonal. Cela se présente surtout lorsqu'il s'agit de questions extérieures. Mieux que personne nous pouvons déclarer hautement que jamais le patriotisme suisse ne fut plus pur qu'il ne l'est aujourd'hui, que jamais le pays n'a été plus fièrement déterminé à conserver cette neutralité qui lui a été garantie par les puissances, et que ses fils, si malheureusement il fallait en venir là, le défendraient jusqu'à la dernière goutte de sang du dernier homme. Une attaque de l'étranger, — d'où qu'elle vienne — ferait immédiatement oublier aux cantons toutes leurs querelles locales. Catholiques et protestants, Suisses allemands et Suisses français, du Tessin jusqu'à Schaffhouse, il n'y aurait qu'un même cœur et qu'une même pensée. Zurich et Berne oublieraient leurs rivalités, le radical Neuchâtel fraterniserait avec l'ultramontain Fribourg pour protéger la patrie bien-aimée.

Dans toutes les fêtes publiques où l'on rencontre des

représentants de tous les cantons, aux tirs fédéraux, aux inaugurations d'un monument public, aux jours officiels d'une exposition, un étranger, témoin de l'unanimité des sentiments qui y règne, de l'accueil cordial que l'on y rencontre, des discours que l'on y prononce et qui commencent toujours par ces mots : « chers amis, chers confédérés, » pourrait croire que la Suisse est le pays le plus uni qui existe au monde. Mais les fêtes terminées, le dernier verre bu, la dernière poignée de main échangée, chaque confédéré, de retour chez lui, se reprend à céder à sa vieille jalousie et ne songe plus guère qu'aux intérêts particuliers de son canton. Le sentiment national semble avoir disparu. Nous ne voulons point prétendre en faisant ces remarques, que ce sentiment de jalousie entre cantons soit le moins du monde nuisible. Bien au contraire, on peut affirmer qu'il leur donne plus de vie et de vigueur, en entretenant entre eux une sainte émulation, de sorte que la Suisse est matériellement plus forte comme Confédération de cantons qu'elle ne le serait comme Etat centralisé. Et cependant il faut reconnaître que l'on en arrive peu à peu à la centralisation. Chaque année de nouvelles lois fédérales sont votées et mises à exécution, faisant disparaître ainsi de jour en jour ces anomalies nombreuses qui existent encore dans les différents cantons dont les lois particulières viennent ainsi faire place à une législation uniforme pour la Suisse entière.

C'est néanmoins un fait indéniable que chacun de ces deux sentiments existe en Suisse à un degré très élevé. Grâce à un long exercice du pouvoir, les cantons tiennent résolument à leurs droits et cependant, quand il le faut, que ce soit à l'occasion d'une de ces réunions patriotiques si fréquentes en Suisse, ou bien à propos d'un incident où il s'agit de montrer une attitude ferme et digne vis-à-vis de l'étranger, on retrouve bien vite ce sentiment collectif de la nationalité sans laquelle la Suisse se diviserait bientôt en différentes parts et cesserait d'exister comme telle.

Il est peut-être difficile de comprendre comment il se fait que cet esprit national soit si profondément enraciné dans un pays aussi exposé que la Suisse à ces pénétrantes influences qui partout ailleurs rendraient l'union si difficile. Mais malgré ses différences de race, de religion et de langage, le peuple suisse, se sachant entouré de voisins puissants, disposant d'immenses armées, se tient la main dans la main, et il est certain que pas un canton ne voudrait échanger son indépendance nationale pour devenir le sujet d'un de ses voisins étrangers. Nous n'avons jamais entendu dire, par exemple, que le Tessin d'aujourd'hui, pays complètement italien de langue, de religion et de climat, séparé du reste de la Suisse par une chaîne de montagnes élevées, ait jamais montré le moindre désir de se séparer des autres membres de la Confédération et d'abandonner son indépendance actuelle pour se donner à l'Italie. Nous ne pensons pas davantage que le canton de Schaffhouse, quoique situé sur la rive droite du Rhin, ait jamais songé à renoncer à ses vieilles traditions d'Etat libre pour s'incorporer dans l'empire allemand. La position même de la Suisse au milieu de l'Europe vient encore rendre plus forte son inébranlable détermination de conserver cette union nationale, que l'on retrouve à un degré extraordinaire dans tout le pays, malgré la divergence des intérêts des différents cantons qui la composent.

La Suisse, depuis l'Alliance perpétuelle de 1291, compte bien près de six siècles de gouvernement sous la forme républicaine. Mais il est presque inutile de faire remarquer que cette République diffère de celles créées récemment, telle que la République française et les Etats-Unis. N'oublions pas ce mot d'un haut fonctionnaire suisse : « Nous aimons notre République, mais pas celle des autres [1]. »

Le premier chapitre de la Constitution fédérale énumère certains principes généraux et déclare tout d'abord « que les peuples des vingt-deux cantons de la Suisse, unis par la présente alliance, forment dans leur ensemble la Confédération Suisse. » Trois cantons sont divisés en demi-cantons. Chaque canton, chaque demi-canton forme un Etat. Les cantons sont énumérés d'après la date historique de leur entrée dans la Confédération, sauf ceux de Zurich, Berne et Lucerne qui après avoir joint la ligue de petits cantons, furent placés en tête de liste [2] (art. 1 de la Const. féd.)

La Confédération a pour but d'assurer l'indépendance de la patrie contre l'étranger, de maintenir la tranquillité et l'ordre à l'intérieur, de protéger la liberté et les droits des Confédérés et d'accroître leur prospérité commune (art. 2).

Les cantons sont souverains en tant que leur souveraineté n'est pas limitée par la Constitution fédérale, et, comme tels, ils exercent tous les droits qui ne sont pas délégués au Pouvoir fédéral (art. 3). La Confédération garantit aux cantons leur territoire, leur souveraineté dans les limites fixées par l'article 3, leur constitution, leur liberté et les droits du peuple, les droits constitutionnels des citoyens, ainsi que les droits et les attributions que le peuple a conférés aux autorités (art. 5).

Les cantons sont tenus de demander à la Confédération la garantie de leurs constitutions qui leur est accordée pourvu :

---

[1] Il va sans dire que c'est là une opinion toute personnelle à son auteur.
H. L.

[2] Anciennement c'était Lucerne qui était en tête de liste, mais quand Zurich entra comme ville impériale dans la Confédération en 1351, elle vint remplacer Lucerne. Berne, qui vint rejoindre la ligue deux ans plus tard, prit la seconde place.

a) que ces constitutions ne renferment rien de contraire aux dispositions de la Constitution fédérale;

b) qu'elles assurent l'exercice des droits politiques d'après des formes républicaines [1] représentatives ou démocratiques;

c) qu'elles aient été acceptées par le peuple et qu'elles puissent être revisées lorsque la majorité absolue des citoyens le demande (art. 6).

I. *La Confédération détient seule le pouvoir dans les affaires suivantes :*

Elle a seule le droit de déclarer la guerre et de conclure la paix ainsi que de faire avec les Etats étrangers des alliances et des traités, notamment des traités de péages (douanes) et de commerce (art. 8).

Exceptionnellement les cantons conservent le droit de conclure avec les Etats étrangers des traités sur des objets concernant l'économie publique, les rapports de voisinage et de police; néanmoins ces traités ne doivent rien contenir de contraire à la Confédération ou aux droits d'autres cantons (art. 9)[2]. Cette exception se comprend facilement dans un pays qui partout entouré d'autres Etats, a avec eux de nombreuses relations de voisinage qui ne touchent point aux intérêts généraux. Dans ce cas les cantons ont le droit de conclure des traités avec les Etats voisins, la Confédération ne se réservant que le droit de contrôle.

La Confédération a seule le droit de disposer de l'armée et certains articles de la Constitution règlent à la fois et l'organisation de cette dernière et les cas où la Confédération peut en disposer (art. 13 à 23). Comme nous traiterons ce sujet tout au long au chapi-

---

[1] Cette forme de gouvernement peut être soit représentative — et c'est le cas dans la plupart des cantons — ou démocratique, comme cela existe dans les cantons à Landsgemeindes.

[2] Par exemple, si le canton du Tessin fait avec l'Italie un traité pour la fourniture du sel, cela ne regarde pas la Confédération.

tre XI, nous nous bornerons à mentionner ici qu'il n'y a pas en Suisse d'armée permanente, que nul canton ou demi-canton ne peut avoir plus de trois cents hommes de troupes permanentes sans l'autorisation du pouvoir fédéral et qu'en principe tout Suisse est tenu au service militaire (art. 13 et 18).

Dans toute la Suisse les postes et les télégraphes (il faut y ajouter aujourd'hui les téléphones) sont du domaine fédéral, et leur produit est versé à la caisse fédérale (art. 36).

La Confédération a seule le droit de battre monnaie (art. 38) et de décréter par voie législative des prescriptions générales sur l'émission et le remboursement des billets de banque (art. 39) ainsi que de fabriquer et de vendre la poudre de guerre (art. 41). Une loi récente lui a également remis entre les mains le contrôle exclusif de la fabrication et de la vente de l'alcool (1887)[1]. Elle détermine également le système des poids et mesures (art. 40).

Ce qui concerne les péages relève de la Confédération. Celle-ci peut percevoir des droits d'entrée et des droits de sortie (art. 28) qui forment ses principales ressources.

---

[1] Cette mesure a été adoptée en partie sous la pression de la propagande exercée par la ligue anti-alcoolique connue sous le nom de la *Croix-Bleue*. C'est assez dire que cette loi ne s'est inspirée que de considérations sanitaires et morales. Mais, s'il faut en croire les rapports du Conseil fédéral sur la gestion du monopole de l'alcool et de la Commission parlementaire du Conseil des Etats, on constatera qu'elle n'a pas produit de brillants résultats au point de vue matériel et fiscal, parce que la consommation de l'alcool a diminué dans des conditions plus grandes qu'on ne l'avait espéré. Cependant la recette a été assez forte pour couvrir, et bien au delà, les indemnités promises aux cantons dont l'ohmgeld avait été supprimé et même donner une répartition aux autres. Il en est autrement au point de vue moral, attendu que la consommation et la production ont diminué dans des proportions satisfaisantes et que la fabrication et la consommation du cidre, boisson saine et inoffensive, augmente et s'étend déjà aux régions où elle n'était pas la boisson populaire et surtout dans les campagnes. H. L.

La perception des péages fédéraux est réglée conformément aux principes suivants (art. 29):

1. Droits sur l'importation.

a) Les matières nécessaires à l'industrie et à l'agriculture du pays seront taxées aussi bas que possible.

b) Il en sera de même des objets nécessaires à la vie.

c) Les articles de luxe seront soumis aux taxes les plus élevées.

2. Les droits sur l'exportation seront aussi modérés que possible.

La taxe d'exemption du service militaire est le seul impôt direct qui soit perçu par la Confédération et encore le perçoit-elle d'accord et par l'intermédiaire des Cantons, et en partage-t-elle le produit par moitié avec eux. Elle ne perçoit point de droit de timbre.

La législation:

a) sur la capacité civile[1];

b) sur la propriété littéraire et artistique;

c) sur la poursuite pour dettes et faillites;

d) sur les brevets d'invention;

e) sur toutes les matières de droit se rapportant au commerce et aux transactions mobilières (droit des obligations) y compris le droit commercial et le droit de change, est encore du ressort de la Confédération (art. 64).

La législation concernant les mesures de police sanitaire contre les épidémies et les épizooties qui offrent un danger général, est du domaine de la Confédération (art. 69).

La Confédération a le droit de renvoyer de son territoire les étrangers qui compromettent la sûreté

---

[1] A l'âge de vingt ans révolus, tout citoyen suisse a le droit de s'engager par contrat. Il n'y a d'exceptions qu'à l'égard des prodigues, des personnes qui se placent volontairement sous tutelle et de ceux qui sont en prison.

intérieure ou extérieure de la Suisse [1]. Le décret d'expulsion est formulé par le Conseil fédéral en sa qualité de pouvoir exécutif de la Confédération, gardien de la sécurité publique. Les décrets sont mis à exécution par les autorités cantonales que l'affaire concerne (art. 70) [1].

La Confédération a le droit de créer, outre l'école polytechnique existante, une université fédérale et d'autres établissements d'instruction supérieure, ou de subventionner des établissements de ce genre (art. 27), mais elle n'a pas encore usé de son droit sous ce dernier rapport.

II. *Matières dans lesquelles les cantons, n'étant pas limités par la Constitution fédérale, sont souverains.*

L'Etat-civil, sauf en ce qui concerne la capacité civile des personnes; la législation agraire; la législation criminelle, l'administration de la justice criminelle et civile, y compris l'organisation des tribunaux; la police locale et cantonale; l'organisation des communes, les travaux publics en général.

L'organisation des écoles, sauf le cas où cela relève de la Confédération en vertu de la Constitution. Les cantons pourvoient à l'instruction primaire qui doit être suffisante et placée exclusivement sous la direc-

---

[1] Aucun citoyen suisse ne peut être expulsé du pays. Une seule exception a été faite à l'égard de Mgr Mermillod. Et pour pouvoir l'expulser, on dut le considérer comme étranger, et comme il était vicaire apostolique de Genève, c'est-à-dire l'agent direct quoique non reconnu du St-Siège, gouvernement étranger, on saisit cette occasion. Ce ne fut que plus tard, lorsqu'il eut résigné ses fonctions de vicaire apostolique, qu'il put, en sa qualité de citoyen suisse, rentrer dans son pays *(a)*.

(a) Le décret d'expulsion portait textuellement que Mgr Mermillod ne serait expulsé qu'aussi longtemps qu'il revêtirait le caractère de Vicaire apostolique de Genève. En 1883, quand le St-Siège eut déclaré officiellement que cette fonction avait cessé d'exister, le Conseil fédéral se borna à constater que les motifs de l'expulsion ayant cessé d'exister, le décret était devenu sans objet. H. L.

[2] Voyez chap. XVI.

tion de l'autorité civile. Elle est obligatoire et dans les écoles publiques, gratuite (art. 27 § 2).

L'administration de la justice reste aux Cantons sous réserve des attributions du Tribunal fédéral (art. 64, dernier alinéa).

Toute alliance particulière et tout traité d'une nature politique entre cantons sont interdits.

En revanche ils ont le droit de conclure entre eux des conventions (concordats) sur des objets de législation, d'administration ou de justice, pour autant qu'elles ne renferment rien de contraire à la Confédération ou aux droits des autres Cantons (art. 7).

III. *Matières qui, tout en étant du domaine des cantons, sont placées sous le contrôle de la Confédération.*

C'est ainsi que la Confédération peut ordonner à ses frais ou encourager par des subsides les travaux publics qui intéressent la Suisse ou une partie considérable du pays; aussi jouit-elle du droit d'expropriation moyennant une juste indemnité (art. 23).

Elle a le droit de haute surveillance sur la police des endiguements et des forêts dans les régions élevées, et concourt à la correction et à l'endiguement des torrents ainsi qu'au reboisement des régions où ils prennent leurs sources (art. 24).

Elle a le droit de statuer des dispositions législatives pour régler l'exercice de la chasse et de la pêche (art. 25).

Dans toutes ces matières la Confédération n'agit pas directement. Ce sont les cantons qui sont chargés de l'exécution des décrets qu'elle a lancés, et elle n'a le droit d'intervenir que s'ils négligent ou refusent d'obéir à ses instructions.

La législation sur la construction et l'exploitation des chemins de fer est également du domaine de la Confédération (art. 26). Il ne sera pas sans intérêt de donner ici un récit succinct de la façon de procéder quand une concession est demandée soit par une ou plusieurs personnes, soit par une compagnie quelconque. Cette manière est identique pour tous les chemins de fer suisses, que leur parcours soit enserré dans les limites étroites d'un seul canton, ou que la ligne traverse plusieurs d'entre eux, quelle que soit leur étendue, qu'il s'agisse des grands réseaux de la Suisse-Occidentale, du Jura-Berne-Lucerne, de la Suisse Orientale, ou bien du chemin de fer du Righi ou de ces petits funiculaires dans le genre de ceux de Territet-Glion ou de Bienne-Macolin. La demande d'autorisation doit être adressée tout d'abord au Conseil fédéral, avec les documents et les devis à l'appui. Cette demande est transmise immédiatement au ou aux cantons sur le territoire desquels la ligne doit être établie. C'est alors que les négociations commencent entre les représentants des cantons et ceux qui demandent la concession sous la présidence d'une délégation du Conseil fédéral et du chef du département des chemins de fer.

De même, lorsqu'il y a lieu d'établir une ligne en raccordement avec les chemins de fer d'un Etat voisin, le Conseil fédéral s'abouche avec les Cantons frontières au sujet des conventions à conclure.

Quand le Conseil fédéral a arrêté les termes d'une concession, il envoie ce document avec un message à l'Assemblée fédérale pour discussion. S'il n'est pas d'avis d'approuver la concession, le message en explique les raisons. L'Assemblée fédérale, qui juge en dernier ressort, peut accorder une concession en dépit même de l'opposition des Cantons. L'exemple suivant le prouvera. En 1887 le gouvernement bernois appuya la demande d'opposition de la commune d'Interlaken à la construction du chemin de fer entre Interlaken, Grindelwald et Lauterbrunnen, et du funiculaire de la Scheynigge-Platte, pour des motifs trop faciles à comprendre. Les guides et cochers du pays sont naturellement opposés à ce genre de locomotion, tout comme les propriétaires de « Coaches », cochers et hôteliers du bon vieux temps, étaient opposés à l'introduction des chemins de fer en Angleterre. L'Assemblée vota cependant la concession et ces deux lignes, aujourd'hui en construction, seront bientôt achevées.

L'Assemblée fédérale peut, d'autre part, refuser toute concession de chemin de fer qui pourrait être préjudiciable aux intérêts militaires de la Confédération [1].

La Constitution établit en outre que :

Tous les Suisses sont égaux devant la loi (art. 4).

La contrainte par corps est abolie (art. 59).

Tout citoyen Suisse a le droit de s'établir sur un point quelconque du territoire, moyennant la production d'un acte d'origine ou d'une autre pièce quelconque (art. 45).

La liberté de conscience et de croyance est inviolable (art. 49).

Le libre exercice des cultes est garanti dans les limites compatibles avec l'ordre public et les bonnes mœurs (art. 50).

Les autres mesures relatives aux questions religieuses seront traitées au chapitre XII.

La souveraineté fédérale se fait encore naturellement sentir dans les relations extérieures. L'armée, les travaux publics, les poids et mesures, les voies de communications (chemins de fer, postes, télégraphes,

---

[1] Une loi fédérale de 1872 déclare que toute compagnie de chemins de fer qui paie à ses actionnaires un dividende de 4 % par an, doit payer à la caisse fédérale 70 francs par kilomètre. Si le dividende s'élève à 5 %, elle doit payer 100 francs ; s'il s'élève à 6 %, elle doit payer 200 francs. Le rachat des chemins de fer par la Confédération a été — et est encore — une des questions à l'ordre du jour.

et téléphones) douanes, instruction publique. Mais dans la plupart de ces cas, cela se borne à un contrôle général : la Confédération pose le principe ; les Cantons veillent à l'exécution. Il est à remarquer cependant que l'administration des postes, télégraphes et téléphones, et des péages, est exclusivement du ressort de la Confédération.

Le second chapitre de la Constitution traite des autorités fédérales[1]. Ce sont :

1. L'Assemblée fédérale ou Pouvoir législatif.
2. Le Conseil fédéral ou Pouvoir exécutif.
3. Le Tribunal fédéral ou Pouvoir judiciaire.

Le troisième chapitre traite de la revision de la Constitution fédérale.

La revision (totale ou partielle) peut avoir lieu en tout temps (art. 118).

Lorsqu'une section de l'Assemblée fédérale décrète la revision de la Constitution fédérale et que l'autre section n'y consent pas, ou bien lorsque cinquante mille citoyens suisses ayant droit de voter demandent la revision, la question de savoir si la Constitution fédérale doit être revisée est, dans l'un comme dans l'autre cas, soumise à la votation du peuple suisse, par oui ou par non.

Si dans l'un ou l'autre de ces cas, la majorité des citoyens suisses prenant part à cette votation populaire (referendum[2]) se prononce pour l'affirmative, les deux conseils seront renouvelés pour travailler à la revision, et quand celle-ci a été adoptée par eux, le peuple vote une seconde fois (art. 120).

La Constitution fédérale revisée entre en vigueur lorsqu'elle a été acceptée par la majorité des citoyens suisses prenant part à la votation et par la majorité des Etats.

[1] Voyez chapitres III. IV et V.
[2] Voyez chapitre VI.

Pour établir la majorité des Etats, le vote d'un demi-canton est compté pour une demi-voix.

Le résultat de la votation populaire dans chaque canton est considéré comme le vote de l'Etat (art. 121).

On peut affirmer sans crainte que la Constitution actuelle est bien vue en Suisse. La population catholique romaine aimerait sans doute à se sentir plus libre dans ses relations avec son Eglise, mais il ne semble exister nulle part dans le pays de tendance sérieuse à en revenir à l'ancien ordre de choses. La Constitution de 1874 est de beaucoup la meilleure de toutes celles qui l'ont précédée.

En résumé, jusqu'en 1798, il n'y avait pas autre chose qu'une alliance intercantonale. Puis vint la République helvétique, créée après la fin de l'ancienne Confédération et imposée à la Suisse par le Directoire. L'expérience ne dura que cinq années, jusqu'en 1803. Puis vint l'Acte de Médiation, qui disparut avec son créateur, Bonaparte, pour être remplacé par le Pacte fédéral de 1815, qui devait durer jusqu'en 1848.

La Constitution actuelle est une grande amélioration sur celle de 1848. Certes elle n'est pas parfaite — il n'y a rien de parfait dans ce monde. Ainsi, comme nous aurons l'occasion de le montrer plus loin, elle n'établit pas de distinction assez claire entre le pouvoir exécutif et judiciaire, et cela se remarque surtout dans toutes les questions relatives aux droits des communautés religieuses.

Mais à tout prendre, cette Constitution est populaire. Les partisans de la centralisation à outrance ne la considèrent que comme une étape de la route qu'ils veulent parcourir; les fédéralistes y voient au contraire un obstacle aux empiétements de la centralisation. Et cependant il semble presque certain — nous l'avons déjà dit — que peu à peu la Confédération verra son pouvoir croître. La diversité des législations cantonales produit des inconvénients et des confusions qui se renouvellent sans cesse. Sans compter les lois fédérales qui sont entrées en vigueur depuis 1874, on songe aujourd'hui à obtenir une législation uniforme pour la faillite [1], à créer un code pénal unique pour toute la Suisse, et de nombreuses autres lois d'un caractère d'utilité générale sont en projet.

[1] L'article 64 de la Constitution fédérale place la législation sur cette matière dans la compétence de la Confédération. La loi élaborée par M. Ruchonnet et votée par l'Assemblée fédérale dans sa session de juin 1889 a dû passer par l'épreuve du referendum et malgré une opposition des plus vives de la part des partisans de la souveraineté cantonale et du parti catholique — opposition au fond entièrement étrangère à son objet — elle a été votée le 17 octobre de la même année par 244,212 oui contre 217,598 non. Le parti catholique avait dans les commencements donné son adhésion au projet de loi, mais à la suite de divers incidents dont nous n'avons pas à parler ici, il a cru devoir lui faire une opposition qui aurait pu causer un retard sérieux à l'œuvre nationale de l'unification du droit civil. La loi sortie des débats des deux Chambres est en somme satisfaisante. Elle est le résultat d'un long et consciencieux travail auquel les jurisconsultes les plus capables de la Suisse entière ont collaboré. Elle fait la part très large aux idées particulières et aux règles traditionnelles des cantons romands — où elle a rencontré une énorme majorité — et si elle les modifie sur quelques points — la garantie du bien des femmes et la procédure en matière de saisies immobilières par exemple — elle conserve la distinction entre commerçants et non commerçants, n'applique la faillite qu'aux premiers et préserve ainsi d'un danger réel la prospérité des populations agricoles. La loi actuelle a sans doute des défauts, mais il sera plus facile d'y introduire les changements que l'expérience fera reconnaître nécessaires, que d'élaborer une nouvelle loi, et son acceptation par le peuple suisse n'est, on peut en être certain, que le prélude d'une unification plus complète et nécessaire encore du droit civil et surtout du droit pénal. H. L.

CHAPITRE III

L'ASSEMBLÉE FÉDÉRALE

Le Conseil national et le Conseil des Etats. — Le Conseil national ou représentation du peuple. — Vote au scrutin. — Le président et le vice-président. — Le Conseil des Etats composé de deux membres par canton. — L'Assemblée fédérale se compose des deux Chambres. Pouvoirs relatifs de l'Assemblée et des Chambres. — Le referendum. — Droits relatifs. — Les postulats. — Influence relative de chaque Chambre. — Les séances et les débats.

La souveraineté fédérale s'exerce par l'Assemblée fédérale et le Conseil fédéral, qui sont les deux pouvoirs politiques. D'après la Constitution de 1874 (art. 71), l'autorité suprême appartient au premier d'entre eux, sous réserve des droits du peuple qui peut appliquer son veto à toutes les lois et arrêtés d'intérêt général comme aussi à toute tentative de revision de la Constitution, avec l'appui des cantons dans ce dernier cas.

Le Conseil fédéral est élu par l'Assemblée fédérale, et, comme on le verra au chapitre suivant, ce n'est guère qu'une commission exécutive pour l'expédition des affaires.

L'Assemblée fédérale se compose de deux sections :
Le Conseil national.
Le Conseil des Etats.

L'un, le Conseil national, est l'émanation du peuple suisse ; l'autre, le Conseil des Etats, représente les cantons, et à eux deux ils représentent les éléments qui constituent la double souveraineté existant en Suisse. Ils siègent généralement à part, mais dans certains cas particuliers ils doivent délibérer en commun.

A l'origine, chaque Chambre se réunissait une fois l'an en session ordinaire. Mais par suite de l'accroissement des affaires, on sentit le besoin d'en avoir deux, une en été l'autre en hiver, et en décembre 1863, il fut décidé qu'il y aurait en général une session d'hiver comme suite à celle qui se tenait régulièrement en été. En décembre 1873, on stipula que les Chambres s'assembleraient sans convocation le premier lundi de juin pour la première partie et le premier lundi de décembre pour la seconde partie de la session ordinaire, et ces dates sont encore strictement en vigueur. Quand à la fin de l'une ou l'autre il y a de la besogne en retard, l'Assemblée est ajournée et une session extraordinaire est convoquée au printemps ou en automne.

Le Conseil national est composé des députés du peuple suisse élus sur la base d'un député par 20,000 âmes de population. Les fractions au-dessus de 10,000 qui se trouvent dans un canton comptent pour 20,000 et donnent droit à un député de plus. Les membres du Conseil national sont les représentants des collèges électoraux créés par la loi fédérale dans les limites cantonales, c'est-à-dire que les habitants du canton de Berne et du canton de Lucerne, par exemple, ne peuvent être appelés à nommer en commun des députés. Chaque canton ou demi-canton en nomme au moins un, si faible que soit sa population. Une loi fédérale du 3 mars 1881 a fixé le nombre des députés au Conseil national à 145, qui sont nommés dans 49 arrondissements électoraux. Le nombre des membres nommés par un canton varie depuis 1 (Uri, un seul arrondissement électoral) jusqu'à 27 (Berne, six arrondissements). Tous les dix ans a lieu un recensement fédéral sur la base duquel la représentation est établie. Mais la répartition des collèges électoraux ayant suscité divers mécontentements et ayant donné lieu à de nombreuses discussions au sein de l'assemblée fédérale, on se décida à faire le recensement nouveau deux ans plus tôt (en 1888 au lieu de 1890) et il est à espérer que l'on pourra voter une nouvelle loi répartissant mieux les arrondissements électoraux.

Tout citoyen suisse, qui d'une manière ou d'une autre n'a pas perdu le droit de vote, est électeur lorsqu'il a atteint l'âge de 20 ans révolus et possède autant de votes qu'il y a de membres à élire dans son arrondissement (art. 74).

Sont éligibles au conseil national tous les électeurs laïques (art. 75).

Ainsi donc, les ecclésiastiques sont électeurs, mais non éligibles au Conseil national. Cette exclusion a été motivée par la crainte de voir les prêtres envahir cette Chambre et les préoccupations confessionnelles prendre le dessus sur les questions politiques et d'intérêt général. Mais cette exclusion ne s'applique en réalité qu'aux catholiques qui ont pour règle de ne point renoncer à leur mission une fois qu'ils sont entrés dans les ordres. En Suisse les prêtres protestants peuvent, en cessant leurs fonctions religieuses, se faire élire députés, et le cas s'est présenté plus d'une fois [1].

Le Conseil national est élu pour trois ans et renouvelé intégralement chaque fois (art. 76). Ce renouvel-

---

[1] Tout dernièrement un membre du clergé bernois, élu membre du Conseil national, envoya à l'autorité religieuse sa démission des fonctions qu'il occupait, mais seulement pour la période pendant laquelle i devait demeurer député. S'il échoue aux élections prochaines (1890), on le verra sans doute de nouveau prêcher l'Evangile.

lement a lieu le dernier dimanche d'octobre de la période triennale. C'est seulement dans le cas d'une revision de la Constitution que les deux Chambres peuvent être renouvelées intégralement en dehors des époques fixées. La loi institue des registres électoraux qui doivent être tenus dans chaque commune et où les noms des citoyens actifs doivent être portés d'office. Ces registres doivent être exposés publiquement au moins deux semaines avant l'élection ou la votation et sont clos au plus tôt trois jours avant celle-ci.

La façon dont le vote doit être émis est laissée entièrement aux cantons, et diffère par conséquent beaucoup de l'un à l'autre. Dans certains d'entre eux, un bulletin est remis au domicile de chaque électeur; dans d'autres, celui-ci doit aller retirer sa carte lui-même et ainsi de suite. Le local où la votation a lieu est souvent une église.

Les candidats sont élus à la majorité absolue, c'est-à-dire à la moitié des votes plus un au moins au premier tour de scrutin. Il en est de même en cas de ballottage. Si un troisième tour devient nécessaire, celui ou ceux des candidats qui ont réuni le plus de votes sont déclarés élus.

Lors de la réunion du Conseil national, les membres dont l'élection n'est pas contestée sont admis à l'instant; lorsque l'élection est contestée, la question est immédiatement soumise à une commission qui ordinairement présente son rapport dès le lendemain et il est rare qu'une enquête plus longue soit nécessaire.

Le Conseil national choisit dans son sein un président et un vice-président. Pendant la période triennale on les change quatre fois. La Constitution a voulu fournir ainsi à chaque canton plus de facilité pour être représenté à ces fonctions qui ne sont d'ailleurs en Suisse qu'une charge honorifique sans compétence ni avantages particuliers. Lorsque le président sort de charge, c'est généralement le vice-président qui lui succède. En cas de parité des votes le président a voix prépondérante.

Chaque membre du Conseil national reçoit une indemnité de 20 francs payée par la caisse fédérale pour chaque séance à laquelle il assiste pendant la session. S'il ne répond pas à l'appel de son nom, il perd tout droit à cette indemnité quotidienne, à moins qu'il n'y ait un retard involontaire de sa part, dont il puisse se justifier devant le secrétaire de la Chambre. Dans le cas où l'on en vient à un second appel nominal ou bien si l'on compte les membres présents à la Chambre pour voir si la majorité absolue est présente, et que le député ne réponde pas à l'appel de son nom, son indemnité ne lui est pas comptée pour ce jour. Chaque membre reçoit également une indemnité de route sur la base de vingt centimes par kilomètre parcouru.

La composition du Conseil national n'a que peu changé dans ces derniers temps. Après les élections de 1881, on accusa les radicaux, alors en majorité, d'user arbitrairement de leur pouvoir sans avoir égard aux autres partis et le peuple se mit à repousser, de temps en temps, certaines lois qui avaient été votées par l'Assemblée fédérale [1]. Cette façon d'agir fut attribuée à son désir de montrer son mécontentement envers le parti au pouvoir, indépendamment d'ailleurs du bon ou du mauvais côté des lois qui lui étaient soumises. Mais les élections d'octobre 1884 changèrent à peine la composition du nouveau Conseil national. Le désappointement fut grand parmi ceux qui, dans leurs journaux, avaient déclaré hautement que le rejet par le peuple d'une série de mesures, prouvait que le pays avait perdu toute confiance dans

---

[1] Voyez chapitre VI

les radicaux, et qui prophétisaient un changement complet, seul moyen, d'après eux, d'en arriver à faire des lois utiles.

Le corps électoral dans sa grande majorité, montrait certainement une grande apathie et, en présence de ces faits, l'on serait assez porté à croire que l'électeur suisse s'inquiète fort peu du choix de ses législateurs, On le voit voter encore et toujours pour le même candidat : il le considère probablement comme un homme rompu aux affaires, grâce à sa longue expérience parlementaire et sa connaissance des affaires fédérales. En somme l'électeur sait très bien que si l'Assemblée vote des lois qui pour une raison ou pour une autre ne lui conviennent pas, il pourra, avec l'aide de ses concitoyens, les repousser au referendum. Cela ne l'empêchera pas de voter à la prochaine élection pour le membre qu'il a déjà contribué à élire précédemment et la plupart du temps il continuera à agir de même à chaque réélection.

En octobre 1887, les élections vinrent prouver que le nouveau Conseil national différerait peu, dans sa composition, de celui qui l'avait précédé, et les nombreuses abstentions que l'on constata dans des collèges relativement importants, sembla montrer une fois de plus combien peu l'électeur s'intéressait à toutes ces opérations. Mais le peuple, avec son droit de rejeter les lois qui ne lui conviennent pas, reste toujours maître de la situation.

Le conseil des Etats se compose de 44 membres. Chaque canton est également représenté et nomme deux députés. Ainsi dans cette Chambre, Zurich ou Berne n'ont pas la prépondérance sur Uri ou Schwytz. Chaque demi-canton n'envoie qu'un membre et comme il arrive souvent que ce dernier émette un vote contraire à celui de son collègue de l'autre demi-canton, il neutralise ainsi le canton tout entier. Par exemple, il est fort probable que sur les questions religieuses le député de la moitié catholique d'Appenzell votera dans un sens tandis que le député protestant de l'autre moitié votera dans un sens différent. Le mode d'élection est également laissé entièrement aux cantons. Dans la plupart des cas, les députés sont choisis par les assemblées législatives, quelquefois par le peuple, soit au scrutin, soit dans une landsgemeinde. Les uns sont nommés pour un an seulement, comme cela se pratiquait dans les anciennes diètes, les autres pour une période de trois ans, comme cela se pratique pour le Conseil national, mais la décision de cette question est laissée entièrement aux cantons.

Le Conseil des Etats choisit dans son sein un président et un vice-président de la même manière que le Conseil national. Ni l'un ni l'autre ne peuvent être élus parmi les députés du canton dans lequel a été choisi le président pour la session ordinaire qui a immédiatement précédé.

Les députés du même canton ne peuvent revêtir la charge de président et de vice-président pendant deux sessions ordinaires consécutives.

Lorsque les avis sont également partagés le président décide (art. 82).

Les députés au Conseil des Etats sont indemnisés par les cantons (art. 83). Toutefois les membres des Commissions du Conseil des Etats qui siègent hors des sessions des Chambres, reçoivent de la caisse fédérale une indemnité égale à celle des membres du Conseil national.

La plupart des membres de l'Assemblée fédérale sont d'anciens fonctionnaires communaux ou cantonaux, quelques-uns appartiennent au monde des affaires. Contrairement à l'usage adopté dans les anciennes diètes, les députés des deux Chambres n'obéissent pas à un mandat impératif, ayant ainsi une position bien plus indépendante que leurs prédécesseurs dans ces antiques assemblées. Nous traiterons des partis politiques au chapitre VII.

Lorsqu'elles délibèrent ensemble, les deux Chambres constituent l'Assemblée fédérale. En cette qualité :

1º Elles élisent les membres du Conseil fédéral, du Tribunal fédéral, le chancelier de la Confédération[1] ainsi que le général en chef de l'armée fédérale (art. 85, § 4).

2º Elles exercent le droit de grâce et le droit d'amnistie (art. 85, § 7)[2].

3º Elles prononcent sur les conflits de compétence entre autorités fédérales (art. 85, § 13).

Lorsqu'elles délibèrent séparément, les Chambres sont compétentes pour se prononcer sur :

1º Les lois sur l'organisation et le mode d'élection des autorités fédérales (art. 85, § 1).

2º Les lois et arrêtés sur les matières que la Constitution place dans la compétence fédérale (art. 85, § 3).

3º Le traitement et les indemnités des membres des autorités de la Confédération et de la Chancellerie fédérale, la création de fonctions fédérales, la fixation des traitements (art. 85, § 3).

4º Les alliances et les traités avec les Etats étran-

---

[1] Ce fonctionnaire est à la tête de la Chancellerie fédérale et contresigne toutes les pièces signées par le président de la Confédération au nom du Conseil fédéral. Le chancelier est également chef du secrétariat de l'Assemblée fédérale. C'est lui qui tient le protocole des délibérations du Conseil national. Il est élu par l'Assemblée fédérale pour le terme de trois ans en même temps que le Conseil fédéral. Il est rééligible et jusqu'à présent a été constamment réélu. Depuis 1848, il n'y en a eu que deux. Le traitement de ce fonctionnaire y compris son indemnité de loyer, est de 11,000 francs.

[2] L'Assemblée fédérale eut l'occasion d'exercer ce droit — que lui conférait déjà la Constitution de 1848 — après la révolution de Neuchâtel de 1856, en faveur des personnes royalistes et des déserteurs qui furent amnistiés en 1857.

gers ainsi que l'approbation des traités des cantons entre eux ou avec les Etats étrangers (art. 85, § 5).

5º Les mesures pour la sûreté extérieure, ainsi que pour le maintien de l'indépendance et de la neutralité de la Suisse; les déclarations de guerre et la conclusion de la paix (art. 85, § 6).

6º La garantie des constitutions et du territoire des cantons; l'intervention par suite de cette garantie (art. 85, § 7).

7º L'établissement du budget annuel et l'approbation des comptes de l'Etat (art. 85, § 10).

8º La haute surveillance de l'administration et de la justice fédérales (art. 85, § 11).

9º La concession des chemins de fer (voir au chapitre précédent).

10º L'examen et la discussion du rapport annuel de gestion du Conseil fédéral.

Sur la proposition de un ou de plusieurs membres de l'une ou de l'autre Chambre, les deux Conseils peuvent requérir le Conseil fédéral d'adopter telle ou telle ligne de conduite au point de vue de la politique étrangère[1]. En général la discussion sur les affaires étrangères a lieu lors de l'examen du rapport de gestion du Conseil fédéral. On n'en arrive généralement pas à une décision formelle de façon à ne pas avoir à désavouer le Pouvoir exécutif, mais le Conseil fédéral sait parfaitement à quoi s'en tenir sur l'opinion de la majorité de l'Assemblée fédérale et agit en conséquence.

Toutes les lois fédérales ainsi que les arrêtés d'inté-

---

[1] Dans le cas où le Conseil fédéral voudrait suivre une politique opposée à celle de l'Assemblée fédérale ou antipathique aux sentiments du peuple suisse, il n'y a aucun moyen légal pour l'empêcher d'agir comme il lui convient avant l'expiration des trois ans pour lesquels il a été élu puisqu'il n'est pas forcé de se retirer devant un vote contraire de l'Assemblée. Il ne reste dans ce cas au peuple en dernier ressort que la force, *l'ultima ratio*. H. L.

rêt général qui ne sont pas déclarés urgents, après avoir passé par les deux Chambres, sont soumis, pour adoption ou rejet, au referendum, si la demande en est faite par 30,000 citoyens ayant droit de vote ou par 8 cantons (art. 89).

Toutes les lois acceptées par le peuple entrent en vigueur à la date très rapprochée fixée par le Conseil fédéral. Certains arrêtés fédéraux sont parfois peut-être plus ou moins arbitrairement décrétés d'urgence. Ils entrent alors en vigueur immédiatement sans être soumis au vote populaire. Quant à ceux qui étant d'intérêt général et qui, n'ayant pas de caractère d'urgence, peuvent être soumis au referendum, il faut avouer que les Chambres n'ont pas toujours été très claires dans leur définition. La meilleure preuve qu'on en puisse donner semble être que les arrêtés sont d'intérêt général lorsqu'ils établissent des lois permanentes et obligatoires, soit pour les citoyens, soit pour les cantons, mais non lorsqu'ils sont pris dans des cas spéciaux, tels par exemple qu'en cas d'appel dans un cas particulier, pour accorder un subside, pour une exposition, une route, la rectification du cours d'une rivière, etc.

Aucune des deux Chambres ne peut délibérer qu'autant que les députés présents forment la majorité absolue du nombre total de ses membres (art. 87).

Dans le Conseil national et dans le Conseil des États, les délibérations sont prises à la majorité absolue des votants (art. 88).

Le droit d'initiative — exercé particulièrement quand il s'agit de propositions ou de motions de toute espèce — appartient à chacun des deux Conseils et à chacun de leurs membres en particulier. Ainsi chaque section peut avertir le Conseil fédéral qu'il présentera un projet de loi sur telle ou telle question à l'Assemblée fédérale, ou bien un membre de l'un des deux

Conseils peut lui-même en présenter un à la Chambre dont il fait partie qui en réfère au Conseil fédéral après l'avoir examiné, avec prière de le soumettre à l'Assemblée fédérale. D'autres fois, c'est le Conseil fédéral qui prend l'initiative et présente un projet de loi. Les cantons peuvent exercer le même droit par correspondance. Il doit être clairement établi que chaque projet de loi quel que soit son auteur, doit d'abord passer par les mains du Conseil fédéral, qui est chargé de le soumettre à l'Assemblée. Au commencement de chaque session, les affaires sont réparties entre les deux Conseils. Quand un projet de loi est soumis par le Conseil fédéral, la Chambre qui doit le discuter en premier lieu commence par nommer une commission d'un certain nombre de membres, chargée d'en faire rapport. S'il y a unanimité parmi les membres de la commission, un seul rapport suffit[1], dans les autres cas la majorité et la minorité présentent chacune un rapport séparé. Puis la discussion a lieu à la Chambre et le projet de loi est ou bien adopté avec ou sans certains amendements ou bien rejeté. Dans le premier cas il est envoyé à l'autre Conseil où la chose se passe de même. Si ce dernier accepte le projet de loi tel qu'il lui a été présenté, il acquiert force de loi et est publié, comme tel, dans la *Feuille fédérale*, par les soins du Conseil fédéral — sous condition toutefois d'être soumis au referendum si c'est nécessaire. S'il n'est pas adopté, il est alors renvoyé à la Chambre qui l'a présenté avec les amendements qui y ont été introduits, et une seconde, quelquefois même une troisième discussion a lieu. Si les modifications qu'on lui a fait subir sont acceptées, ou bien si l'on en arrive à une entente entre les deux Conseils, le projet acquiert force de loi. Si les deux Chambres n'arrivent pas à

---

[1] Ou bien un rapport en français ou un autre en allemand.

s'entendre, le projet de loi est perdu. Quelquefois il arrive qu'un projet de loi est renvoyé au Conseil fédéral pour plus ample informé, et qu'il ne soit représenté à l'Assemblée que sous sa nouvelle forme.

Lorsque les lois fédérales, les décrets et les arrêtés fédéraux ont été adoptés par les deux Chambres, le Conseil fédéral les publie officiellement en ayant soin d'indiquer la date de leur entrée en vigueur, si cela n'a pas été expressément dit déjà dans le texte. En règle générale, les lois entrent en vigueur le jour même de leur publication officielle. Mais pour celles qui doivent être soumises au referendum, il y a un délai d'opposition de trois mois pendant lesquels on s'occupe de recueillir le nombre de signatures nécessaires. Si le chiffre n'a pas été atteint, la loi entre en vigueur à l'expiration de ce délai.

La séparation des pouvoirs n'est pas très strictement observée entre l'Assemblée fédérale et le Conseil fédéral (pas mieux d'ailleurs qu'elle ne l'est entre le pouvoir judiciaire et les deux pouvoirs politiques, comme nous aurons l'occasion de le faire remarquer plus loin, au chapitre V, sur le Tribunal fédéral). La mission des députés est toute de contrôle et de critique et comme on ne peut guère attendre d'eux qu'ils connaissent à fond tous les détails de l'administration, toute tentative de leur part d'y établir des réformes ne peut conduire qu'à une confusion des pouvoirs. Et cependant aucune décision du Conseil fédéral ne peut, paraît-il, échapper au contrôle ou à la revision des Chambres. Les députés appellent l'attention du Conseil fédéral sur telle ou telle question par leurs « postulats » ou proposent telle ou telle réforme. Si le Conseil fédéral n'est pas d'avis d'admettre tel ou tel postulat, il en fait rapport à la Chambre qui le lui a présenté. Si cette dernière persiste dans sa manière de voir, un projet de loi en règle est alors présenté, et s'il est voté par les deux Chambres, le Conseil fédéral est forcé de le faire exécuter.

Lors de la discussion de la loi sur les chemins de fer, le Conseil fédéral était d'avis d'en laisser la construction à l'Etat, tandis que les Chambres décidèrent qu'elle serait laissée à l'initiative privée. De même plus tard quand l'Assemblée fédérale adopta la loi qui accordait à la Confédération le monopole de la fabrication et de la vente des spiritueux, elle adopta un principe tout à fait différent de celui sur lequel s'était basé le Conseil fédéral au commencement. Quoi qu'il en soit, dans les deux cas, le Conseil fédéral s'est borné à accepter les mesures adoptées par l'Assemblée, il a présenté les arrêtés nécessaires et a loyalement exécuté les mesures après leur entrée en vigueur.

On peut citer l'exemple de ce postulat qui fut présenté lors de la revision de la Constitution fédérale. En 1869, M. Ruchonnet, alors conseiller national, présenta un projet de loi dans le but de supprimer les entraves apportées dans plusieurs cantons aux mariages des pauvres [1]. Cette motion fut modifiée bientôt au point de devenir une demande de revision totale et fut adoptée dans cette dernière forme par le Conseil. En 1872, après que la revision eut été rejetée par le peuple, un nouveau postulat, voté cette fois par l'Assemblée fédérale, recommanda au Conseil fédéral de prendre de suite l'affaire en considération et le résultat en fut la Constitution de 1874.

Depuis cette époque la présentation de différents postulats a abouti à des revisions partielles de la Constitution; nous en parlerons au chapitre VI.

Nombre de motions ayant trait aux sujets les plus variés ont été adoptées ou rejetées dans les différentes sessions qui se sont succédé.

[1] C'est cette proposition de M. Ruchonnet qui est devenue l'art. 54 de la Constitution fédérale.   H. L.

En règle générale, lorsqu'il s'agit d'une mesure comportant une innovation quelconque, le Conseil fédéral préfère qu'on le mette en demeure — il s'arrange même souvent de façon pour cela — de la demander à l'Assemblée plutôt que de prendre l'initiative de lui-même. Cette façon de procéder prépare mieux, croit-on, l'opinion publique, et si la mesure est rejetée, le Conseil fédéral n'est pas obligé de le considérer comme un échec personnel. Nous pourrions en citer de nombreux exemples. En voici un entre autres :

En 1883, après la présentation en 1881 et 1882 de différents postulats destinés à modifier la loi de 1880 sur les agences d'émigration, l'Assemblée fédérale prit la chose en mains et chargea le Conseil fédéral de prendre les mesures nécessaires pour porter remède aux nombreux abus qu'on y avait signalés, et proposer la modification indispensable pour en arriver au but qu'on se proposait.

Ces postulats renouvelés en 1886, eurent pour conséquence une nouvelle loi sur la matière, celle de 1888.

Chaque Chambre jouit de la même importance politique. Si l'une a, par hasard, une prépondérance sur l'autre, cela ne tient qu'à la valeur personnelle des membres qui en font partie. Il faut cependant reconnaître que, dans la pratique, le Conseil national a plus d'influence que le Conseil des Etats. Le Dr Dubs remarque qu'à peu d'exceptions près, les hommes politiques les plus influents des cantons préféraient, de son temps, siéger au Conseil national. Peut-être faut-il attribuer cela à ce que la durée des fonctions au Conseil des Etats n'était pas invariablement établie ?[1]

---

[1] Nous avons beaucoup de réserves à faire au sujet de cette opinion et nous pourrions citer de nombreux exemples d'hommes, les plus influents de leur Canton et même de la Confédération, qui n'ont jamais siégé qu'au Conseil des Etats. Il ne sera peut-être, en outre, pas inutile de faire remarquer ici que, quoique différentes d'origine, les deux Chambres qui composent l'Assemblée fédérale jouissent des mêmes droits et

Il est bon aussi de remarquer que lorsque les deux Conseils se réunissent pour délibérer en commun (dans les cas que nous avons cités plus haut), c'est le président du Conseil national qui dirige les débats, et comme le Conseil national contient trois fois plus de membres que le Conseil des Etats, et que c'est la majorité qui décide, le premier peut toujours imposer son vote au dernier. Il n'y a cependant ni rivalité, ni hostilité déclarées entre les deux Chambres. On ne peut vraiment pas dire que la plus nombreuse fasse subir sa volonté à l'autre. La minorité du Conseil des Etats, composée de catholiques romains et de membres du centre (libéraux modérés) vient apporter son appui à ses coreligionnaires politiques du Conseil national et certaines questions, telles que par exemple l'élection du Conseil fédéral, ou les décisions à prendre sur le droit de grâce ou d'amnistie, ne donnent d'habitude pas lieu à un de ces votes dans lesquels on pourrait reconnaître une sérieuse opposition mutuelle.

On se sert indifféremment des trois langues officielles à l'Assemblée fédérale. Il est assez étrange d'entendre un discours en français succéder à un discours en allemand et vice versa et à l'appel nominal les *ja, nein, oui, non*, se succéder rapidement. Le président parle naturellement dans sa langue maternelle (français ou allemand), mais son discours est immédiatement traduit dans l'autre langue par l'interprète officiel, car les députés qui parlent italien (ceux du Tessin ou quelquefois des Grisons) connaissent tous suf-

---

ont les mêmes attributions. La besogne est également partagée entre elles au commencement de chaque session par l'accord des deux Présidents, mais en règle générale, pour les questions importantes relatives aux affaires politiques ou militaires, la priorité est laissée au Conseil National, tandis que pour toutes les questions d'ordre juridique, la priorité est laissée au Conseil des Etats. Cela provient d'une habitude prise depuis longtemps et contre laquelle il serait difficile de réagir aujourd'hui.

H. L.

fisamment le français ou l'allemand pour n'avoir pas besoin de recourir à l'intermédiaire de ce fonctionnaire. Toutefois les lois, décrets et arrêtés sont publiés dans les trois langues nationales. Les Constitutions de 1848 et de 1874 ont aussi été publiées en romanche et ladin[1].

Les débats se passent avec beaucoup de décorum. La séance est rarement tumultueuse, même lorsque l'on discute les questions les plus sérieuses. Pas d'interruptions, pas de ces scènes qui ne sont malheureusement que trop fréquentes dans les Parlements des autres pays. Il est vrai que le Conseil des Etats ne se compose que de 44 membres et le Conseil national de 145 députés. Mais ce qui frappe le spectateur, c'est que les députés, tout en étant souvent éloquents même, parlent surtout en hommes d'affaires. Il est à remarquer que pour parler les conseillers nationaux ont l'habitude de se lever, tandis que les membres du Conseil des Etats parlent assis, ce qui donne un ton plus grave aux séances de ce dernier Corps, où les discussions, d'ailleurs, tiennent ordinairement moins de place qu'au Conseil national. Les conseillers aux Etats s'occupent plus volontiers des questions juridiques ou des affaires proprement dites. Les questions politiques sont discutées avec plus de fougue au Conseil national que dans la calme atmosphère du petit Conseil des Etats.

Dans la règle, les séances sont publiques (art. 94) et des galeries sont mises à la disposition des spectateurs.

Les Chambres occupent les deux ailes du Palais fédéral, à Berne. Elles se réunissent chaque jour de la semaine sauf le lundi, à huit ou neuf heures du matin, selon la saison, et le lundi après-midi, à trois heures. Cela permet aux membres qui ne demeurent pas à

[1] Ce sont deux dialectes répandus dans les Grisons mais qui ne sont pas des langues nationales.

Berne de rentrer chez eux le samedi après-midi pour ne revenir que le lundi. Les séances se terminent généralement de bonne heure. Il y en a rarement deux par jour, excepté à la fin de la session quand il y a de la besogne pressante. Pendant la durée des sessions qui durent trois semaines d'ordinaire, le drapeau national flotte sur le palais fédéral. Dans l'intervalle, il y a des réunions de commissions de l'un ou de l'autre des Conseils, avec l'assistance d'un ou plusieurs conseillers fédéraux, dans différentes parties du pays [1], pour discuter certaines questions qui doivent être soumises aux Chambres. Cette façon de procéder diminue la besogne de l'Assemblée. On s'est basé sur les dépenses que ces commissions occasionnaient pour leur faire une certaine opposition, mais elles rendent de grands services. Elles mettent en contact les membres du Conseil fédéral et les députés avec les autorités des cantons où elles se réunissent. Elles contribuent aussi à fortifier le lien fédéral, à développer les bonnes relations entre Confédérés et sont une consolation pour les autorités cantonales qui sentent alors qu'après tout, ce n'est pas à Berne seulement que se décident toutes les affaires.

[1] Mais en fait le plus souvent à Berne. H. L.

CHAPITRE IV

LE CONSEIL FÉDÉRAL

Pouvoir exécutif composé de sept membres. — Leur élection par l'Assemblée. — La présidence et la vice-présidence. — Traitement du président et des membres. — Les sept départements. — Les affaires étrangères. — Les membres peuvent siéger dans chaque Chambre. — Ils sont indépendants de l'Assemblée et ne forment pas un cabinet représentant un parti. — Pas de lutte avec l'Assemblée. — Pouvoir exécutif. — Lutte avec les gouvernements cantonaux. — Travail acharné des membres. — Les trois différences entre le Pouvoir exécutif suisse et les autres pouvoirs exécutifs.

Nous avons dit au chapitre précédent que le Conseil national était élu pour trois ans dans le courant du mois d'octobre. Au commencement de la session d'hiver, dans les premiers jours du mois de décembre suivant, les deux Chambres se réunissent et procèdent à l'élection des sept membres du Conseil fédéral ou pouvoir exécutif de la Confédération, qui sont choisis également pour trois ans parmi les citoyens suisses éligibles au Conseil national. Deux citoyens du même canton ne peuvent être ensemble membres du Conseil fédéral. On a fait remarquer à cette occasion que cette règle pouvait avoir pour résultat d'exclure de ce dernier des hommes d'un mérite réel et reconnu, mais nous n'avons jamais remarqué que, dans la pratique, cet inconvénient se soit réellement fait sentir. Si pendant sa période d'office, un des membres du Conseil donne sa démission ou vient à mourir, on lui élit un remplaçant dans la session suivante et pour le reste du terme. Ce sont naturellement les cantons allemands, plus nombreux, qui fournissent le plus grand nombre de conseillers; Zurich, Berne, Argovie ont pendant longtemps eu et ont encore des représentants au sein du Conseil fédéral qui contient en outre aujourd'hui un Thurgovien et un Soleurois. Les deux autres membres sont originaires des cantons de Neuchâtel et de Vaud, représentant ainsi la Suisse française. D'autres cantons ont eu leur tour de temps en temps [1]. La pratique constante, quoique non invariable depuis 1848, a été de choisir les membres du Conseil fédéral parmi les députés à l'Assemblée fédérale. Cette première élection est déjà considérée comme une preuve de la confiance et de l'attachement des électeurs envers leur compatriote. Le nouveau conseiller prend sa place au milieu de ses collègues, appelé à ce poste par la confiance de l'Assemblée, il est vrai, mais, à l'égal des autres députés, investi de la confiance de ses propres concitoyens. Lorsqu'un député est appelé au Conseil fédéral, comme il ne peut pendant la durée de ses nouvelles fonctions revêtir aucun autre emploi (art. 97), il faut pour remplir le vide qu'il a laissé à la Chambre, procéder à une nouvelle élection.

Le président de la Confédération et le vice-président du Conseil Fédéral sont nommés pour une année par l'Assemblée fédérale, parmi les membres du Conseil.

[1] La tradition qui a prévalu longtemps depuis 1848, était d'attribuer un siège au Conseil fédéral à chacun des cinq grands cantons — Berne, Zurich, Vaud, St-Gall et Argovie. — Le 6me conseiller fédéral représentant la Suisse catholique était pris à Lucerne ou à Soleure. Le 7me qui devait donner à la Suisse latine son second représentant, était choisi dans le Tessin, Genève ou Neuchâtel. Une brèche a été faite en 1875 dans cette coutume qui dès lors, n'a plus été si rigoureusement suivie. H. L.

Le président sortant de charge ne peut être élu président ou vice-président pour l'année qui suit. Le vice-président est généralement élu président l'année suivante. Il reçoit en cette qualité de la caisse fédérale un traitement annuel de 13,500 francs, ses collègues en reçoivent un de 12,000. Il peut sembler étrange que l'on trouve encore assez d'hommes de talent disposés à accepter des fonctions si pénibles et si mal rétribuées, et quelques sceptiques vont même jusqu'à contester la valeur de ces hommes. Il faut avoir vécu en Suisse pour bien comprendre comment cela se peut. Quand il faut pourvoir à une place devenue vacante dans le Conseil fédéral, un homme en vue est désigné du consentement général, comme candidat. Il est plus que probable que cet homme a déjà fait son apprentissage politique dans l'administration de sa commune ou de son canton, et quoiqu'il arrive très souvent qu'il doive se résigner à abandonner une profession presque toujours lucrative, son patriotisme et l'intérêt qu'il porte à son canton lui font un devoir de quitter à la fois ce dernier et son gagne-pain pour aller s'établir à Berne et y vivre souvent avec un maigre revenu [1].

Le travail du Conseil fédéral est réparti entre les sept conseillers qui se sont partagé entre eux les départements d'un commun accord. En cas de congé d'un des chefs de départements, c'est le Conseil fédéral qui désigne son remplaçant temporaire. En général ils changent peu. D'après la Constitution (art. 103) cette répartition a uniquement pour but de faciliter l'examen et l'expédition des affaires, les décisions émanent du Conseil fédéral comme autorité. Mais aujourd'hui, grâce à l'augmentation constante des affaires, l'autorité indépendante de chaque membre,

---

[1] Il ne faut voir dans ce fait, dont beaucoup d'étrangers s'étonnent que la tradition encore en vigueur des fonctions gratuites ou presque gratuites.   H. L.

surtout dans les départements les plus importants, a beaucoup augmenté. Quoi qu'il en soit, les questions, pouvant présenter un intérêt sérieux, sont examinées et décidées dans les séances régulières que le Conseil tient généralement deux fois par semaine, les mardis et samedis. Les décisions prises n'ont de valeur que s'il y a au moins quatre membres présents; de même un arrêté ne peut être annulé qu'à la majorité de quatre membres parmi les cinq, six ou sept qui ont assisté à la séance du Conseil.

Jusqu'à la fin de l'année 1887, le président de la Confédération dirigeait ce que l'on appelait alors le département politique, dont ressortaient les affaires étrangères. Mais comme depuis 1848 le travail de chaque département — sauf celui du département politique — avait augmenté dans une notable proportion, et tout spécialement celui du département des chemins de fer, poste et télégraphe et de justice et police, une réforme devint absolument urgente et le plan proposé par le Conseil fédéral fut accepté par les Chambres à titre d'essai. Il est entré en vigueur le 1er janvier 1888.

Aujourd'hui les sept départements sont:
1. Affaires étrangères, y compris le commerce.
2. Intérieur.
3. Justice et police.
4. Militaire.
5. Finances et péages fédéraux [1].
6. Industrie et agriculture.
7. Postes et chemins de fer.

La direction des affaires étrangères n'est donc plus entre les mains du président pour l'année courante en

---

[1] Le mot péage signifie droit de passage. On n'a pas voulu employer le mot de « douane » usité dans les autres pays, pour bien faire voir que la Suisse entendait ne percevoir que des droits très modérés à sa frontière, dans un but fiscal et non point dans un but de protection contraire au libre-échange. Voyez Droz, *Instruction civique*, page 168.

H. L.

sa qualité de président et c'est là décidément une sérieuse amélioration. Le chef de ce département, pour peu qu'il reste aux affaires pendant plusieurs années, comme c'est plus que probable, sera bien mieux à même de traiter avec les diplomates étrangers, dont la besogne sera aussi beaucoup facilitée, toutes les questions qui peuvent se présenter. Le nouveau département remplit les mêmes fonctions que l'ancien département politique, sauf que son chef n'occupe plus les fonctions présidentielles, mais il est en outre chargé de développer le commerce en général, il prépare les traités de commerce, collabore à l'établissement des tarifs douaniers, et s'occupe également des affaires de propriété industrielle et littéraire, et de l'émigration, touchant ainsi à la plupart des questions qui ont trait aux relations de la Suisse avec les pays étrangers. Le nouveau département de l'industrie et de l'agriculture a moins à faire maintenant que celui du commerce et de l'agriculture qu'il a remplacé. Le travail du département des finances a été également diminué dans une certaine mesure [1].

Grâce à ce nouvel arrangement, le président de la Confédération a bien moins à faire qu'autrefois [2]. Il est toujours chef d'un département fédéral, cela va sans dire, il peut même se trouver appelé à diriger celui des affaires étrangères, quoiqu'il puisse tout aussi bien être à la tête des finances ou de la guerre, mais il n'a plus, en sa qualité de président, à donner sans cesse audience aux diplomates étrangers ou à d'autres personnes; de même de nombreuses questions d'ordre purement administratif ont été soustraites à

[1] Le département des péages a été chargé récemment de tout ce qui concerne le monopole de l'alcool, ce qui ne diminue pas sa besogne.
H. L.

[2] En cette dernière qualité effectivement. Mais en réalité son travail s'est accru, puisqu'il a tout le travail de son département et tout celui de la présidence en plus. H. L.

son activité. Sa charge en est devenue bien moins fatigante. C'est encore lui sans doute qui ouvre toute la correspondance adressée au Conseil fédéral, qui répartit la besogne entre les différents départements, préside les séances du Conseil fédéral et signe en son nom les notes et autres documents administratifs. Dans certaines occasions officielles, c'est encore lui qui reçoit les représentants des gouvernements étrangers, lorsque par exemple ils viennent lui présenter leurs lettres de créance et de rappel, ou lui remettre une notification quelconque de leurs Souverains. Dans les fêtes officielles il occupe la première place. Mais il ne jouit d'aucune des prérogatives accordées au président des Etats-Unis, et ce n'est pas lui manquer de respect que de le comparer au simple président d'un conseil d'administration.

Les Conseillers fédéraux ont le droit de faire dans les deux Chambres des propositions sur les objets en délibération, ils peuvent à leur gré prendre part aux débats qui y ont lieu, mais ils n'ont que voix consultative et ne peuvent prendre part au vote (art. 101).

Lorsqu'une discussion s'élève dans l'un des deux Conseils sur une question qui divise profondément les membres du Conseil fédéral, le spectacle que présente la Chambre est alors des plus intéressants. On a vu plus d'une fois deux d'entre eux dans la même séance, se lever pour soutenir une opinion diamétralement opposée. La discussion achevée, il ne reste nulle trace d'animosité entre les deux collègues qui viendront le lendemain reprendre leurs places au Conseil comme si rien n'était arrivé [1].

---

[1] Ces cas se présentent rarement d'ailleurs. Les chefs de département viennent en général défendre seuls leurs propositions devant l'assemblée. S'il y a divergence de vue et par conséquent discussion, c'est pendant les séances du Conseil que cela se passe et non au milieu de l'assemblée.
H. L.

Les membres du Conseil fédéral sont rééligibles et en fait ils restent en charge pendant nombre d'années malgré les divergences d'opinions qui, au vu et au su de tout le monde, règnent parmi eux et entre certains d'entre eux et la majorité de l'Assemblée fédérale. Une harmonie relative est maintenue au milieu d'eux parce que la minorité s'incline devant la majorité, si l'on ne peut pas arriver à un compromis.

Jusqu'à présent il n'y a eu que deux exemples de la non-réélection de conseillers — qui auraient accepté le renouvellement de leur mandat — mais de temps en temps l'un ou l'autre donne sa démission, soit pour occuper un poste plus lucratif, soit pour accepter une mission diplomatique à l'étranger, soit enfin pour rentrer dans la vie privée.

Le Conseil fédéral, élu par l'Assemblée fédérale pour une période de trois ans, ne peut pas plus être dissous par cette dernière qu'il ne peut la dissoudre lui-même. Il ne dépend en aucune façon de la majorité de l'Assemblée. Ses membres, chacun pour ce qui le concerne, préparent des projets de loi ou d'arrêtés qui lui sont suggérés par la Chambre ou même de leur propre initiative, et lorsque ces mesures ont été acceptées par le Conseil fédéral soit à l'unanimité, soit à la majorité de ses membres, ils sont soumis à la législature qui procède alors comme nous l'avons vu.

La nature et les attributions du Conseil fédéral sont variées et importantes, et méritent d'être étudiées de près, et l'homme d'État suisse semble, en instituant ce corps, avoir résolu ce problème difficile qui a tant embarrassé les autres pays démocratiques, c'est-à-dire qu'il a réussi à établir un pouvoir exécutif effectif fonctionnant de concert avec les institutions démocratiques. Ses membres n'appartiennent pas, comme cela se pratique ailleurs, à un parti politique déterminé. La grande majorité de ceux qui le composent aujourd'hui appartient au parti de gauche, qui a également la majorité dans les Chambres, mais jusqu'en 1888, il y en avait plusieurs qui étaient d'une opinion moins avancée, et parmi eux un catholique modéré qui y est entré il y a de longues années. Il y a aussi un vieux catholique, mais depuis 1848 ce Conseil n'a jamais eu de membres appartenant au parti ultramontain.

On nous assure qu'à la prochaine vacance il est possible qu'un catholique romain de la droite soit pour la première fois élu comme membre du Conseil fédéral, ce parti ayant clairement exprimé son désir d'avoir un représentant au sein du Conseil fédéral.

Lors du renouvellement triennal, il est d'usage de laisser tous les sept membres en fonctions s'ils ont rempli leur devoir. C'est ainsi que des conseillers élus à l'origine grâce à l'influence du parti du centre, ont conservé leurs fonctions quoique ce parti soit maintenant réduit presque à néant. Ce système a l'avantage évident d'une grande continuité dans le gouvernement exécutif, mais s'il se présente une vacance dans l'intérim, le membre nouveau sera probablement choisi parmi les membres du parti alors en majorité dans les Chambres, sous les restrictions cependant, qui sont dictées par les traditions et l'usage. Quand le président Hertenstein de Zurich, qui avait été élu grâce à l'appui du centre, mourut en 1888, il fut remplacé par M. Hauser, un radical, du même canton. L'Assemblée aurait sans doute dû choisir le nouveau membre dans un autre canton, si l'on n'avait pas trouvé de candidat convenable parmi les Zurichois de la gauche, car ce canton a toujours été jusqu'ici représenté dans le Conseil fédéral. M. Hauser était un radical prononcé, le centre l'adopta cependant aussi comme son candidat et la droite choisit pour le sien un catholique romain en guise de protestation contre l'exclusion de tout catholique.

On voit par ce que nous venons de dire, que le Conseil fédéral n'est pas changé en bloc à chaque avènement d'un parti, et cependant on ne peut pas dire que ce corps ne soit pas en fait en harmonie avec l'Assemblée fédérale. Le peuple admet cet arrangement non seulement parce qu'il trouve que les membres du Conseil fédéral sont d'excellents hommes d'affaires, mais parce qu'il sait qu'il possède cet instrument puissant qui s'appelle le referendum, grâce auquel il a le dernier mot à dire sur toute loi. C'est de fait, la certitude d'avoir ce pouvoir entre les mains, qui fait que les Suisses acceptent volontiers l'administration fédérale sans s'inquiéter de la couleur politique de ses membres, pourvu qu'ils les sachent compétents. Le Conseil fédéral n'est pas l'image de la majorité de l'Assemblée fédérale parce que dans ce cas les conseillers devraient être tous soit démocrates, soit radicaux. On semble s'être entendu tacitement pour que tous les partis aient autant que possible leurs représentants au sein du Pouvoir exécutif. Le vice-président, même s'il arrive qu'il appartienne au parti conservateur, peut être presque certain qu'il sera l'année suivante appelé à la présidence à la presque unanimité des voix.

Il n'y a pas et ne peut pas y avoir de lutte entre le Conseil et l'Assemblée fédérale. Lorsqu'une mesure proposée par le premier est rejetée soit par les deux Chambres, soit par une seule, et n'acquiert pas force de loi, le Conseil fédéral, nous l'avons vu au chapitre précédent, s'incline devant la décision de l'Assemblée fédérale. Il ne pose pas la question de cabinet, par suite, il n'y a pas ici ce que l'on appellerait ailleurs une crise ministérielle, pas plus qu'il ne peut être question de dissoudre les Chambres lorsque le peuple a rejeté une des lois qu'elles ont votées. Les autorités fédérales, législatives ou exécutives, ayant été nommées pour une période déterminée, demeurent à leur poste pendant toute la durée de cette période.

En 1882, un projet de loi relatif à l'instruction — nous aurons l'occasion d'en parler plus au long au chapitre XIII — dont l'auteur avoué était un des membres du Conseil fédéral, fut voté par les deux Chambres avec quelques légères modifications, mais fut rejeté au referendum par le peuple. L'auteur ne songea nullement à présenter sa démission pour cela, comme beaucoup d'étrangers auraient pu le croire. Bien plus, un des journaux les plus influents de la Suisse, adversaire déclaré de l'auteur de la loi, fit remarquer qu'il était heureux que le système parlementaire — tel qu'on le comprend ailleurs — n'existât pas en Suisse, car il aurait été cause de la démission immédiate d'un administrateur capable, honnête et dévoué. Les Chambres ne crurent pas un seul instant que le rejet de la loi par le peuple devait entraîner leur dissolution.

Le Conseil fédéral jouit, pour ce qui concerne les affaires étrangères, d'un pouvoir réel grâce à son indépendance des cantons. Il doit veiller sur les intérêts de la Confédération à l'étranger et c'est lui qui est généralement chargé de tout ce qui concerne les relations extérieures[1].

Quant aux affaires intérieures, il veille à la stricte observance de la constitution des lois et arrêtés fédéraux et pourvoit à l'exécution des décisions de l'Assemblée fédérale, des jugements du tribunal fédéral, ainsi que des transactions ou des sentences arbitrales sur des différends entre cantons. Il a à examiner si les

[1] Voir, pour la façon de procéder dans les Chambres, pour ce qui concerne les relations extérieures, le chapitre précédent.

Constitutions cantonales sont d'accord avec les principes de la Constitution fédérale et en fait rapport à l'Assemblée fédérale.

Il examine les lois et ordonnances des cantons pour voir si elles ne vont pas à l'encontre d'une loi fédérale.

Mais il y a ici une imperfection que tous les hommes d'Etat suisses sérieux sont, nous le savons, les premiers à reconnaître. Si un gouvernement cantonal admet une mesure que le Conseil fédéral, lorsqu'il est appelé à la juger, déclare inconstitutionnelle, et si le canton refuse de s'incliner devant la décision du Conseil fédéral, ce dernier n'a pas en mains les organes réguliers pour faire respecter sa décision. Si le canton persiste dans son opposition, le Conseil fédéral a le droit incontesté d'envoyer sur les lieux un commissaire fédéral chargé de tâcher d'arranger l'affaire avec les autorités cantonales. Mais si celles-ci continuent à ne pas vouloir entendre raison, le Conseil fédéral se trouve désarmé. D'ordinaire le canton cède quand le Conseil fédéral, devant l'échec de son commissaire, menace d'imposer au canton réfractaire, trop désireux de l'éviter, une grosse amende sous forme de l'envoi d'un corps de garnisaires d'un autre canton, et le Conseil fédéral en arrive ainsi à ses fins, mais d'une façon indirecte.

Nous en donnerons l'exemple suivant.

Le dimanche 26 octobre 1884, eurent lieu dans toute la Suisse les élections pour le renouvellement triennal du Conseil national. Immédiatement avant la clôture des registres électoraux du district de Lugano, trois jours avant l'élection, certains membres du parti conservateur réclamèrent de la municipalité radicale de nombreuses modifications dans la composition des listes. La municipalité n'y consentit qu'en partie, aussi les conservateurs en appelèrent-ils au gouvernement cantonal conservateur à Bellinzone. Ce dernier, estimant que les conservateurs avaient raison, ordonna à la municipalité de Lugano, sous peine d'une amende de 2500 francs, d'introduire dans ses listes les changements réclamés. Ceci se passait le samedi 25 octobre. La municipalité s'y refusa sous le prétexte qu'il n'était plus temps de toucher aux listes et en appela, par télégraphe, au Conseil fédéral. Les élections eurent lieu le lendemain d'après les vieilles listes.

Le Conseil fédéral ordonna aux autorités cantonales de s'abstenir de toute mesure contre la municipalité de Lugano. Il répéta plusieurs fois ses ordres pendant la semaine qui suivit et par télégraphe et par écrit. Mais celles-ci, sans s'inquiéter des ordres du Conseil fédéral, déclarant d'ailleurs qu'elles étaient seules compétentes dans la question, ordonnèrent à la municipalité de Lugano de payer l'amende, et en présence de son refus, donnèrent l'ordre au préfet de la ville de s'emparer d'un jardin appartenant à un des officiers municipaux et de le vendre aux enchères publiques.

Le Conseil fédéral envoya alors comme commissaire spécial à Bellinzone un membre du Conseil national. Il fut reçu poliment mais ne parvint pas à changer la manière de voir du gouvernement du Tessin et ne put empêcher la vente aux enchères publiques du jardin, quoiqu'il eût télégraphié au préfet de n'y pas procéder.

Aussitôt que le Conseil fédéral eut connaissance de ce fait, il télégraphia au gouvernement cantonal que s'il persistait dans sa résistance, on serait obligé d'avoir recours à la force, qu'un bataillon des troupes Lucernoises n'attendait que son ordre de marche pour aller tenir garnison au Tessin, aux frais du gouvernement cantonal, bien entendu.

La menace suffit. Tout en protestant contre l'action

du Conseil fédéral, le gouvernement du Tessin or donna l'annulation de la vente et la restitution de l'amende.

Le Conseil fédéral a encore un autre moyen de réduire à l'obéissance les cantons réfractaires. C'est de supprimer tous les subsides qui leur sont payés, à différents titres, par le Conseil fédéral. Le moyen a toujours été efficace.

De même quand le Conseil fédéral se voit obligé de procéder contre des délinquants pour des redevances appartenant à la Confédération, il peut les menacer de leur intenter un procès devant un jury fédéral convoqué *ad hoc*, avec toutes les formes de l'apparat judiciaire. Cela coûte fort cher, aussi la simple menace suffit-elle presque toujours pour amener comme dans le cas du canton du Tessin, la soumission des délinquants.

D'un autre côté, comme le Conseil fédéral n'a pas entre les mains les moyens de faire exécuter le jugement du Tribunal fédéral, il est obligé d'avoir recours à l'administration cantonale, de sorte qu'en fait, c'est celle-ci qui agit en dernier ressort. Jusqu'à présent cette façon de procéder n'a donné lieu à aucune difficulté.

Le Conseil fédéral doit encore veiller à la sûreté extérieure de la Suisse, au maintien de son indépendance et de sa neutralité, à la sûreté intérieure de la Confédération, au maintien de la tranquillité et de l'ordre. Il administre les finances de la Confédération, propose le budget et rend les comptes de recettes et dépenses. Il justifie de sa gestion devant l'Assemblée fédérale à chaque session ordinaire, lui présente un rapport sur la situation de la Confédération, tant à l'intérieur qu'à l'extérieur et recommande à son attention les mesures qu'il croit utiles à l'accroissement de la prospérité commune. Il fait aussi des rapports spéciaux lorsque l'Assemblée fédérale ou un de ses membres le demande.

Les membres du Conseil fédéral, nous osons l'affirmer hautement, ne le cèdent à aucun autre gouvernement de l'Europe en dévouement à leur pays, en travail incessant et rude pour un maigre salaire, en parfaite honnêteté et en incorruptibilité. Un diplomate qui les connaissait bien et savait apprécier leurs excellentes qualités, a fait cette remarque très juste que leur tâche rappelait une industrie caractéristique de leur pays, celle de l'horlogerie. En effet, ayant affaire à des questions très difficiles et compliquées, leur attention est continuellement tenue en éveil par le mécanisme si délicat du gouvernement, par l'engrenage des attributions fédérales et cantonales, par le soin de maintenir l'équilibre dans les relations entre sectes et Eglises opposées, et par leurs efforts pour garder leur propre équilibre entre deux ou plutôt trois nationalités différentes. Leur tâche est donc toute de constante vigilance et de stricte surveillance.

De ce que nous avons écrit dans ce chapitre, il résulte que le Conseil fédéral suisse diffère des autres gouvernements sur trois points principaux :

1. Il est élu par l'Assemblée législative et tout en prenant part aux débats des deux Chambres, il ne peut pas être renversé par elles durant la période triennale pour laquelle il est élu.

2. Quoique élu par l'Assemblée, il n'a pas le droit de dissoudre ce corps.

3. Ce n'est pas un gouvernement de parti. C'est plutôt une commission exécutive pour l'expédition des affaires qu'un véritable pouvoir exécutif comme il existe dans d'autres pays.

CHAPITRE V

LE TRIBUNAL FÉDÉRAL

Le Palais de justice fédéral à Lausanne. — Institution du Tribunal fédéral par la Constitution de 1848. — Accroissement de ses fonctions depuis 1874. — Nomination des juges. — Traitements. — Tribunal civil pour les procès entre la Confédération, les cantons, les communes et autres corporations ou compagnies. — Cour d'appel des tribunaux cantonaux. — Cour criminelle pour les délits contre la Confédération et les lois internationales. — Assises fédérales. — Le tribunal décide les questions de droit public et d'administration. — Projet de loi soumettant les contestations religieuses. — Modifications proposées.

L'inauguration du nouveau palais de justice fédéral eut lieu à Lausanne le 21 septembre 1886 en présence des représentants des autorités fédérales, du corps diplomatique, de la plupart des cantons et des délégués du barreau et des universités.

Le nouveau palais de justice est situé sur la hauteur de Montbenon d'où l'on jouit d'une vue splendide sur le lac Léman et les admirables montagnes qui ferment l'horizon.

Au haut de l'escalier, M. Cuénoud, syndic de Lausanne, remit officiellement le nouveau bâtiment aux autorités fédérales au nom desquelles M. Ruchonnet, chef du département de justice et police, l'accepta dans un discours éloquent. Le cortège officiel se rendit ensuite dans la salle des séances où M. Ruchonnet, à son tour, remit le monument au tribunal fédéral, au nom duquel son président, M. Olgiati, l'accepta.

L'institution du Tribunal fédéral remonte à la Constitution de 1848, mais, s'il faut en croire M. le professeur Dubs, ses premières origines se rencontreraient déjà dans les alliances de 1291 et de 1315 entre les trois cantons primitifs. La dernière de ces alliances décidait en effet que les hommes les plus sages et les plus considérés se réuniraient pour terminer à l'amiable ou selon le droit toute guerre ou toute contestation entre les Confédérés. Quand Zurich joignit la ligue en 1351, il fut décidé que les contestations seraient décidées par des tribunaux d'arbitres et ce système, qui n'était pas sans quelques défauts, est resté en vigueur jusqu'en 1848.

Jusqu'en 1874 il n'avait pas paru nécessaire de désigner un siège spécial pour le Tribunal fédéral. Il se réunissait tantôt dans une ville, tantôt dans une autre pour ses sessions, généralement de courte durée. Mais grâce à l'accroissement de ses fonctions résultant de la nouvelle Constitution, on fut obligé de lui choisir un siège permanent et le 26 juin 1874, la ville de Lausanne fut, après une discussion animée, désignée à cet effet par les Chambres fédérales, à charge par elle de fournir les locaux nécessaires. Cette décision avait été prise dans le but de donner satisfaction à la Suisse française et aussi pour soustraire le Tribunal fédéral à l'influence politique de la ville de Berne. Le palais actuel est de beaucoup supérieur sous tous les rapports à celui dans lequel les séances se tenaient auparavant.

Les membres et les suppléants du Tribunal fédéral sont nommés par l'Assemblée fédérale, qui doit avoir égard à ce que les trois langues nationales y soient représentées (art. 107 de la Constitution).

Peut être nommé à ces fonctions tout citoyen suisse éligible au Conseil national, mais les membres du Tribunal fédéral ne peuvent, pendant la durée de leurs fonctions, revêtir aucun emploi soit au service de la Confédération, soit dans un canton, ni suivre d'autre carrière ou exercer de profession (art. 108).

Après l'adoption de la Constitution de 1874, une loi (en date du 27 juin de la même année) vint déterminer l'organisation du Tribunal fédéral et de ses sections, le nombre de ses membres et de ses suppléants, la durée de leurs fonctions, leur traitement et les autres questions y relatives.

Actuellement le Tribunal fédéral se compose de neuf membres et d'autant de suppléants nommés pour six ans par l'Assemblée fédérale, qui désigne aussi le président et le vice-président pour deux ans, parmi les membres de ce corps. Ils peuvent être, et, en effet, sont souvent réélus à l'expiration de leur période d'office. Comme on le voit, la durée de leurs fonctions est double de celle des membres du Conseil fédéral et du Conseil national. Ils reçoivent un traitement annuel de 10,000 francs. Le président en touche 11,000.

Il est interdit à un membre ou suppléant du Tribunal de fonctionner comme juge :

1º Dans toute cause où lui-même, sa femme, sa fiancée, ses parents ou alliés en ligne directe à l'infini et en ligne collatérale jusqu'au degré de cousin germain exclusivement, ou le mari de la sœur de sa femme a un intérêt direct ou indirect.

2º Dans la cause d'une personne dont il est le tuteur ou curateur.

3º Dans les affaires où il a déjà procédé étant dans l'exercice d'autres fonctions.

4º Dans la cause d'une personne morale à laquelle il appartient, dans celle où son canton d'origine ou sa commune apparaît comme partie au procès et dans les recours qui sont formés contre les autorités législatives ou contre le gouvernement de son canton.

Dans ce cas il doit avertir en temps utile le président du Tribunal fédéral ou de la section compétente.

Depuis 1874, le Tribunal fédéral s'occupe non seulement de questions de droit civil et de droit pénal, mais aussi des différends de droit public. Il connaît des différends de droit civil (art. 110 de la Constitution fédérale), statue en matière pénale (art. 112) et en matière politique (art. 113). La procédure est déterminée par certains articles de la Constitution fédérale et par la loi du 27 juin 1874 citée plus haut.

Les différentes attributions du Tribunal fédéral sont les suivantes :

I. *Comme Cour de justice civile.*

Il connaît des différends de droit civil :

a) Entre la Confédération et un ou plusieurs cantons.

b) Entre Cantons.

c) Entre des corporations ou des particuliers comme demandeurs et la Confédération comme défenderesse, pour autant que le litige ait atteint une valeur en capital de 3000 francs au minimum.

d) Entre les Cantons d'une part et des corporations ou des particuliers d'autre part, quand le litige atteint une valeur en capital d'au moins 3000 francs et quand une des parties le requiert.

Dans tous les cas que nous venons de citer, l'affaire est portée directement devant le Tribunal fédéral et non sur un appel de la Cour cantonale.

Le Tribunal fédéral est seul compétent pour connaître des contestations qui surgissent entre communes de différents cantons touchant le droit de cité, quand une commune prétend qu'un certain individu n'est pas son bourgeois et qu'elle n'est par conséquent pas obligée de le reconnaître et de le traiter comme tel; les différends de nature ordinaire entre deux ou plusieurs communes du même canton sont cependant soumis aux tribunaux cantonaux.

Il connaît de plus des différends concernant le Heimathlosat[1]; des contestations en matière d'expropriation pour cause de construction de chemins de fer ou d'autres travaux d'utilité publique; des contestations de droit privé entre la Confédération et une compagnie de chemins de fer; des actions en dommages-intérêts d'une administration de chemins de fer contre des particuliers ou d'administrations de chemins de fer entre elles; des cas de liquidation forcée des compagnies de chemins de fer[2], mais sa compétence en ces matières est strictement limitée aux cas prévus par la loi d'organisation (art. 28).

Le Tribunal fédéral est en outre tenu de juger les causes suivantes:

a) Celles que la Constitution ou la législation placent d'avance dans sa compétence. De pareilles dispositions ne sont valables que moyennant la ratification de l'Assemblée fédérale.

b) Celles qui sont portées devant lui par la convention des parties et dont l'objet en litige atteint une valeur en capital de 3000 francs au moins.

II. *Comme Cour d'appel.*

Dans les causes où il s'agit de l'application des lois fédérales par les Tribunaux cantonaux, et lorsque l'objet du litige sera d'une valeur de 3000 francs au moins, ou non susceptible d'estimation, chaque partie a le droit de recourir au Tribunal fédéral pour obtenir

---

[1] Condition de personnes sans patrie. On y comprend non seulement les étrangers qui ont perdu leur nationalité sans en avoir obtenu une nouvelle, mais aussi les Suisses qui ne sont bourgeois d'aucune commune.

[2] La liquidation de toutes les autres compagnies, quand il s'agit d'une valeur de 3000 francs au moins, vient, en appel, devant le Tribunal fédéral.

la réforme du jugement, au fond, rendu par la dernière instance judiciaire cantonale [1] (art. 23).

C'est à cette dernière catégorie qu'appartiennent aujourd'hui les lois fédérales sur les contrats (code des obligations) autres que celles qui ont trait à la propriété immobilière, sur la propriété littéraire, la protection des marques de fabrique, le divorce et la nullité du mariage.

Quant aux contrats de vente et d'achat des biens immobiliers et d'hypothèques, ils sont réglés par les lois cantonales. En général les questions relatives au transfert de la propriété soit par testament, soit *ab intestat*, sont de la compétence des tribunaux cantonaux ordinaires et ne relèvent même pas en appel du Tribunal fédéral.

III. *Comme Cour de justice pénale.*

Le Tribunal fédéral, assisté du jury, lequel statue sur les faits, connaît en matière pénale :

a) Des cas de haute trahison envers la Confédération, tels que toute tentative de renverser la Constitution par la force, etc.

b) Des cas de révolte ou de violence contre les autorités fédérales.

c) Des crimes et des délits contre le droit des gens.

d) Des crimes et des délits politiques qui sont la cause ou la suite de troubles par lesquels une intervention fédérale armée est occasionnée.

e) Des faits relevés à la charge de fonctionnaires nommés par une autorité fédérale, quand cette autorité en saisit le Tribunal fédéral.

Pour l'administration de la justice pénale, le Tribunal se divise en [trois Chambres : une Chambre d'ac-

---

[1] Les parties peuvent également convenir que dans ces causes, le jugement au fond d'une première instance cantonale, sera soumis directement au Tribunal fédéral, sans recourir à la seconde instance cantonale.

cusation de trois membres et de trois suppléants qui sont appelés à siéger en cas d'empêchement des premiers; une Chambre criminelle de trois membres et de trois suppléants pour les cas d'empêchement, laquelle prend part à toutes les sessions des assises fédérales, un tribunal de cassation de cinq membres et de quatre suppléants. Le président du Tribunal fédéral le préside d'office. Pour rendre des arrêts valables, le Tribunal de cassation doit être toujours au complet, c'est-à-dire composé de cinq juges.

Les assises fédérales se composent de la Chambre criminelle et de 12 jurés élus dans les cantons par le peuple et tirés au sort dans la liste de l'arrondissement. Le territoire de la Confédération est divisé en cinq arrondissements d'assises fédérales; un pour la Suisse française, trois pour la Suisse allemande et un pour la Suisse italienne. Sont nommés et portés sur la liste de l'arrondissement dans les quatre premiers un juré sur 1000 habitants, et dans le cinquième un sur 500; sauf certaines exceptions, tout Suisse ayant droit de vote d'après l'article 74 de la Constitution fédérale peut être nommé juré, mais tout citoyen appelé à ces fonctions est tenu d'accepter sauf: 1º ceux qui ont atteint l'âge de soixante ans révolus; 2º ceux dont le nom a été porté sur la dernière liste des jurés; 3º ceux qui sont empêchés de remplir ces fonctions pour cause de maladie ou d'infirmité.

Avant l'ouverture de chaque session des assises fédérales, la Chambre criminelle fait déposer en séance publique, dans une urne, les noms des jurés de l'arrondissement dans lequel les débats doivent avoir lieu. Elle en fait ensuite tirer au sort 54 qui sont lus et enregistrés. Le procureur général nommé pour chaque cas spécial par le Conseil fédéral, a le droit d'en récuser 20 et l'accusé ou les accusés, 20 aussi. Si le nombre des récusations ne s'élève pas à 40, c'est à la Chambre criminelle à désigner par le sort les 14 jurés qui doivent être appelés aux assises fédérales. Le sort en désigne parmi eux deux qui doivent remplir au besoin les fonctions de suppléants. Le jury se compose donc de 12 membres comme nous l'avons dit. Les arrêts de libération ou de condamnation doivent être prononcés à la majorité d'au moins 10 voix sur les 12.

Les attributions du Tribunal fédéral, comme Cour de justice pénale, sont restées les mêmes qu'en 1848. Les assises fédérales ne sont pas fréquentes. On peut citer notamment celles de Genève en 1864, après les événements du 22 août de la même année (conflit entre radicaux et indépendants); celles de Zurich en 1871, après les troubles de la Tonhalle à l'occasion d'un banquet organisé par les Allemands habitant cette ville pour célébrer les victoires sur la France; celles de Neuchâtel en 1879 où l'anarchiste Brousse a été condamné pour crimes contre le droit des gens (excitation à l'assassinat des souverains) et celles de Neuchâtel en 1889 (affaire des pamphlets anarchistes).

IV. *Comme Cour pour décider les contestations de droit public.*

La Constitution de 1874 a considérablement élargi la compétence du Tribunal sous ce rapport comparativement à la Constitution de 1848. Sous l'empire de cette dernière, tous les recours de droit public étaient portés devant le Conseil fédéral puis devant l'Assemblée fédérale qui les réglait souverainement. Lorsque les deux Chambres ne parvenaient pas à s'entendre, c'était la décision du Conseil fédéral qui demeurait debout. L'examen et la discussion de ces recours occupaient une grande partie des sessions de l'Assemblée et une jurisprudence uniforme avait grand'peine à s'établir car les passions politiques et les caprices du moment jouaient un grand rôle dans les jugements à rendre. Aussi a-t-on réalisé un grand progrès et placé les droits constitutionnels des cantons et des citoyens sous une garantie beaucoup plus efficace en renvoyant tous ces recours au pouvoir judiciaire.

En vertu de l'article 113 de la Constitution de 1874, combiné avec certains articles de la loi sur l'organisation judiciaire, le Tribunal fédéral connaît aujourd'hui :

a) Des conflits de compétence entre les autorités fédérales d'une part et les autorités cantonales d'autre part.

b) Des différends entre cantons lorsque ces différends sont du domaine du droit public.

c) Des réclamations pour violation de droits qui sont garantis aux particuliers ou aux corporations soit par la Constitution ou la législation fédérale, soit par la Constitution de leurs cantons.

d) De l'application des lois fédérales qui ont été votées par l'Assemblée.

e) Des réclamations de particuliers ou de corporations concernant la violation de concordats intercantonaux ainsi que des traités avec l'étranger.

Sont réservées, à teneur de cet article, les contestations administratives ayant trait à certaines dispositions de la Constitution fédérale et dont la solution rentre dans la compétence soit du Conseil fédéral soit de l'Assemblée fédérale et parmi lesquelles on peut citer : celles concernant les écoles primaires publiques des cantons, la liberté de commerce et d'industrie, les droits des Suisses établis, la liberté de conscience et de croyance, le libre exercice des cultes etc., etc.

La compétence pour les contestations d'ordre administratif n'appartient donc entièrement en propre ni aux autorités politiques ni à l'autorité judiciaire et d'après M. Dubs, il est difficile d'établir aucun principe pour se guider dans cette séparation des pouvoirs. M. Dubs pense que toutes les contestations entre la Confédération et les Cantons au sujet des limites de leur souveraineté réciproque, devraient être laissées absolument à l'action du Tribunal fédéral, quel qu'en soit le motif et il attire notre attention sur ce fait que certaines questions religieuses sont néanmoins encore comprises sous la rubrique de « contestations administratives. »

Lors de la revision de la Constitution de 1848, on discuta à perte de vue sur la question de la compétence réciproque des autorités politiques ou judiciaires en matière religieuse et l'Assemblée fédérale décida en dernier ressort que les deux pouvoirs politiques devraient avoir en général connaissance des contestations religieuses en matière de droit public, tandis que celles qui s'élèveraient dans le domaine du droit privé seraient du ressort du Tribunal fédéral. Les premiers furent chargés en particulier de régler toutes les contestations qui pourraient être soulevées par l'application de l'article 51 de la Constitution, qui décrète l'interdiction de la Suisse à l'ordre des Jésuites et des sociétés qui lui sont affiliées.

Il aurait certainement mieux valu — et M. Dubs, dont l'opinion fait autorité en la matière, l'aurait ardemment désiré — laisser au Tribunal fédéral la connaissance de toutes les contestations religieuses, qu'elles soient de droit public ou privé, que de voir, comme cela arrive parfois, l'Assemblée fédérale, qui n'est qu'un corps législatif, transformée pour la circonstance en une sorte de tribunal religieux, alors que ces questions peuvent venir réveiller les passions politiques et que les décisions sont prises à une majorité plus disposée à écouter ses rancunes de parti qu'à se baser sur des principes légaux.

Nous avons déjà vu au chapitre IV que, d'après la

Constitution de 1874, le Conseil fédéral pourvoit à l'exécution des jugements du Tribunal fédéral qui doivent être mis à exécution par les autorités cantonales.

Les délibérations du Tribunal fédéral sont publiques, mais cette disposition n'est pas appliquable aux délibérations du jury et de la chambre d'accusation. Les votations sont également publiques. Chaque juge peut prononcer son jugement dans sa langue maternelle, français, allemand ou italien. Le fait cité plus haut, qu'il est interdit à un membre du Tribunal fédéral de fonctionner comme juge dans les causes où son canton d'origine ou sa commune, apparaît comme partie au procès, peut amener des résultats d'autant plus anormaux que dans deux causes parfaitement identiques, la majorité peut dans un cas voter d'une certaine façon et dans un autre d'une autre façon.

On ne peut guère s'attendre à ce que le Tribunal fédéral, élu comme il l'est par l'Assemblée fédérale parmi tous les citoyens éligibles au Conseil national, soit composé des juristes les plus distingués de la Suisse; il n'est que trop facile de se laisser aller à nommer des coreligionnaires politiques qui ne réunissent peut-être pas toutes les qualités exigées d'un juge instruit. Les membres qui composent actuellement le Tribunal fédéral sont cependant des hommes d'une capacité reconnue au point de vue des connaissances juridiques.

Nous avons, dans ce chapitre, traité la question du Tribunal fédéral au point de vue de sa constitution actuelle et des pouvoirs qui lui sont aujourd'hui attribués; mais le Conseil fédéral a, nous le savons, l'intention de présenter dans quelque temps une nouvelle loi qui y apportera de nombreuses modifications. Parmi les changements que l'on se propose d'y introduire, il faut citer l'**augmentation du nombre des juges** (13 au lieu de 9) et la **division du Tribunal en** deux Chambres, l'une civile, l'autre de droit public. De plus lorsque les deux Chambres siégeraient ensemble, elles auraient le droit de fonctionner comme cour d'appel ou criminelle. L'on voudrait ainsi déterminer clairement les causes qui ne pourraient pas tomber sous la juridiction de l'une ou de l'autre de ses sections seule [1].

[1] Depuis que ceci a été écrit, M. le Dr Henri Hafner, juge fédéral très connu par ses travaux juridiques, a préparé, par ordre du Département fédéral de justice et police, un projet de revision de la loi sur l'organisation judiciaire. D'après ce projet, la compétence du nouveau Tribunal serait étendue à un plus grand nombre de causes (à celles d'une valeur en capital de 1000, 1500 ou 2000 au minimun au lieu de 3000), ce qui viendrait rendre nécessaire l'augmentation du nombre des juges (il y en aurait 13 ou 14 au lieu de 9) et la division du tribunal en deux sections (de droit public et de droit civil) à part les Chambres pénales. Le Tribunal pourrait aussi plus librement exprimer sa décision en modifiant les solutions de fait (ce qui lui est interdit aujourd'hui) rendues par les Tribunaux cantonaux, lorsque l'examen des pièces du dossier le leur permettait. En somme le nouveau Tribunal veut être non plus seulement une cour de cassation, mais aussi une cour de réforme.

En matière pénale, le Tribunal fédéral n'est aujourd'hui qu'une cour d'assises fonctionnant avec l'aide d'un jury. On voudrait en faire une cour pénale fédérale sans jury pour les délits de minime importance, prévus par le Code pénal actuel, ainsi que pour les contraventions importantes aux lois administratives fédérales telles que les lois sur les billets de banque, les assurances, etc., etc. « Le susdit projet, dit M. Stamm dans le rapport qu'il a adressé au Conseil fédéral au nom du Tribunal fédéral, s'est efforcé de réorganiser la justice fédérale dans des sens que nous envisageons comme imposés par les circonstances. Nous approuvons les bases de la loi projetée et nous croyons qu'une fois en vigueur elle aura pour effet d'assurer au plus haut degré l'unité de la justice dans le domaine du droit fédéral et de protéger les droits fondamentaux garantis par la Constitution. »

Le Conseil Fédéral n'a pas encore fait connaître son opinion à l'égard du nouveau projet, il est probable qu'il sera adopté avec les modifications qu'il a proposées ; mais on s'attend à une discussion animée sur le minimun de la somme en capital au delà de laquelle le Tribunal fédéral deviendra compétent. — On peut prévoir également un vif débat sur une récente proposition du Département de Justice qui voudrait attribuer au Tribunal Fédéral la décision sur les recours en matière de liberté de conscience et des cultes. Ils sont tranchés maintenant par l'Assemblée fédérale elle-même, où ils provoquent des débats souvent passionnés et toujours stériles. H. L.

CHAPITRE VI

LE REFERENDUM ET L'INITIATIVE

Le referendum ou renvoi des lois et arrêtés aux électeurs. — Le droit populaire de veto limité par la Constitution de 1848 et étendu par celle de 1874. — Il est soutenu à la fois par les conservateurs et les radicaux. — Son influence bienfaisante. — L'initiative ou droit des électeurs de proposer de nouvelles lois. — Développement de ces deux droits dans le canton de Zurich. — Leur fonctionnement dans les autres cantons. — Mesures repoussées. — Objections faites au referendum. — Ce qu'il en serait s'il était adopté en Angleterre.

Le referendum et l'initiative sont deux institutions politiques particulières à la Suisse. Ce sont des enfants de la démocratie entre les mains de laquelle ils sont devenus des armes formidables.

I. Le referendum n'est autre chose que le renvoi à tous les électeurs fédéraux ou cantonaux, pour rejet ou pour acceptation, des lois et arrêtés qui ont été faits par leurs représentants [1].

Le referendum est ou bien obligatoire ou bien facultatif. Il est obligatoire dans certains cantons où toutes les lois votées par le Grand Conseil ou par tout autre corps représentatif, doivent être soumises au peuple. Il est facultatif quand il est limité à ces cas

[1] Dans l'ancienne Confédération suisse, les délégués des 13 cantons indépendants qui la composaient devaient en référer à leurs gouvernements respectifs pour obtenir la confirmation des décisions prises par la Diète fédérale. C'est là l'origine du mot « referendum. » Voyez chap. I.

particuliers où il n'est exercé que sur la demande d'un certain nombre d'électeurs.

Antérieurement, avant l'introduction du referendum tel qu'il existe aujourd'hui, certains cantons comme Zurich, Berne et Lucerne par exemple, où les landsgemeindes n'étaient pas en vigueur, n'en consultaient pas moins de temps à autre le peuple sur l'opportunité de telle ou telle loi qui l'intéressait plus particulièrement.

Après 1830, plusieurs cantons introduisirent dans leur législation une sorte de droit de « veto » populaire d'où devait sortir le referendum. Ce fut d'abord le canton de St-Gall dans la nouvelle Constitution qu'il se donna en 1831. Cet acte contenait un article qui établissait le principe de la souveraineté du peuple, lui reconnaissait par conséquent le droit de faire ses propres lois et déclarait que toute loi devait lui être soumise, avec faculté de l'adopter ou de la rejeter pendant un certain temps. C'était donner au peuple le droit de veto.

En matière fédérale, il y a aujourd'hui deux sortes de referendum. Le premier, créé par la Constitution de 1848, ne pouvait s'exercer qu'en cas de revision de la Constitution et il était alors obligatoire. La Constitution de 1874 ne fit que reproduire les articles qui y étaient relatifs, mais comme nous l'avons vu, elle a introduit par son article 89, 2e alinéa, une innovation importante en soumettant au vote populaire, — quand il est réclamé par 30,000 citoyens actifs ou huit cantons — toutes les lois fédérales et les arrêtés fédéraux qui sont d'une portée générale et qui n'ont pas un caractère d'urgence [1]. Ces deux referendums,

---

[1] Nous ferons remarquer ici que pour les questions de revision de la Constitution, il faut la majorité des citoyens suisses prenant part à la votation et la majorité des cantons, tandis que pour l'adoption ou le rejet d'une loi fédérale, il suffit d'avoir la majorité des votants — les cantons ne comptant plus comme tels.   H. L.

— obligatoire et facultatif — sont exercés au moyen du vote collectif des citoyens de toute la Confédération. Beaucoup de questions importantes locales sont grâce au referendum cantonal, obligatoire ou facultatif, soumises au vote du canton intéressé, et cette institution est si bien maintenant entrée dans les mœurs du peuple suisse, qu'elle fonctionne utilement dans tous les cantons, sauf ceux à landsgemeindes et dans celui de Fribourg où la majorité ultramontaine ne montre que peu de penchant à introduire des innovations.

Le referendum a jeté de profondes racines et s'est développé partout où il a été établi et pas un homme politique sérieux, — à quelque parti qu'il appartienne — ne songerait maintenant à demander son abolition. Le parti conservateur, dans les rangs duquel se trouvèrent ses adversaires les plus résolus lorsqu'il fut question de l'introduire dans la Constitution, devint bientôt son plus ferme soutien quand il acquit la conviction qu'il était un frein puissant à la confection de lois trop hâtives et trop radicales. Le referendum est venu restituer au peuple suisse des droits qu'il possédait auparavant dans la plupart des cantons, mais qui étaient plus ou moins tombés en désuétude. Antérieurement à la Révolution française, comme nous l'avons vu au chapitre I*er*, le gouvernement des différents Etats de la Confédération était devenu peu à peu l'apanage d'un certain nombre de familles patriciennes, et ce fut la Révolution qui introduisit l'idée d'un gouvernement réellement représentatif, mais la période de réaction qui suivit la chute du système napoléonien, n'était pas favorable au développement des institutions démocratiques. Depuis 1830, quoique la part du peuple dans l'administration des affaires se fût peu à peu augmentée, les imperfections du système purement représentatif, se firent de plus en plus jour. Les radicaux commencèrent à s'apercevoir que les élus du suffrage universel n'étaient pas toujours les interprètes fidèles de la volonté populaire et que les intérêts de classes jouaient toujours le plus grand rôle dans beaucoup de questions, telles que la confection des lois et l'application des impôts. C'est alors qu'ils mirent en avant l'idée du referendum au moyen duquel ils espéraient reconquérir pour le peuple le droit à cette participation directe dans la législation qu'ils avaient perdu quand le gouvernement purement représentatif avait été établi dans la plupart des cantons.

Il s'est écoulé depuis cette époque un temps suffisant pour permettre au peuple suisse de se faire une opinion sur la pratique et les effets du vote populaire. Pour ce qui regarde la première, rien n'est plus simple: Tout électeur n'a qu'à déposer dans l'urne son bulletin sur lequel il écrit le mot « oui » ou « non ». Quant aux effets moraux que l'exercice de ce droit a eus sur le peuple, nous sommes convaincus que tout le monde, même les adversaires de toute forme de gouvernement démocratique, s'accorde à reconnaître qu'ils sont salutaires. La conscience de la valeur individuelle ainsi que le sentiment national se sont incontestablement développés et le fait d'une participation nombreuse et toujours croissante du peuple à toutes les votations tend à prouver que son intérêt pour les questions politiques ne fait que grandir.

L'application du referendum, tel qu'il fonctionne en Suisse et tous les résultats qu'on en a obtenus sont faciles à comprendre. Dans la plupart des cas ils sont, il faut le reconnaître, si indépendants des manœuvres de parti, que l'opinion publique s'incline immédiatement devant le résultat et que le sentiment général du pays sur telle ou telle question trouve, grâce à lui, **son expression vraie — et définitive — pour l'époque.**

Les mesures extrêmes, qu'elles soient radicales ou réactionnaires, n'ont aucune chance d'être jamais adoptées par le peuple qui, en remplissant ainsi d'une certaine façon les fonctions d'une seconde Chambre, a infiniment plus de poids que n'en possède d'habitude ce corps législatif, même élu par le suffrage universel, même s'il est l'expression exacte de la majorité.

Il semblerait que, des deux formes du referendum, admises dans les cantons, le referendum obligatoire soit plus pratique que l'autre. Un homme dont la compétence dans ces questions est incontestable, M. Droz, aujourd'hui chef du département politique fédéral, considère que là où le referendum facultatif est admis, l'agitation causée par la réunion des signatures nécessaires, est cause de tant d'excitation que les électeurs en viennent à oublier la mesure dont il s'agit, détournant ainsi l'opinion publique du droit chemin. Une discussion un peu calme sur le projet de loi devient impossible et ce dernier a ainsi toutes les chances d'être rejeté sans examen sérieux ; au contraire le système qui soumet toutes les lois votées par les corps législatifs cantonaux au referendum ne produit aucun de ces inconvénients.

II. L'initiative est l'exercice du droit garanti à tout électeur ou tout corps électoral de proposer de nouvelles lois ou de demander l'abolition de lois existantes. C'est un outil particulièrement puissant entre les mains du parti démocratique. Grâce à ce droit les corps législatifs, composés pour la plupart de personnes appartenant à la classe aisée, peuvent être contraints par le peuple de prendre en mains et de discuter certaines mesures qui sans cela n'auraient aucune chance de voir le jour. Mais c'est une institution encore dans son enfance et qui a besoin d'être développée. Ceux qui appartiennent aux classes supérieures de la société, ne recherchent pas des **réformes** qui seraient la plupart du temps préjudiciables à leurs propres intérêts. Les classes inférieures ne sont d'autre part, pas encore suffisamment bien organisées entre elles pour faire un usage effectif du droit que la loi leur confère. Il est de plus très difficile de donner à ce droit une forme à la fois simple et efficace[1].

Il ne faut jamais perdre de vue que le referendum et l'initiative sont deux institutions qui se sont développées graduellement dans les cantons, s'étendant de l'un à l'autre jusqu'à ce que, sauf les exceptions que nous avons mentionnées plus haut, le referendum obligatoire ou facultatif soit entré dans les mœurs de tous — le referendum obligatoire et facultatif est en vigueur dans deux d'entre eux — et qu'un grand nombre d'entre eux aient également introduit le droit d'initiative dans leur législation.

Quoique le referendum n'existe pas dans le sens strict du mot, dans les cantons à landsgemeindes, les affaires les plus importantes, comme nous le montrerons plus loin en parlant d'Uri[2], sont décidées par le peuple dans ces assemblées primitives.

Le referendum obligatoire existe dans les cantons de Zurich, Berne, Soleure, les Grisons, Argovie, Thurgovie, le Valais, et dans le demi-canton de Bâle-Campagne. Dans les cantons de Schwytz et de Vaud, il a été introduit sous ses deux formes.

A Zurich, où cette institution a atteint son plus haut développement sous l'empire de la Constitution cantonale de 1869, le referendum est obligatoire dans tous les cas de revision de la Constitution, de lois nouvelles, de concordats, et pour le vote d'une somme de 250,000 francs ou entraînant une dépense annuelle

---

[1] L'initiative est pour le moment bornée à certains cantons pour les affaires cantonales, mais la question de l'initiative en matière fédérale a déjà été prise en considération. H. L.

[2] Voyez chap. IX.

de 20,000 francs. De cette façon les pouvoirs du Conseil cantonal sont limités au point de vue financier et, dans la pratique, il soumet même au referendum beaucoup d'autres mesures qui relèvent de sa compétence. Son pouvoir est de plus en plus limité par le droit d'initiative. Tout électeur, s'il est soutenu par un tiers des membres présents à la prochaine séance du Conseil ou toute réunion d'au moins 5000 électeurs, peut demander la présentation, la modification ou l'abolition de toute loi ou arrêté émanant du Conseil. Si cette demande n'est pas acceptée par ce dernier, la question est soumise au peuple, souvent même avec des amendements présentés par le Conseil lui-même. Le Conseil cantonal peut entreprendre la revision de la Constitution à n'importe quelle époque après deux délibérations séparées et un vote populaire favorable. Si la revision de la Constitution est demandée grâce à l'initiative de 5000 votants et acceptée par le peuple, un nouveau Conseil cantonal doit être élu pour élaborer la nouvelle loi.

Telles sont les institutions populaires du démocratique canton de Zurich, et il n'y manque pas de citoyens qui ne demanderaient pas mieux que d'augmenter encore le pouvoir prépondérant du peuple, en réduisant le nombre des députés de 200 à 30 ou 40, et de faire ainsi du Grand Conseil une sorte de comité dont les fonctions principales consisteraient simplement à préparer les lois avant de les soumettre au referendum.

Il nous faut ajouter encore quelques mots sur l'état de cette question importante dans les **autres cantons**.

Dans le canton de Bâle-Campagne, en 1831 déjà, le referendum fut établi d'une façon obligatoire pour toutes les lois, les arrêtés et les conventions. Le droit d'initiative, ainsi que le droit de demander la revision de la Constitution, sur la proposition de 1500 citoyens au moins, fut ainsi reconnu.

Les mêmes règles existent à Berne, à Soleure, dans les Grisons, en Argovie et Thurgovie, dans les cantons de Schwytz et de Vaud, avec quelques variantes dans le nombre des votants nécessaires pour l'appel au peuple et dans la façon de procéder à la révision. Dans le Valais, le referendum n'existe qu'en matière financière. Les cantons de Soleure, des Grisons, d'Argovie et de Thurgovie possèdent le droit d'initiative s'il est réclamé par un nombre d'électeurs variant de 1500 à 5000. A Berne et dans le Valais, ce droit n'existe pas.

Dans tous ces cantons, toutes les questions relatives au vote d'une certaine somme d'argent en capital ou à la dépense annuelle d'une certaine rente, sont soumises au referendum [1].

Dans les cantons de Schwytz et de Vaud, le referendum facultatif existe; dans le premier, sur la demande de 2000 électeurs quand il s'agit de concordats et de différents autres arrêtés du Conseil cantonal; dans le dernier, pour toute loi sur l'initiative de 6000 électeurs.

Il reste sept cantons et un demi-canton où le referendum facultatif seulement est en vigueur. Ce sont ceux de Lucerne, Zug, Schaffhouse, St-Gall, Tessin, Neuchâtel, Genève et Bâle-Ville. Généralement parlant, les lois, concordats et parfois les arrêtés des Conseils cantonaux sont soumis au referendum facultatif. Il existe en matière financière à différents degrés

---

[1] D'après l'échelle suivante :
Berne, pour le vote de 500,000 francs, au moins.
Schwytz, » » 50,000 francs ou plus de 10,000 francs par an.
Soleure, » » 100,000 » » 20,000 »
Grisons, » » 100,000 » » 20,000 pour chaque période de cinq ans.
Argovie, pour le vote de 250,000 » » 25,000 francs par an.
Thurgovie, » » 50,000 » » 10,000 »
Vaud, » » 500,000 francs non compris dans le budget.
Valais, » » 60,000 ou 20,000 francs en moyenne pour chaque période de trois ans.

dans les cantons de Lucerne, Zug et Schaffhouse[1]. L'initiative existe dans les cantons de Zug, Schaffhouse, Neuchâtel et Bâle-Ville. La revision de la Constitution est dans chacun d'entre eux soumise au referendum sous certaines conditions.

Depuis l'adoption en 1874 du referendum pour toutes les lois et les arrêtés fédéraux qui n'ont pas un caractère d'urgence, votés par les Chambres, nombre de ces mesures ont été acceptées par le peuple suisse sans qu'on ait eu recours au referendum. D'autres ont donné lieu à beaucoup de discussions et à des divergences d'opinions; les unes ont été acceptées, les autres repoussées au referendum. On peut citer les neuf exemples suivants qui se sont produits de 1875 à 1879[2] seulement.

1. *23 mai 1875.* Loi fédérale sur le droit de vote des citoyens suisses. Rejetée par 207,263 contre 202,583 [3].

2. *23 mai 1875.* Loi fédérale concernant l'état-civil et le mariage. Acceptée par 213,253 contre 205,069.

3. *23 avril 1876.* Loi fédérale sur l'émission et le remboursement des billets de banque. Rejetée par 193,253 contre 120,068 [4].

4. *9 juillet 1876.* Loi fédérale sur la taxe d'exemption du service militaire. Rejetée par 184,894 contre 156,157.

5. *21 octobre 1877.* Autre loi sur le même sujet. Rejetée par 181,363 contre 170,223 [5].

6. *21 octobre 1877.* Loi fédérale concernant le tra-

---

[1] Lucerne pour le vote de 200,000 francs ou de 20,000 francs par an.
Zug, » » 40,000 » 5000 »
Schaffhouse » » 150,000 » 15,000 »

[2] Voyez la table à la fin de l'ouvrage de M. Curti, *Histoire du referendum suisse.*

[3] Représentée et rejetée à une bien plus forte majorité. H. L.

[4] Représentée une seconde fois et acceptée sans votation. H. L.

[5] Représentée plus tard (28 juin 1878) et entrée en vigueur sans votation. H. L.

vail dans les fabriques. Acceptée par 181,204 contre 170,857.

7. *21 octobre 1877*. Loi fédérale sur les droits politiques des Suisses. Rejetée par 213,230 contre 131,557.

8. *19 janvier 1879*. Loi fédérale accordant des subventions aux chemins de fer des Alpes (St-Gotthard). Acceptée par 278,731 contre 115,571.

9. *18 mai 1879*. Arrêté fédéral concernant la revision de l'article 65 de la Constitution fédérale (peine de mort). Acceptée par 200,485 contre 181,588 et par 15 cantons[1].

A cela succéda une période pendant laquelle les progrès de la centralisation et la tendance de plus en plus envahissante du pouvoir fédéral vinrent jeter l'alarme parmi les partisans de la souveraineté cantonale et les conservateurs. On put croire pour un moment que le pays était déterminé à rejeter, sans examen, tout ce qui venait de Berne.

Le 30 octobre 1880, le peuple repoussa, par 260,126 voix contre 121,099 et à la majorité de 17 $^1/_2$ cantons, un arrêté fédéral relatif au monopole des billets de banque, qui ne pouvait entrer en vigueur que grâce à une modification de la Constitution.

Le 30 juillet 1882 le peuple rejeta une loi sur les épidémies, à l'immense majorité de 254,340 voix contre 68,027 et un arrêté fédéral sur les brevets d'invention, exigeant également une revision partielle de la Constitution, par 156,658 voix contre 141,616 [2].

Le peuple rejeta de même pour des motifs que nous

---

[1] Depuis lors il n'y a plus eu qu'un seul exemple d'une loi rejetée puis représentée et acceptée. La loi fédérale concernant les épidémies fut rejetée le 30 juillet 1882. Le Conseil fédéral la modifia alors en y supprimant le principe de la vaccination obligatoire qui avait été la cause principale de son rejet. Elle est entrée en vigueur le 1er janvier 1887. H. L.

[2] Le rejet de cette dernière loi fut attribué à la circonstance qu'elle fut présentée au referendum en même temps que la loi fédérale concer-

mentionnerons au chapitre XIII, et par 318,139 voix contre 172,010, un arrêté fédéral concernant l'exécution de l'article 27 de la Constitution fédérale (nomination d'un secrétaire fédéral de l'instruction publique).

Le 11 mai 1884, quatre mesures qui avaient été adoptées par les Chambres furent simultanément rejetées au referendum; la première, relative à la création d'un secrétaire spécial pour le département de justice et police, au traitement de 5500 à 7000 francs; la seconde, relative à la création d'un poste de secrétaire de légation à Washington au traitement de 10,000 francs; la troisième, relative à l'exemption en faveur des commis voyageurs suisses, des taxes dont les commis voyageurs étrangers étaient exempts; et la quatrième destinée à conférer au Conseil fédéral les pouvoirs nécessaires pour enlever aux tribunaux cantonaux les causes qui, par suite de passions politiques, pourraient ne pas être jugées avec toute l'impartialité désirable et les soumettre au tribunal fédéral (adjonction d'un article au code pénal fédéral).

Les deux premiers projets de loi qui entraînaient une augmentation de dépenses furent repoussés à d'énormes majorités, car le peuple n'aime guère à autoriser des dépenses dont il ne retire pas un intérêt personnel. Un paysan ne peut pas comprendre qu'un fonctionnaire fédéral ou cantonal — qu'il regarde en fait comme un serviteur qu'il paye — reçoive ce qu'il considère comme un traitement extravagant. Augmenter une légation qui coûte déjà 50,000 francs

---

nant les épidémies qui rendait la vaccine obligatoire, mesure impopulaire qui fit que le peuple vota contre les deux lois. On peut considérer ce fait comme une exception à la règle générale que les questions soumises au referendum reçoivent du vote populaire leur expression vraie et pour le moment définitive. Une nouvelle loi fédérale sur les brevets d'invention (propriété industrielle) a depuis reçu la sanction du peuple (10 juillet 1887).

par an jusqu'à 60,000, lui semble une monstruosité. Le projet de loi relatif aux commis voyageurs fut rejeté on ne sait trop pourquoi. Quant au dernier, il ne dut de l'être qu'à la répugnance du peuple suisse de laisser à la discrétion d'un pouvoir politique l'honneur et la bonne réputation des tribunaux cantonaux.

Ces projets furent rejetés par les majorités suivantes :

1. Secrétaire du département de justice et police, par 214,916, contre 149,729.

2. Secrétaire de légation à Washington, par 219,728, contre 137,824.

3. Taxe des commis voyageurs, par 189,550, contre 175,192.

4. Extension de la juridiction criminelle du Conseil fédéral, par 202,773, contre 159,068.

Depuis cette époque, la Constitution suisse a été modifiée deux fois [1].

La première fois, le 25 octobre 1885, par l'adoption d'un arrêté fédéral relatif à la fabrication et à la vente des spiritueux, modifiant l'article 31 de la Constitution, et donnant ce monopole à la Confédération.

La seconde fois, le 10 juillet 1887, par l'acceptation par le peuple, revenant sur sa première décision, de la loi sur la propriété industrielle (protection des inventions) modifiant ainsi l'article 64 de la Constitution).

Le referendum a naturellement ses adversaires. Ils prétendent qu'il y a de nombreuses lois qui par leur valeur même pourraient être, bien plus avantageusement et en bien meilleure connaissance de cause, discutées et votées par les Chambres sans qu'elles aient besoin d'être soumises à la décision du corps électo-

---

[1] Comme nous l'avons vu, elle l'avait déjà été une première fois le 18 mars 1879 par le rétablissement de la peine de mort pour les délits non politiques (modification à l'article 65 de la Constitution). H. L.

ral. Ils soutiennent par exemple que les lois relatives à l'enseignement supérieur ou à la faillite sont d'une nature beaucoup trop compliquée pour être soumises au vote populaire et ils préféreraient laisser de pareilles questions à la décision de l'Assemblée fédérale. Il est hors de doute que le referendum a diminué l'importance des débats sur les lois et les résolutions des Chambres et qu'il les a amoindries elles-mêmes aux yeux du peuple.

Il n'y a rien de surprenant à ce que les députés sentent moins le sérieux de leurs fonctions, depuis qu'ils savent qu'après tout, les mesures qu'ils adoptent, même si elles sont nécessaires, sont à la merci d'un vote populaire, de sorte que leurs décisions ne sont jamais définitives et que leur temps et leurs peines risquent souvent d'être perdus.

Le droit au referendum n'est pas applicable aux questions de relations extérieures. Il est clair, en effet, qu'il serait difficile de référer au vote du peuple un traité avec une puissance étrangère.

On peut se demander si le referendum pourrait être introduit avec avantage en Angleterre. Il ne serait pas inutile peut-être qu'une question aussi irritante que celle du « Home rule » pour l'Irlande soit décidée d'une façon ou d'une autre par un vote de tout le corps électoral du Royaume-Uni. Ceci n'est qu'une simple suggestion, mais les conditions particulières où se trouve la Grande-Bretagne diffèrent essentiellement de celles où se trouve la Suisse, pays démocratique par excellence, et où on a eu recours au referendum dans beaucoup de questions d'intérêt purement local[1].

---

[1] Les stipulations de la loi sur les bibliothèques publiques ont introduit dans la législature anglaise un principe qui ressemble beaucoup au referendum.

Voyez aussi dans le *Times* du 8 janvier 1889, page 11, un article relatif au referendum introduit par la municipalité de Cluny au sujet d'un emprunt et l'adoption par le Conseil municipal de Paris d'une proposition tendant à consulter la population sur l'opportunité de construire un chemin de fer métropolitain. Ces plébiscites, cependant, diffèrent du referendum suisse en ce sens qu'ils ont été faits dans le but de sonder l'opinion des citoyens sur une certaine question avant qu'une décision n'ait été prise par les autorités, tandis qu'en Suisse le referendum ne s'applique qu'à des mesures déjà prises par les autorités et présentées au peuple pour acceptation ou rejet. La façon d'agir des Conseils municipaux de Cluny et de Paris fut déclarée par M. Constans, alors ministre de l'intérieur, dans une circulaire adressée aux préfets en avril 1889, absolument illégale (note de la seconde édition).

Depuis l'introduction du principe du referendum dans la Constitution de 1874 (art. 89 2° alinéa), jusqu'en novembre 1889, il a été publié 135 lois ou arrêtés fédéraux sujets à cette formalité, 19 (sans compter la loi sur la poursuite pour dettes et la faillite), ont passé par l'épreuve du vote populaire. 13 ont été rejetées et 6 seulement adoptées. L'art 90 de la Constitution déclare qu'une loi fédérale déterminera les formes et les délais à observer pour les votations populaires. Cette loi, du 17 juin 1874, fixe à 90 jours le délai pendant lequel le referendum peut être demandé. Les citoyens qui le demandent, doivent apposer personnellement leur signature sur des listes, et le droit de vote des signataires doit être attesté par l'autorité communale du lieu où ils exercent leurs droits politiques. Des pénalités sont prévues contre ceux qui apposeraient une signature autre que la leur. Si le nombre minimum de 30,000 signatures valables ou de huit cantons est réuni, la votation populaire a lieu, au plus tôt quatre semaines après la publication et la distribution de la loi et de l'arrêté dont il s'agit. Le referendum est une institution coûteuse, comme on peut s'en convaincre par les détails suivants. Les frais nécessités par l'impression de la loi fédérale sur la poursuite pour dettes et la faillite, s'élevèrent à 47,696 francs. Avec les autres frais, la votation sur cette loi seule coûta à la Confédération environ 130,000 francs. Il en est à peu près de même pour toutes les lois soumises au referendum. H. L.

CHAPITRE VII

LES PARTIS POLITIQUES

Il n'y a pas de partis de gouvernement en Suisse. — Aucune distinction entre les ministériels et l'opposition. — Les trois partis politiques à l'Assemblée fédérale : 1° la droite ou catholiques romains ; 2° le centre, ou libéraux modérés ; 3° la gauche, ou radicaux démocrates. — Programme des démocrates. — Le centre de gravité à l'Assemblée fédérale. — Les associations politiques. — Il n'existe pas de « caucus » ou de système parlementaire. — Décadence de l'aristocratie.

Nous nous sommes efforcés dans ce chapitre de placer sous les yeux de nos lecteurs un tableau aussi exact que possible de l'état des partis en Suisse, d'après des renseignements que nous avons puisés aux sources les plus autorisées du pays. Nous ne nous dissimulons pas que c'est là une question difficile, mais nous pensons cependant qu'il peut être utile d'en parler ici avec quelques détails.

La Suisse n'est pas, comme on pourrait le croire, partagée en deux grands partis politiques distincts, quoique l'on retrouve ici comme partout ailleurs, les deux principaux courants d'opinion libérale ou conservatrice. Les partisans résolus du pouvoir central, dont nous avons parlé au chapitre premier, qui avaient pour but l'unification complète du pays, n'existent plus, et l'abolition violente des cantons, que beaucoup d'entre eux considéraient comme possible, désirable même après les événements de la révolution française, ne rentre plus aujourd'hui dans les vues d'aucun parti politique pratique en Suisse. Les centralistes d'aujourd'hui sont des hommes qui, tout en respectant les susceptibilités cantonales, essaient de fortifier peu à peu le pouvoir central, c'est-à-dire la Confédération. L'existence des 22 cantons avec leur population composée de quatre nationalités parlant quatre langues différentes, est un obstacle insurmontable à l'existence de certains partis nettement tranchés dont l'Angleterre a donné un si frappant exemple. Un gouvernement de parti serait impossible en Suisse, comme on peut s'en convaincre en étudiant la composition de l'Assemblée fédérale où ne se retrouve pas cette division régulière entre ministériels et membres de l'opposition, et où chacun va prendre la place qui lui convient sans avoir égard à l'opinion à laquelle il appartient.

En règle générale, le citoyen suisse songera d'abord à sa commune, puis à son canton, et son vote est souvent bien plus influencé par les intérêts de ceux-ci que par ceux de la Confédération. Cependant, s'il est un catholique fervent et convaincu, il se laissera guider tout d'abord par les intérêts de sa religion. C'est, avec l'ancienne organisation de l'Eglise romaine ce qui a fait que le parti catholique romain est le seul en Suisse qui possède une réelle cohésion[1]. Tout catholique ultramontain, quels que soient son canton d'origine, sa race, sa langue, sera toujours prêt à faire de l'opposition aux protestants et aux catholiques libéraux sur toute question fédérale, si elle se trouve en conflit avec ses sentiments religieux ou si elle a un rap-

[1] Les ouvriers commencent à s'organiser entre eux, mais on ne peut pas encore qualifier leur parti de « parlementaire », car jusqu'à présent ils n'ont pas eu de véritable représentant à l'Assemblée fédérale.

port quelconque quelque éloigné qu'il soit, avec ses convictions. Mais on a vu ce parti également parfois prêt à lutter avec ce que l'on pourrait appeler les *conservateurs protestants*, contre toutes les mesures proposées par les radicaux.

L'Assemblée fédérale se divise en trois partis politiques : la droite, le centre et la gauche.

1. La *droite*. L'on rencontre quelques catholiques romains dans chacune des deux autres divisions de l'Assemblée, mais les cléricaux (ultramontains) forment à eux seuls un parti politique appelé la droite. Il compte aujourd'hui 35 membres au Conseil national et 18 au Conseil des Etats. L'on distingue parmi eux deux courants d'opinion, l'un dirigé par les membres élus par les districts ruraux du canton de Lucerne, l'autre se composant surtout des députés fribourgeois. Les premiers représentent assez bien les vues des catholiques suisses laïques ; les autres refusent de subordonner les droits de leur Eglise à ceux de l'Etat, et ils ont montré plus d'une fois qu'ils étaient les plus forts auprès des populations rurales sur lesquelles l'influence du prêtre de la paroisse s'exerce plus activement. Dans les Chambres la droite, en dépit des fréquentes querelles qui la divisent et de l'ardente polémique de ses organes, vote généralement comme un seul homme surtout quand il s'agit de questions religieuses.

2. Le *centre* se trouve aujourd'hui réduit — du tout puissant parti libéral qu'il était autrefois — à une simple poignée de membres. Il comprend 14 députés au Conseil national et 5 au Conseil des Etats. Cependant, grâce aux relations excellentes qu'il entretient avec le Conseil fédéral — dont plusieurs membres ont été choisis dans son sein — grâce surtout à l'appui d'un certain nombre des plus anciens organes de la presse, ces députés jouissent d'une réelle influence aux yeux du public et ont un grand nombre d'adhérents dans le

pays. En fait on peut considérer ce parti, *grosso modo*, comme le représentant des anciennes traditions de la majorité libérale du peuple suisse. Il doit également quelque chose de la position qu'il occupe aujourd'hui à son attitude conciliante dans toutes les questions fédérales et surtout dans les questions religieuses auxquelles il semble n'attacher pas bien grande importance et qu'il ne fait qu'utiliser dans un but de tactique parlementaire. Le centre cherche sa force principale dans la solution des questions d'économie politique. Ses membres sont des partisans plus ou moins convaincus de l'école de Manchester, sympathisant jusqu'à un certain point avec les idées et les intérêts des financiers et des capitalistes. On peut les comparer au parti libéral modéré en Angleterre.

3. La *gauche*, ou parti radical démocrate, comprend toutes les nuances de l'opinion libérale, radicale et démocrate. — On y compte les députés qui, à cause de leurs idées plus avancées, ont abandonné le parti du centre, comme aussi la section extrême appelée les jeunes démocrates. Ce groupe forme le parti le plus nombreux à l'Assemblée et compte 96 membres au Conseil national et 21 au Conseil des Etats, disposant ainsi de la majorité absolue. On y trouve des centralistes et des fédéralistes; les premiers, élus principalement par les cantons allemands, les seconds par les cantons français. Comme corps, la gauche est tenue de soutenir toutes les lois destinées à amener des progrès politiques et sociaux, mais le parti radical proprement dit, qui forme la plus grande partie de ce groupe, a montré peu d'initiative dans ces derniers temps. Il semble, — c'est l'opinion de beaucoup — disposé à se reposer maintenant sur les lauriers qu'il a gagnés dans sa lutte ardente et difficile contre l'Eglise, l'aristocratie, et les privilégiés de toutes classes.

Les radicaux suisses allemands sont les plus fermes

soutiens de la Constitution fédérale, dont la revision de 1874 est venue donner à la Confédération des droits qu'elle ne possédait pas auparavant. Ils marchent résolument dans la voie de la centralisation au cri de « un droit et une armée. » La centralisation de plus en plus grande de cette dernière entre les mains du pouvoir fédéral et l'unification partielle du droit civil sont en grande partie leur œuvre quoiqu'il faille reconnaître qu'ils ont été puissamment secondés par le centre.

Les radicaux de la Suisse française sont plutôt fédéralistes parce qu'ils craignent de se voir germanisés et de perdre ainsi leur indépendance nationale, et montrent des tendances plutôt autoritaires. Ils pensent que l'émancipation des classes inférieures doit venir de haut, c'est-à-dire, dans leur opinion, d'un gouvernement à la fois fort et éclairé.

Cependant les radicaux des deux langues s'entendent généralement assez bien dans leur credo politique. Tous deux regardent l'Eglise catholique romaine et le clergé orthodoxe des deux communions protestantes [1] comme les plus grands ennemis du progrès. Il faut cependant faire une exception en faveur du canton de Vaud dont la majorité des députés envoyés à l'Assemblée sont les plus fermes soutiens de leur Eglise nationale et se trouvent ainsi d'accord avec les populations rurales du canton. Les radicaux de cette trempe sont partisans du système représentatif et parlementaire qu'ils considèrent comme le boulevard de l'intelligence contre la supériorité numérique des masses insuffisamment instruites et par conséquent trop faciles à égarer. Ils voudraient mesurer eux-mêmes le progrès au pays, et ils regardent avec scepticisme et méfiance toute tentative de donner au peuple une part plus grande dans la législation et le gouvernement.

[1] Les Eglises réformées de Zwingle et de Calvin.

L'aile extrême du parti radical démocratique se compose des démocrates, groupe petit mais influent, qui prétend travailler non seulement pour le peuple, mais avec le peuple et qui est entièrement sympathique à ses besoins et à ses aspirations. Il doit son origine au mouvement populaire en faveur d'une revision de la Constitution fédérale et son importance ne fit que grandir grâce au mouvement démocratique dans le canton de Zurich de 1867-1869. Les démocrates représentent le désir toujours plus fort de la masse d'obtenir une législation sociale et non politique. Ce petit groupe de politiciens — et plus spécialement la section connue sous le nom de jeunes démocrates — est d'avis qu'une réforme sociale est la question la plus importante que la Confédération ait à régler, et ils trouvent un certain appui parmi les membres de la droite. Les chefs de la députation fribourgeoise à l'Assemblée fédérale et en particulier un député des Grisons, défenseur ardent de l'Eglise catholique romaine, donnent tout leur appui aux mesures tendant à substituer une législation sociale à une législation politique et à améliorer les conditions des classes laborieuses et ils essaient naturellement d'amener à leurs vues les catholiques romains appartenant à cette classe.

Les démocrates sont partisans des monopoles fédéraux, sous condition d'une coopération active des cantons, afin de fournir à la Confédération les moyens nécessaires pour mener à bien les réformes sociales. Ce sont eux qui sont les auteurs de la loi fédérale sur le monopole de l'alcool qui, adoptée par le peuple en 1885, commença à fonctionner deux ans plus tard. Il y a quelque temps, l'un des chefs du parti des jeunes démocrates élabora, du consentement de ses collègues, le programme suivant des mesures fédérales à **prendre dans un délai rapproché :**

1. Extension de la législation du travail.

2. Assurance générale obligatoire contre la maladie, les accidents, la mort; contre la grêle (ceci spécialement dans l'intérêt des classes agricoles).

3. Création des monopoles fédéraux pour l'émission des billets de banque et la vente du tabac, des allumettes et des cartes à jouer.

4. Rachat par la Confédération des chemins de fer suisses qui sont pour la plupart encore aujourd'hui entre les mains de compagnies.

5. Développement de l'éducation élémentaire et distribution gratuite à tous les enfants des livres d'école, plumes, papier, etc.

Quant à ce qui regarde le *modus operandi* des partis dans le pays et à la Chambre, le centre, les radicaux de la gauche proprement dite et l'élément modéré de la droite, ont leur centre de gravité dans l'Assemblée elle-même. Croyant dans l'efficacité et dans la vitalité du système parlementaire, ils considèrent les Chambres comme leur véritable champ d'action. Les chefs et les orateurs de ces groupes jouissent de la confiance du Conseil fédéral et grâce à leurs partisans ils forment, par une sorte d'entente tacite, ce que l'on pourrait appeler un parti gouvernemental. Les démocrates, les membres ultramontains de la droite et les radicaux intransigeants (qui n'approuvent pas la modération du Conseil fédéral en matière religieuse) se tiennent à part. Les démocrates, qui ont presque entièrement perdu leur foi dans le vieux système parlementaire, cherchent plutôt leur appui dans le pays même, en assistant aux réunions publiques et en lançant, dans leurs journaux, de bruyants appels au peuple. Il est à remarquer — et ceci tend à prouver combien le système parlementaire introduit en Suisse est encore peu compris ou plutôt peu apprécié par le peuple — qu'en règle générale les électeurs se contentent de la part de leurs représentants de vagues professions de foi, sans réclamer d'eux une opinion clairement et nettement exprimée sur les grandes questions politiques à l'ordre du jour. La conviction que le peuple a de pouvoir décider en dernier ressort sur toutes les lois votées par l'Assemblée fédérale, est encore une des causes de cette sorte d'apathie. Quant aux sollicitations personnelles ou aux promesses de candidats au moment des élections, on en avait à peine entendu parler jusque dans ces tout derniers temps. Le peuple, d'ailleurs, paraît prendre si peu d'intérêt aux débats parlementaires qui se déroulent à Berne, que le Conseil fédéral n'a pas jugé nécessaire jusqu'à présent de publier les débats *in extenso* [1]. L'absence de ces compte-rendus s'est cependant fait souvent sentir dans ces derniers temps et a été l'objet de commentaires nombreux dans les journaux de toute nuance.

On ne trouve pas en Suisse cette classe spéciale de politiciens que l'on rencontre aux Etats-Unis. Le « caucus [2] », dans le sens anglais et américain du mot, est inconnu ici. D'un autre côté, il existe ici certaines associations politiques qui soutiennent l'un ou l'autre parti, telles que la société démocratique du Grutli (ou si l'on considère les chefs, plutôt sociale démocratique) et l'association conservatrice. La première se compose presque exclusivement de travailleurs et représente ainsi les masses; la seconde est recrutée parmi les classes protestantes. Quoique ni l'une ni l'autre de ces associations — absolument opposées l'une à l'autre — n'aient une véritable organisation, elles

---

[1] Une proposition en ce sens est cependant actuellement à l'ordre du jour de l'Assemblée. H. L.

[2] L'équivalent de cette expression n'existe pas en français. C'est le terme américain donné à une réunion privée des chefs d'un parti politique pour arriver à s'entendre sur le plan à suivre soit pendant une élection, soit pendant une session des Chambres, et dans le but de faire un contre-poids à l'opinion publique. H. L.

exercent toutes deux, dans certaines élections, et lorsqu'il s'agit du referendum pour les lois fédérales, une influence considérable. Il se forme en ce moment un nouveau parti encore plus avancé, aux vues franchement socialistes et qui peut être destiné à jouer un rôle important dans la politique de la Suisse. Nous en parlerons en détail dans notre dernier chapitre.

Le journalisme qui a si souvent en France conduit au pouvoir des écrivains éminents, n'en est pas encore arrivé là en Suisse. Plusieurs journalistes, cependant, commencent à se faire une réputation à la fois dans les Chambres et dans le pays.

Dans quelques-uns des anciens cantons démocratiques, certaines familles qui étaient déjà à la tête des affaires il y a des siècles, ont réussi à maintenir jusqu'à aujourd'hui leur influence quoique ici, aussi bien que dans les grands cantons, on puisse considérer l'influence de l'élément patricien comme irrévocablement perdue. Un homme d'Etat suisse nous racontait un jour qu'il avait pour collègue au Conseil national un Reding de Schwytz et un Wirz d'Unterwald, tous deux appartenant à des familles illustres de leur canton. Je pense, nous disait-il, qu'il faut chercher la raison de ce maintien des anciennes familles à la tête des affaires dans les cantons démocratiques, dans ce fait que les fonctions qu'elles remplissent sont fort peu rétribuées. Le peuple méprise ceux qu'il paie et honore ceux qui le servent pour ainsi dire gratuitement. Dans les cantons primitifs, le premier magistrat qui n'est élu que pour une année mais qui est rééligible, reçoit un traitement dérisoire. Pour accepter ces fonctions, il doit nécessairement jouir d'une certaine aisance. C'est donc un sacrifice qu'il fait en donnant aux affaires publiques son temps et son expérience. Le peuple le sent bien et il l'en récompense, lui et sa famille, par la reconnaissance qu'il lui témoigne.

Dans son ouvrage sur « le Développement de la Constitution anglaise » M. Freeman insiste sur cette préférence traditionnelle du peuple à nommer aux charges électives les membres de leur ancienne aristocratie à qui la naissance ne confère plus aucun privilège légal. Le choix, renouvelé d'année en année par les landsgemeindes, de membres de l'ancien patriciat pour les fonctions de premier magistrat ne peut avoir pour résultat que de produire parmi les vieilles familles du canton nombre d'hommes tout à fait aptes à remplir les plus hautes fonctions du pays. « Chaque membre d'une de ces familles, remarque M. Freeman, n'ignorait pas que, s'il était digne de remplir un poste d'honneur dans son pays, on le choisirait de préférence à tout autre ; mais il savait également bien que s'il ne se montrait pas digne de l'honneur qu'on lui faisait, on ne l'élirait pas, ou qu'à la fin de son année d'exercice on ne le réélirait plus. Un homme pareil avait bien plus de motifs de se rendre digne de la position qu'il espérait occuper que celui qui, pour l'obtenir, devait courir les risques d'une compétition illimitée ou celui à qui le privilège de la naissance seul assurait ce droit et cet honneur. »

Dans les cantons aristocratiques au contraire, tels que Berne, Fribourg et Soleure, le patriciat a perdu toute influence, succombant sous le poids des fautes de ses ancêtres. L'aristocratie bernoise, par exemple, s'est volontairement retirée ou a été écartée de la direction des affaires publiques depuis 1830 [1]. En octobre 1884 le dernier représentant au sein de l'Assemblée fédérale de l'ancienne classe dirigeante de l'antique canton de Berne a échoué aux élections pour le Con-

---

[1] Ce n'est point parce qu'ils appartenaient au patriciat que les patriciens bernois ont été écartés des affaires publiques, mais parce qu'ils étaient conservateurs. Un radical portant un nom historique serait bien plus populaire ici qu'un nouveau riche (F. O. A. note de la 2me édition).

seil national. Cette classe aristocratique a été remplacée par des citoyens qui ne peuvent pas s'enorgueillir de leur naissance : un nouvel ordre, si nous pouvons nous exprimer ainsi, est sorti de là, qui compte parmi ses représentants des citoyens de petites villes telles que Bienne et Olten et de riches paysans même. On peut en dire autant et plus, de Zurich et même de Lucerne.

Dans les nouveaux cantons qui datent de l'acte de médiation (1803) ou bien de 1814, il n'y a pas actuellement de familles aristocratiques au pouvoir. C'est ainsi aussi que l'ancienne noblesse savoyarde du canton de Vaud a été écartée de toute participation aux affaires publiques depuis l'époque où ce pays tomba temporairement sous l'autorité du florissant canton de Berne.

CHAPITRE VIII

LES COMMUNES

La commune est la base des institutions républicaines suisses. — Ses différentes formes. — Organisation de la commune. — Communes bourgeoises. — Naissance des municipalités. — Différences politiques entre les radicaux et les conservateurs. — L'organisation des communes dans le canton de Berne. — Les deux corps gouvernants, l'assemblée communale ou pouvoir législatif, et le conseil communal ou pouvoir exécutif. — Conditions exigées des citoyens pour voter à l'assemblée. — Exclusions du droit de vote. — Pouvoirs relatifs de l'assemblée et du conseil. — Devoirs des conseils communaux. — Surveillance du gouvernement cantonal. — La commune de Grindelwald. — Son assemblée et son conseil. — Ses propriétés communales. — Les impôts. — Les secours aux pauvres, l'hôpital, les pompes à incendie, le bois pour les écoles. — Gages des laboureurs, mécaniciens, etc. — Enregistrement des habitants.

Dès les premières années du XIIIme siècle beaucoup de villes telles que Zurich, Berne, Fribourg et Soleure, — comme également nombre d'autres de moindre importance, — étaient déjà en possession de grands privilèges et commençaient à devenir des centres de liberté et d'indépendance. L'émancipation des classes inférieures s'opérait peu à peu, et peu à peu aussi tombait le vieux système féodal pour ne plus se relever. Même à l'époque féodale, les communes existaient déjà quoiqu'elles fussent encore pour beaucoup sous le contrôle de leurs seigneurs, mais ce système communal qui est particulier à la Suisse s'étendit graduellement et sûrement jusqu'à ce qu'il eût enfin embrassé tout le pays. On peut sans se tromper l'appeler la base des institutions républicaines suisses.

Les communes ont certainement joué un rôle important dans l'histoire de ce pays et ont contribué largement par leur résistance au système féodal à la fondation de la liberté publique. L'indépendance qu'elles surent acquérir est considérée à juste titre comme le berceau et l'école des libertés politiques du peuple. La législation suisse part de ce principe que les institutions ne sont réellement libres et populaires que lorsque les communes sont libres ou en d'autres termes, que le développement normal de cette liberté se base sur celle des communes, lorsqu'elle vient de bas en haut, allant du simple au composé, de la périphérie au centre. La commune est la base. Un certain nombre de communes composent un canton et vingt-deux cantons forment la Confédération.

Une commune suisse est une réunion d'individus et de familles qui habitent une certaine circonscription du territoire national, et qui ont entre elles d'intimes relations de voisinage ainsi que des intérêts communs gérés par une administration commune. Tout citoyen est ressortissant d'une commune [1].

La commune est presque l'Etat (canton) en petit; c'est pour employer une expression empruntée à l'histoire naturelle, une des cellules dont le corps social se compose.

Les communes diffèrent beaucoup entre elles. Les

---

[1] Voyez la préface d'une petite brochure publiée à Thoune en février 1871, par la Société d'utilité publique, sous le titre de *Souvenir de la Suisse*. Elle était destinée et fut distribuée aux soldats de l'armée de Bourbaki réfugiés en Suisse, dans le but de leur montrer, en quelques pages, la nature réelle de la République suisse pour qu'elle pût servir de modèle à la France qui à ce moment rétablissait également chez elle le système républicain.

unes sont grandes et riches, les autres pauvres et petites. Elles ont des règlements différents, mais chaque commune est libre et indépendante en elle-même tout en restant soumise à la surveillance du canton, qui doit avoir naturellement le droit d'exercer un certain contrôle sur l'administration communale dans le but de l'empêcher de dépasser ses pouvoirs et d'abuser de sa liberté.

La commune est chargée de pourvoir à peu près aux mêmes services publics que l'Etat: elle a généralement une police à elle qui veille de jour et de nuit au bon ordre de son territoire, surveille les foires et les marchés et les débits de boissons spiritueuses et veille au respect de la propriété rurale *(gardes champêtre)* : elle a son édilité qui pourvoit à l'entretien des édifices publics, des routes et des fontaines, à l'éclairage, au service contre les incendies; elle s'occupe des écoles, du culte public, de l'assistance des pauvres et des malades nécessiteux. Généralement c'est elle qui tient l'état civil et est chargée de la célébration des mariages [1].

L'organisation de la commune dépend beaucoup de l'étendue de son territoire. Dans les petites circonscriptions, il suffit en général d'un conseil communal ou municipal, composé de quelques membres et présidé par le maire, le syndic ou le président de la commune. Dans les communes plus populeuses, on rencontre souvent deux conseils, l'un plus nombreux que l'autre, chargé de remplir à peu près les mêmes fonctions que le pouvoir législatif dans l'Etat, c'est-à-dire d'élaborer les règlements publics, d'arrêter le budget et d'approuver les comptes, de fixer les impôts, etc.; le

---

[1] Aujourd'hui l'état civil est réglé par une loi fédérale et les cantons pourvoient à l'organisation du personnel qui, dans quelques-uns d'entre eux, il est vrai, est remis entre les mains des fonctionnaires communaux, mais c'est là une exception.

second, qui est une commission exécutive ayant sous sa direction immédiate les services publics: on y trouve aussi des commissions spéciales pour les écoles, les hôpitaux, la surveillance des bâtiments en construction, etc.

Tout citoyen est ressortissant d'une commune. En France, tout citoyen est en premier lieu ressortissant de la commune où il est né, mais si plus tard il établit dans une autre commune son domicile spécial, il devient après un certain temps d'habitation, ressortissant de celle-ci. Il n'en est pas de même en Suisse. Le lieu de naissance ou du domicile ne détermine pas à lui seul la commune dont le citoyen est ressortissant. Mais le citoyen doit posséder une commune d'origine ou bourgeoisie (*Burgergemeinde*, en allemand), c'est celle dans laquelle lui-même ou son père ou déjà ses ancêtres ont acquis le droit de bourgeoisie, c'est-à-dire certains avantages personnels au nombre desquels se trouve l'assistance en cas de pauvreté. C'est ainsi qu'il devient citoyen du canton dans lequel sa commune d'origine est située et qu'aux termes de l'article 43 de la Constitution fédérale il devient citoyen suisse.

Les bourgeoisies sont une ancienne institution suisse et quelques mots sur leur origine ne seront pas lus sans intérêt [1].

A l'origine, les communes en Suisse, comme ailleurs, possédaient de vastes champs, pâturages et bois dont la jouissance était assurée à chaque habitant, mais plus tard, à mesure que la population s'est augmentée, les parts de jouissance sont devenues plus petites, et la tendance des habitants des communes pauvres a été de s'établir sur le territoire des communes mieux favorisées. Cette immigration devait naturellement déplaire aux habitants de ces dernières, et ils ont trouvé le moyen d'en empêcher les effets en se constituant en

---

[1] Voyez Droz, *Instruction civique*, pages 110 et 111.

corporations fermées qui ont généralement pris le nom de bourgeoisies. Aux bourgeois seuls reviennent les jouissances communales; les habitants non bourgeois en sont exclus. La conséquence de ce système a été que les bourgeoisies doivent recevoir en tout temps leurs ressortissants et leur prêter secours s'ils sont dans le besoin. Les droits de bourgeoisie passent des pères aux enfants. Ceux-ci doivent être inscrits dans les livres de la bourgeoisie qui leur délivre des actes d'origine.

Autrefois la plupart des habitants d'une commune vivaient et mouraient au lieu où ils étaient nés. Mais à notre époque, le développement de l'industrie et la facilité des communications ont rendu les changements de domicile très fréquents. Presque toutes les communes suisses comptent beaucoup d'habitants non bourgeois; dans la plupart des villes ils forment la majorité. Les services publics coûtent beaucoup; il a fallu prélever les impôts. On ne pouvait admettre que les bourgeois seuls administrassent la commune sans que les habitants eussent rien à dire. Le principe d'égalité ne le permettait pas.

Mais comme d'un autre côté les bourgeoisies ne voulaient pas se dessaisir de leurs biens et en faire profiter les habitants, on a créé dans bon nombre de cantons une double commune ; celle des bourgeois qui ne soigne que les intérêts de ses ressortissants, et celle des habitants ou municipalité, qui embrasse la totalité de la population et pourvoit aux services publics[1].

Ce dualisme n'a pas produit sous beaucoup de rapports des résultats favorables. Il a donné lieu à des abus et a provoqué de vives réclamations et des divergences d'opinion entre radicaux et conservateurs. Les premiers veulent abolir les bourgeoisies pour leur substituer une commune unique comprenant tous les

[1] Commune des bourgeois ou *Burgergemeinde*, et commune des habitants ou *Einwohnergemeinde*.

habitants, mais ils rencontrent sur ce terrain une opposition des plus vives de la part du parti conservateur tout entier.

Quelques communes possèdent aussi des *abbayes* (Zünfte), dont tous les membres doivent être bourgeois de la commune.

Nous allons exposer ici en détail l'organisation communale telle qu'elle est appliquée dans le canton de Berne [1].

Dans chaque canton un nombre plus ou moins grand de communes forme un arrondissement [2]. Le canton de Berne en contient 30 (*Amtsbezirke*), administrés par un préfet (*Regierungsstatthalter*), qui représente le gouvernement cantonal dont le siège est à Berne et qui a sous ses ordres un certain nombre de fonctionnaires.

La commune de Berne, dans les limites même de la ville, ne possède pas moins de 13 abbayes, dont l'une, connue sous le nom d'abbaye du *Chardonneret* (*Distelzwang*), ne comprenait, jusque dans ces dernières années, que des membres de familles patriciennes [3].

Actuellement, le nombre des bourgeois est fort restreint. En fait, il est resté presque stationnaire pendant qu'au contraire la population de la ville augmentait rapidement. Les droits qu'il faut payer pour obtenir la bourgeoisie de Berne sont la cause principale du non-accroissement du nombre des bourgeois, car pour être reçu il faut en même temps se faire recevoir membre d'une des treize abbayes.

A l'avenir cependant il n'en sera plus ainsi. Grâce aux modifications admises par les bourgeois de Berne

---

[1] Voir la brochure citée plus haut, *Souvenirs de la Suisse*, et la loi générale cantonale du 9 décembre 1852.

[2] Ces arrondissements sont naturellement entièrement distincts des arrondissements électoraux.

[3] Les autres sont les abbayes des boulangers, des forgerons, bouchers, tanneurs, du Lion, des cordonniers, des tisserands, du More, des marchands, des charpentiers, du singe et des bateliers.   H. L.

le 23 avril 1888, on pourra devenir bourgeois sans pour cela devoir faire partie d'une abbaye. Le candidat n'aura qu'à prouver qu'il habite depuis deux ans la Suisse, qu'il possède 10,000 francs libres de tout droit ou toute obligation; et 5000 francs seulement s'il habite le pays depuis dix ans. Pour être reçu, il faut payer 500 francs dont une moitié est destinée à l'hôpital bourgeois et l'autre à l'orphelinat. Si le candidat ne désire pas se faire recevoir membre d'une abbaye il doit de même payer 500 francs pour les pauvres et 100 francs pour chacun de ses enfants. S'il est étranger, il payera en plus 25 % sur chacune de ces sommes.

L'administration de chaque commune du canton de Berne est partagée entre deux conseils gouvernementaux : l'assemblée communale ou pouvoir législatif et le conseil communal ou autorité exécutive. Il y a également des fonctionnaires paroissiaux pour les affaires religieuses.

Pour pouvoir prendre part au vote dans les assemblées communales, il faut en général, dans les communes où elles existent : 1º avoir atteint l'âge de vingt ans révolus; 2º être *sui juris*, c'est-à-dire avoir le droit d'administrer ses propres biens, ne pas être sous tutelle; 3º jouir de la plénitude de ses droits civils et politiques (ne pas en être privé momentanément comme ce serait le cas si la personne qui avait droit de vote était soit en faillite ou sous le coup d'une sentence d'emprisonnement); 4º payer soit un impôt direct soit une somme quelconque destinée à défrayer les dépenses de l'administration communale, ou si l'on ne paye aucun de ces impôts, être bourgeois de la commune ou y avoir demeuré depuis deux ans au moins.

Il est à remarquer que les femmes ayant l'administration de leurs biens et payant les impôts nécessaires, ne peuvent exercer le droit de vote que par l'intermédiaire de leurs représentants mâles.

Les indigents assistés et ceux qui n'ont pas acquitté leurs impôts n'ont pas droit de vote. De même les ivrognes à qui il a été défendu de fréquenter pendant un certain temps les établissements publics ne peuvent pendant ce temps exercer leur droit. Cette punition leur est infligée par les autorités communales sous la sanction du préfet de police et copie de la sentence est affichée dans tous les établissements de l'arrondissement.

Chaque commune possède un registre où sont inscrits tous ceux qui jouissent du droit de vote. Le public peut le consulter à volonté et si la chose est exigée, il doit être placé sur la table aux assemblées communales.

Sont du ressort de la juridiction exclusive des assemblées communales, les affaires suivantes d'administration locale : l'élection du président, du secrétaire et des membres du conseil communal ; la création d'emplois permanents et rétribués, et la fixation des traitements qui y sont attachés ; l'acceptation ou la modification de tous les règlements communaux ; la fondation d'églises, d'institutions charitables, d'hôpitaux, d'écoles et de prisons ; l'imposition des taxes communales ; la construction de bâtiments dont les devis dépassent le montant fixé par les règlements communaux, la vente et l'achat de propriétés dont la valeur dépasse la somme fixée ; les emprunts à contracter au nom de la commune ; certains jugements qui ne rentrent pas dans la compétence du conseil communal ; la fixation du budget et l'approbation des comptes de la commune.

L'assemblée communale tient des séances ordinaires à une date fixe et des séances extraordinaires quand le besoin s'en fait sentir.

Le conseil communal se compose du président et d'au moins quatre membres, élus par l'assemblée. Le président de la commune est à la tête du service en matière administrative et de police. Chaque citoyen domicilié dans la commune et électeur à l'assemblée communale, est éligible au conseil communal. Toute décision de ce dernier corps, pour être valable, doit être prise au moins par la moitié des membres, sans compter le président et son substitut, et à la majorité absolue. Le président a voix prépondérante.

En règle générale tout citoyen est tenu d'accepter au moins pendant deux ans l'emploi auquel il a été nommé à moins qu'il ne puisse donner une bonne excuse, telle que le fait de remplir déjà d'autres fonctions publiques, d'avoir atteint l'âge de soixante ans ou d'être malade.

Les principales attributions du conseil communal sont :

1º *La police locale*, c'est-à-dire le soin de veiller à la sûreté et à la tranquillité publique, et de diriger ce qui concerne le séjour et l'établissement dans la commune. Tous les citoyens suisses ont dans la commune les mêmes droits que ceux qui y sont nés, sauf en ce qui concerne les propriétés communales.

2º *Les affaires de tutelles*. Les conseils communaux ont le devoir de prendre soin des orphelins et de ceux qui ne sont pas en état de gagner eux-mêmes leur fortune. Les conseillers sont responsables d'une bonne gestion et tenus de fournir des comptes une fois par an.

3º *Les affaires des pauvres*. Lorsque la commune ne possède que des fonds insuffisants ou pas de fonds du tout pour les indigents, l'assistance s'exerce d'après le principe de la bienfaisance volontaire. Cette affaire est laissée dans ces circonstances aux associations charitables dont le conseil communal doit encourager autant que possible l'établissement. Les conseils communaux peuvent aussi instituer des commissions spéciales dans des buts charitables *(Armen oder Spend-Commissionen)*.

4º *L'instruction publique.* Les écoles primaires sont administrées par les communes qui nomment les instituteurs et payent leur traitement moyennant un subside de l'Etat.

5º *L'administration de la fortune publique.* Les dépenses de la commune sont couvertes en tant que les revenus des biens communaux n'y suffisent pas, par des impôts communaux levés sur les propriétés foncières, le capital et le revenu.

Toutes les communes et toutes les autorités communales sont placées sous la haute surveillance du gouvernement cantonal. Les comptes communaux lui sont soumis pour vérification et pour correction. Si c'est nécessaire, si de grandes irrégularités ont été commises, le canton a le droit (et nous pourrions en citer au moins un exemple) de placer une commune sous tutelle et de nommer quelqu'un, un avocat généralement, pour remettre les affaires en ordre. Une commune peut parfaitement, dans certaines circonstances, être déclarée en faillite.

Nous avons reproduit ici les principes généraux qui règlent l'organisation des communes en général dans le canton de Berne. Nous allons maintenant examiner l'une d'entre elles en détail et nous pensons ne pouvoir mieux faire que de choisir comme exemple l'une d'elles, connue sans doute d'un grand nombre de nos lecteurs, et qui nous rappelle personnellement nombre d'heures agréables que nous y avons passées. Nous voulons parler de Grindelwald, où nous avons demeuré longtemps au célèbre *Hôtel de l'Ours*. Dans nos conversations avec les membres de la famille de l'aubergiste, et spécialement avec M. Fritz Boss, membre lui-même du Grand Conseil de Berne, et grâce aussi à la bienveillante assistance du pasteur Strasser qui, dans son dévouement constant pour tout ce qui touche au bien-être de ses paroissiens, est un exemple admirable de ce qu'un prêtre de campagne devrait être, nous avons pu réunir les renseignements suivants[1].

La commune de Grindelwald est située dans l'arrondissement d'Interlaken. Le nom primitif de ce petit village était Gydisdorf, c'est-à-dire « village de Gydi », du nom, croit-on, d'un de ses premiers habitants. Mais aujourd'hui une petite partie du village seule, celle qui entoure l'*Aigle noir*, a conservé ce nom. La commune est divisée en huit arrondissements : Scheidegg, Grindel, Holzmatten, Bach, Bussalp inner Orts, Bussalp ausser Orts ou Burglauenen, Itramen et Wärgisthal. Elle s'étend d'un côté le long de la vallée vers Zweilutschinen et de l'autre par la grande Scheidegg dans la direction de Rosenlaui. Elle est bornée au sud par les hautes montagnes de l'Oberland et par des glaciers. Au nord le Faulhorn et à l'ouest la petite Scheidegg et le Männlichen, lui servent de limites.

La commune comprend un peu plus de 3000 habitants, répartis dans 600 maisons. Tous les habitants sont protestants, et il y a une assemblée et un conseil de paroisse. La commune possède sept écoles primaires qui pourvoient à l'éducation d'environ 600 enfants.

Il y a à Grindelwald une assemblée et un conseil communal. La première se compose de tous les électeurs; le second, qui forme l'autorité exécutive, est élu par la première.

L'assemblée communale se réunit ordinairement trois fois par an : le quatrième lundi de mars, le premier lundi de mai et le deuxième lundi d'octobre. On traite généralement dans ces réunions les questions suivantes :

Au mois de mars les dépenses sont votées, les membres du bureau de bienfaisance élus, s'il y a une place

---

[1] Ce que nous disons ici de Grindelwald s'applique sans doute à nombre d'autres communes. Nous donnons ces renseignements tels que nous les avons obtenus sur les lieux mêmes.

à donner parmi eux, le trésorier de la commune choisi; en mai ont lieu les élections pour le conseil communal et pour la commission des écoles et en octobre le budget est examiné et les impôts fixés pour l'année suivante.

Il peut y avoir des réunions extraordinaires soit sur la demande du préfet ou du président de la commune (qui préside à la fois l'assemblée et le conseil communal) ou du conseil communal ou de trente électeurs actifs.

Chaque membre de l'assemblée a le droit d'énoncer son opinion au sujet des questions en discussion et de faire les propositions qu'il juge nécessaires, mais ceci doit être fait avec clarté, ordre et méthode. Les membres qui s'éloignent de leur sujet ou qui se servent de termes qui ne sont pas mesurés sont rappelés à l'ordre par le président et s'ils n'obéissent pas, la parole leur est retirée. Si un membre quelconque peut prouver que de graves irrégularités ont été commises pendant les délibérations, le préfet de l'arrondissement peut, si l'on en appelle à lui, déclarer les décisions qui ont été prises nulles et non avenues et ordonner qu'une autre assemblée soit réunie.

Le conseil communal se compose du président, de huit conseillers et d'un secrétaire. Chaque district élit un conseiller. Un père et son fils, un beau-père et un beau-fils, un frère et un demi-frère ne peuvent en être membres en même temps. De même il ne peut y avoir aucun lien semblable de parenté entre le président et le secrétaire. En général le conseil se réunit le premier lundi de chaque mois. Il pourvoit aux affaires de tutelle, s'occupe des questions relatives à la propriété immobilière et de police locale. Il est exclusivement compétent dans les affaires dont la valeur ne dépasse pas deux cents francs. Lorsque la valeur dépasse cette somme, l'affaire est portée devant l'assemblée communale. Le président reçoit un traitement annuel de 100 francs, les conseillers de 20 francs et le secrétaire de 600 francs. Les membres restent en place pendant deux ans et sauf certaines exceptions ils ne peuvent pas se soustraire à l'obligation de remplir au moins leur premier terme de service. Ils peuvent être réélus, mais ils ne sont pas tenus de remplir leurs fonctions pour une seconde période immédiate, c'est-à-dire de servir pendant quatre ans de suite.

Les fonctionnaires communaux sont soumis à la surveillance et au contrôle du gouvernement du canton de Berne représenté par le préfet du district. Ce fonctionnaire réside à Interlaken et a, entre autres occupations importantes, à examiner et à approuver tous les comptes de la commune.

Un agent de la police cantonale est installé à Grindelwald mais il est sous les ordres du conseil communal. La route publique qui conduit depuis les limites de la commune dans la vallée jusqu'à l'église du village est une route cantonale construite et entretenue aux frais du canton et l'on y trouve souvent le cantonnier (*Wegmeister*) occupé. Cet employé est aux ordres de la commune, mais il est nommé et payé par le canton, comme le sont aussi deux autres hommes occupés de temps en temps à déblayer la route de la neige qui l'obstrue, à réparer les dommages causés par les inondations, etc. Les autorités communales sont tenues de veiller à ce que cet ouvrage soit bien fait et en temps convenable. Si le cantonnier néglige son service, le conseil communal en fait rapport à l'ingénieur d'arrondissement, à Interlaken. Toutes les autres routes et les sentiers sont tenus en ordre aux frais de la commune.

L'avoir communal se compose de quelques petites forêts, quelques maisons et quelques fonds. Il y a une réserve de 1600 francs, appelée *Burgergut*, pour fournir en cas de guerre les moyens nécessaires aux hommes appelés au service de rejoindre leur régiment.

Chaque maison a le droit, en échange d'une petite somme, de recevoir chaque année une certaine quantité de bois à brûler, pour l'usage exclusif de la famille. Quand plusieurs familles demeurent dans une même maison, chacune d'entre elles jouit de ce droit. Toute personne, même n'appartenant pas à la commune, qu'elle soit suisse ou étrangère, et qui demeure dans une des maisons comprises dans ses limites, jouit du même droit, mais en payant proportionnellement plus cher, dans la proportion de trois à cinq francs environ. L'argent ainsi recueilli est destiné au salaire des forestiers (*Bannwärte*), au reboisage des forêts, etc. Les droits sur les cours d'eau des propriétaires fonciers sont strictement définis dans leurs titres de propriétés. La commune de Grindelwald possède, de chaque côté de la vallée, des pâturages très étendus dont l'usage par les habitants a été réglementé par un arrangement intervenu entre eux en 1883.

Quand le chef de la famille vient à mourir, le plus jeune fils a le privilège de racheter la maison et le lopin de terre qui y est joint en remboursant au reste de la famille la part qui revient à chacun. Dans le cas où il ne se déciderait pas à acheter, comme dans celui où la famille n'arriverait pas à s'entendre à ce sujet, la propriété doit être vendue aux enchères publiques. Il en serait de même dans ce cas, de toute autre propriété qui aurait appartenu au père. Dans la pratique, si aux enchères publiques c'est un membre de la famille qui fait une des plus hautes enchères, c'est à lui qu'en règle générale on adjuge la propriété, même si son enchère n'est pas la plus élevée.

On doit cette coutume à une tradition invétérée dans

la commune que la même propriété doit rester autant que possible dans la même famille de génération en génération.

Les impôts communaux varient selon les dépenses de la commune, d'environ 3 à 5 francs par 1000 francs de capital. En 1880, ils étaient de 3 fr. 25. L'impôt cantonal est calculé *ad valorem* sur le pied de $1/_5$ % et comprend l'assurance contre l'incendie qui est obligatoire pour toutes les bâtisses ayant une valeur de plus de 100 francs[1].

Les pauvres sont secourus de trois espèces de façons. Pour les pauvres réguliers et inscrits *(Notharmen)* il y a un fonctionnaire cantonal qui vient d'Interlaken pour faire son inspection et pourvoir à leur entretien avec les fonds cantonaux. Les personnes moins nécessiteuses et les passants indigents sont secourus par un comité spécial.

La commune dispose d'un certain nombre de lits à l'hôpital du district d'Interlaken, où l'on reçoit en traitement ceux qui ont été blessés grièvement ou qui sont atteints d'une maladie grave s'ils n'ont pas les moyens de se faire soigner chez eux. Dans les cas les plus sérieux, le malade, pourvu d'un certificat délivré par le Conseil communal, est envoyé à l'hôpital de Berne où il trouve les soins les plus dévoués.

La commune possède également plusieurs pompes à incendie. Si un incendie se déclare, ce qui arrive rarement d'ailleurs, le tocsin sonne, on envoie des hommes à cheval éveiller au son des cornes, la population et les pompiers, et les habitants se trouvent rapidement réunis sur les lieux.

Un usage curieux existe à Grindelwald, au sujet du bois à brûler nécessaire dans les écoles. Chaque élève est tenu d'apporter sa bûche. Les visiteurs en

---

[1] L'on peut remarquer sur la plupart des maisons les plaques des compagnies d'assurances indiquant que le mobilier est assuré.

hiver peuvent à chaque instant rencontrer des enfants apportant sur leurs petits traîneaux leur contribution au chauffage de l'école.

Les habitants semblent heureux et tranquilles, n'ayant d'autre ambition que de subvenir à leurs modestes besoins; ils sont doués d'une grande persévérance et montrent beaucoup de capacités pour le dur travail auquel ils sont astreints. Leur nourriture se compose de pommes de terre, de fromage, rarement de viande fraîche. Ils reconnaissent eux-mêmes qu'ils sont entêtés et qu'il est plus facile de les faire céder à la persuasion qu'à la force.

L'on trouve parmi eux toute une compagnie de guides qui sont les plus fidèles, les plus prévenants, les plus gais compagnons que l'on puisse voir et qui deviennent des amis dont on se sépare à regret et dont on serre avec plaisir la main quand on se retrouve.

En dehors de ce que gagnent les guides et portefaix et les employés d'hôtel, en dehors de la vente du lait et des œufs, pour l'usage des touristes, la ferme et l'élève du bétail sont les principaux moyens d'existence des habitants de la contrée. D'après des renseignements qui nous ont été fournis au printemps de l'année dernière (1888), il y avait 519 maisons avec jardins; quelques habitants possédaient de 12 à 24 têtes de bétail (chaque tête évaluée de 280 à 400 francs) et beaucoup possédaient une ou plusieurs vaches. Il y avait dans la commune entière 2630 vaches, 1443 chèvres, 1343 moutons, 442 cochons, 169 chevaux et 99 ruches.

Un laboureur (garçon de ferme) gagnait, nourriture et logement à part, de 250 à 300 francs par an. Un journalier touche un franc et la nourriture. Les gens de métier travaillent d'habitude chez ceux qui les emploient. Le bottier, le tailleur, à qui l'on fournit la matière première, vont à la journée chez ceux qui ont besoin d'eux. Ils sont, comme les charpentiers, menuisiers et autres, payés environ 2 francs par jour et la nourriture; un maçon reçoit par jour sa nourriture et 3 francs. Les femmes fabriquent elles-mêmes les étoffes portées par les hommes et quelques jeunes filles gagnent quelque argent en tissant de la soie. Une servante reçoit de 10 à 18 francs par mois, plus une paire de souliers par année.

Comme conclusion, nous pouvons remarquer encore que le système communal, tel qu'il existe en Suisse, n'admet pas une liberté personnelle aussi étendue que celle que l'on rencontre en Angleterre. Dans la commune suisse, chaque habitant doit être inscrit au bureau de police, doit avoir ses papiers en règle de façon à pouvoir prouver qu'il est bien membre de sa commune, jouit de ses droits et paye sa part d'impôts[1]. S'il veut aller résider dans une autre commune, il doit emporter tous ses papiers que la police doit trouver suffisamment en règle sans quoi on ne lui permettra pas de s'établir; c'est-à-dire qu'on ne lui permettra pas de devenir un habitant de la commune, s'il y a la moindre chance qu'il tombe à sa charge. Une commune n'a aucune intention de supporter pendant longtemps des vagabonds et des mendiants qui appartiennent à une autre commune et c'est toujours avec une certaine jalousie et une certaine suspicion qu'elle constate cette immigration d'étrangers[2].

---

[1] Ceci est vrai en théorie, mais dans la pratique il arrive souvent qu'il n'en soit pas ainsi.

[2] Ce sentiment n'a fait que s'accroître dans ces dernières années grâce à l'augmentation de l'immigration d'Allemands pauvres dont la plupart ne sont que des vagabonds qui n'ont au fond aucune intention de travailler.

CHAPITRE IX

LES CANTONS

Chaque canton est un Etat souverain dont le pouvoir est seulement limité par la Confédération. — Droits qu'ils possédaient d'envoyer des ambassadeurs aux puissances étrangères. — Droit de battre monnaie, de louer des soldats, de taxer les vins et les spiritueux à leur entrée dans le pays. — Les landsgemeindes ou assemblées populaires. — La landsgemeinde d'Uri en mai 1888. — La Constitution de Genève. — Les trois pouvoirs cantonaux : législatif, exécutif et judiciaire. — Les conseils cantonaux.

Nous avons vu au chapitre II que chaque canton et chaque demi-canton était un état en lui-même, chacun d'eux étant souverain, excepté dans les cas où les lois fédérales sont venues lui enlever certaines attributions d'une nature générale intéressant tous les Etats de la Confédération. Nous avons déjà eu l'occasion d'énumérer les matières dans lesquelles la souveraineté des cantons est absolue et celles où elle est limitée par le pouvoir fédéral, ainsi que les conditions auxquelles les constitutions cantonales sont garanties par la Confédération. Quand un canton est accusé d'avoir violé sa Constitution, l'affaire est d'ordinaire portée devant le tribunal fédéral. Si la violation est prouvée, c'est au Conseil fédéral à veiller à ce que le jugement de la cour soit mis à exécution et il aurait même le droit — cela ne fait pas de doute — d'y faire procéder *manu militari*, mais il n'a jamais encore été nécessaire d'en venir là, parce que les cantons se sont toujours soumis au jugement de la cour suprême fédérale.

Anciennement ils jouissaient de droits bien plus étendus qu'aujourd'hui. Ils pouvaient envoyer des ambassadeurs aux princes étrangers et en recevoir, et les querelles religieuses occasionnées par la Réformation donnèrent lieu à plusieurs missions de ce genre.

En 1631, Gustave-Adolphe envoya le chevalier Rasche comme ambassadeur spécial à Zurich dans le but d'obtenir l'alliance des cantons protestants.

En 1689, le roi Guillaume III envoya également un ambassadeur à Zurich pour resserrer les liens d'amitié qui existaient entre les cantons protestants et la Grande Bretagne.

En 1529, les envoyés des cantons de Lucerne, Uri, Schwytz, Unterwald et Zug, signèrent à Feldkirch, dans le Vorarlberg, avec les envoyés de l'Autriche le traité connu sous le nom de *Ferdinandische Bund*, spécialement dirigé contre les cantons protestants.

En 1578, le secrétaire de la ville de Lucerne, Renwald Zysat fut envoyé par son gouvernement au duc de Savoie pour conclure une alliance avec lui.

Naturellement certains cantons, tels que le Valais, les Grisons et Genève par exemple, qui ne faisaient pas partie de l'ancienne Confédération des 13 cantons dont ils n'étaient que les alliés, avaient le droit d'entamer des négociations avec les pays étrangers et même en 1815, le canton des Grisons quoique déjà membre de la Confédération, eut au congrès de Vienne ses délégués particuliers indépendants de ceux de la Diète fédérale.

En dehors de cela chaque canton avait le droit de

battre monnaie[1], et possédait sa petite armée dont il louait souvent les services à un prince étranger. Jusque dans ces tout derniers temps, la plupart des cantons levaient des impôts sur les vins et les spiritueux importés dans les limites de leur territoire, mais ce privilège-là aussi a disparu. La traite foraine, c'est-à-dire le droit de lever un certain impôt sur les propriétés de toute sorte, qui quittaient le territoire du canton soit par l'émigration d'un citoyen ou le départ d'un étranger, soit par héritage, dotation ou vente, existait également autrefois. Cet impôt variait souvent mais atteignait parfois jusqu'à 10 %.

La souveraineté des cantons réside dans le peuple, ce principe est clairement énoncé au commencement de leurs constitutions. D'après l'article premier de celle du canton de Zurich, adoptée en 1869, la souveraineté réside dans la totalité du peuple et est exercée directement par l'intermédiaire des citoyens ayant droit

---

[1] Il existe au palais fédéral, à Berne, une très curieuse collection des anciennes monnaies des cantons. Avant la Réformation, et depuis la fin du moyen âge, le système monétaire de la Suisse était, pour les pièces d'or : le florin ou le demi-florin d'or ; pour l'argent : l'écu, le demi-écu, le quart d'écu ou dicken, le plappart qui valait 15 heller de 1420 à 1480 et 24 heller de 1490 à 1528. Le système des batz arriva en 1529. Le batz valait 4 kreutzer. Le mot *batz* se prononçait dans l'origine *belz* ou *betz*, vieux nom bernois synonyme de *Mutz* (ours), à cause de l'ours qui figurait dans les armoiries et sur les monnaies de Berne. Ce mot s'étendit dans toute la Suisse avec l'influence bernoise. Le kreutzer (croix) était ainsi appelé en raison de la croix qui était figurée sur cette petite monnaie. Le plappart ou blapper, était le sou des contrées rhénanes. Il avait cours en Suisse avant la création des batz qui devinrent le billon national. Plus tard, on eut des ducats, demi-ducats, double-ducats, puis des doublons pour la monnaie d'or et des rappen pour la monnaie d'argent. Chaque canton avait son ou ses systèmes particuliers et les monnaies d'argent spécialement subissaient tant de fluctuations que presque tous les ans les gouvernements étaient obligés de procéder à une taxation officielle des pièces ayant cours sur leur territoire de façon à tenir le public en garde contre les monnaies altérées et à interdire les monnaies décidément inacceptables. Ce n'est qu'en 1850 que l'unification des monnaies suisses devint un **fait accompli**.

H. L.

de vote (*Aktivburger*) et indirectement par les autorités et les fonctionnaires. Le même principe sous des formes quelque peu différentes, se trouve reproduit dans la constitution de chaque canton.

Les constitutions cantonales sont de diverses espèces. Les antiques landsgemeindes, ces assemblées en plein air, composées de tous les électeurs et qui se tiennent chaque année au printemps, existent encore dans le canton d'Uri, dans les deux demi-cantons d'Unterwald et d'Appenzell, et dans celui de Glaris. Elles furent abolies en 1848 dans les cantons de Schwytz et de Zug. Le canton d'Uri peut nous servir d'exemple. Le premier dimanche de mai, le peuple se rassemble dans une prairie à Bözlingen an der Gand, non loin d'Altdorf. Le landamman, après avoir assisté à la messe dans l'église du village, se rend en procession au lieu de réunion, accompagné par les huissiers cantonaux dans leur antique costume jaune et noir, couleurs du canton, portant l'ancienne bannière aux armes d'Uri (une tête de taureau avec un anneau brisé sur champ d'or) et les vieilles cornes de bœuf sauvage et précédé par un piquet d'infanterie avec la musique du bourg. Le landamman s'assied avec un autre fonctionnaire (*Landschreiber*) à une table placée au milieu de la prairie et tout le peuple se range autour de lui sur des gradins disposés en amphithéâtre. Le landammann, après avoir, dans un discours simple et clair, passé en revue les principaux événements de l'année, appelle la bénédiction de Dieu sur le peuple qui l'entoure, prière que chacun écoute respectueusement debout et chapeau bas, puis la discussion des affaires commence. Chacun explique son opinion sur le sujet à l'ordre du jour, chaque question est discutée avec ordre et méthode, puis a lieu l'élection des magistrats pour l'année à venir. Le landammann sortant (qui est rééligible et en règle est généralement réélu) se démet de sa charge en jurant qu'il n'a jamais fait volontairement tort à qui que ce soit et demande pardon à ceux d'entre ses compatriotes qui croiraient avoir à se plaindre de lui. Le nouveau landammann prête alors le serment d'usage et tout le peuple jure de lui obéir, de servir le pays et d'observer les lois. Les autres fonctionnaires sont alors élus à main levée et l'assemblée est dissoute [1].

Nous avons assisté avec M. Angst, consul d'Angleterre à Zurich, le 6 mai 1888, à l'assemblée générale du peuple d'Uri. Il faisait un temps splendide. Grâce à l'obligeante intervention de M. Gustave Muheim, le landammann d'alors, on nous fit asseoir au premier rang, d'où nous suivîmes avec le plus grand intérêt les opérations. Au-dessus de la prairie se dresse à l'orient un monticule qui était en ce moment couvert de femmes et d'enfants aux costumes pittoresques, et tout derrière, l'horizon était fermé par les montagnes couvertes de neige.

La réunion était importante, plus importante qu'à l'ordinaire car il s'agissait de voter une nouvelle constitution et l'on s'attendait à une opposition d'autant plus vive qu'il s'agissait d'abolir certains privilèges séculaires possédés par les habitants de la vallée d'Ursern ou Urseren [2]. Cet arrondissement avait jusque là formé un véritable canton dans le canton, et l'on ne pouvait douter que les montagnards d'Uri, comme on appelle les habitants d'Urseren, n'abandonneraient

---

[1] Dans un article intitulé *Une république qui dure*, le comte Bernard d'Harcourt, ancien ambassadeur de France en Suisse, décrit toute cette scène d'une façon frappante. M. Freeman en parle également très éloquemment dans son ouvrage sur le *Développement de la Constitution anglaise*.

[2] Le district d'Ursern, pour employer l'orthographe de la vieille Constitution, ne formait alors qu'une commune politique — la vallée d'Ursern — avec quatre subdivisions : Andermatt, Hospenthal, Réalp et Zumdorf. Andermatt était le siège des autorités de l'arrondissement.

pas sans lutte leurs anciens droits. La discussion fut longue et sérieuse. Tout d'abord le landammann se leva et s'étant découvert, demanda si quelqu'un désirait la parole, faisant la même demande après chaque discours. Ce n'étaient pas les orateurs qui manquaient. Nous n'avons pas la prétention d'avoir compris leur patois, mais M. Angst nous aida à nous rendre compte des arguments qui étaient développés. L'excitation des gens d'Urseren était visible. Enfin le landammann parla lui-même en faveur de la constitution nouvelle et l'on vota à main levée d'une façon toute particulière. Chaque votant non seulement tenait sa main en l'air, mais levait et descendait rapidement les doigts accompagnant ce mouvement d'une espèce de grognement qui n'était en fait que des applaudissements déguisés. L'effet était frappant.

La nouvelle constitution fut adoptée à une majorité énorme et malgré la protestation adressée par les gens d'Urseren à l'Assemblée fédérale, elle reçut la garantie nécessaire de la Confédération. Le bon fonctionnement de cette constitution prendra sans doute un certain temps. Le canton possède aujourd'hui un conseil exécutif *(Regierungsrath)*, et un conseil représentatif législatif (*Landrath*). Les affaires sont soumises d'abord au pouvoir exécutif qui prépare un message au conseil législatif. Toutes les mesures sont déférées à l'approbation du peuple souverain. Le Landrath conserve toujours le droit de convoquer une nouvelle assemblée du peuple.

Dans les autres cantons, où il n'y a pas de landsgemeinde, la forme du gouvernement est naturellement quelque peu différente. Ces assemblées générales se trouvent remplacées par des corps représentatifs, le pouvoir exécutif étant exercé par un autre conseil, dont chaque membre se trouve à la tête d'un département particulier.

Nous allons donner comme exemple de cette organisation les principales clauses de la constitution de la république et canton de Genève, qui fut élaborée en grande partie par les soins du célèbre James Fazy, et acceptée par le peuple le 24 mai 1847. Elle a cependant été modifiée sur certains points [1].

Le premier article commence par donner une définition de l'état politique du canton. « La souveraineté réside dans le peuple; tous les pouvoirs publics et toutes les fonctions publiques ne sont qu'une délégation de la suprême autorité.

Le peuple se compose de l'ensemble des citoyens.

La forme du gouvernement est une démocratie représentative. »

Le titre II a trait à la déclaration des droits individuels. Tous les Genevois sont égaux devant la loi.

La liberté individuelle est garantie.

Le domicile et la propriété sont inviolables sauf dans les cas d'expropriation pour cause d'utilité publique et moyennant une juste et préalable indemnité.

La liberté de la presse est consacrée, mais la loi réprime l'abus de cette liberté.

Le droit de libre établissement dans le canton, la liberté d'industrie (sauf les modifications que la loi peut y accorder dans l'intérêt général), la liberté des cultes, la liberté d'enseignement (sous réserve des dispositions prescrites par les lois dans l'intérêt de l'ordre public et des bonnes mœurs), le droit de pétition sont garantis. Aucune corporation ou congrégation ne peut s'établir sur le territoire de Genève sans l'autorisation du Grand Conseil, qui statue après avoir entendu le préavis du Conseil d'Etat. Cette autorisation est toujours révocable.

Les citoyens genevois âgés de 20 ans révolus jouissent de l'exercice des droits politiques. Les *citoyens*

---

[1] Voyez, *Genève et ses institutions*, par M. Gavard.

suisses des autres cantons jouissent des mêmes droits au même âge, pourvu qu'ils aient établi leur domicile dans le canton après une résidence de trois mois. Ils peuvent tous être privés de l'exercice de leurs droits politiques : *a*) s'ils ont été condamnés à une peine infamante; *b*) s'ils ont été interdits ou pourvus d'un conseil judiciaire; *c*) s'ils exercent des droits politiques hors du canton; *d*) s'ils sont au service d'une puissance étrangère. La loi peut prononcer la suspension d'une partie ou de la totalité des droits politiques contre les faillis pendant le cours des formalités de la faillite.

La souveraineté du peuple genevois est exercée soit directement par lui-même, assemblé dans un conseil général ou indirectement et en son nom par les autorités cantonales agissant comme pouvoir législatif (Grand conseil), pouvoir exécutif (Conseil d'Etat), et pouvoir judiciaire (tribunaux).

1. *Conseil général*. Le corps électoral, agissant collectivement, forme le conseil général. C'était dans l'origine un corps délibératif offrant une certaine analogie avec les landsgemeindes. Mais ce caractère lui a été enlevé dans le cours de ce siècle, quoique ce soit encore lui qui nomme les membres du Conseil d'Etat, différant ainsi de la pratique usitée dans la plupart des cantons. Il vote également sur tous les changements et additions à la constitution ainsi que sur les changements au pacte fédéral. Le referendum facultatif existe à Genève[1].

Jusqu'en 1886 les citoyens de tout le canton formant le conseil général devaient venir voter dans le bâtiment électoral de la ville de Genève. Ce système n'était pas sans entraîner des dépenses pour les électeurs des campagnes et leur causer du dérangement. Il pouvait également être la cause de nombreuses fraudes car naturellement tous les électeurs ne pouvaient pas être

---

[1] Voyez chapitre VI.

personnellement connus là où ils émettaient leurs votes. De là, lutte entre les partis. Les conservateurs réclamaient un changement du système existant que les radicaux soutenaient, parce qu'à leurs yeux il était un des moyens les plus efficaces à une unité plus grande dans les manifestations du vœu populaire; mais les premiers furent assez heureux il y a quelques années pour obtenir la création de 24 districts électoraux pour l'élection des députés au Conseil national de Berne et au Grand Conseil de Genève.

Mais en septembre 1886, le vote à la commune comme on l'a appelé, fut étendu à toutes les autres élections, y compris celles au Conseil d'Etat. Les électeurs des campagnes n'eurent donc plus à se rendre à Genève pour voter, à leur grande satisfaction, il faut le reconnaître, puisque la plus grande partie des 24 districts électoraux vota en faveur de la nouvelle loi tandis que les quatre districts urbains la rejetèrent.

2. Le *Grand Conseil* se compose de cent députés [1] élus dans trois collèges d'arrondissement au scrutin de liste [2], et à la majorité des suffrages, pourvu que cette majorité ne soit pas inférieure au tiers des votants.

Sont éligibles tous les citoyens laïques jouissant de leurs droits électoraux et ayant vingt-cinq ans accomplis.

Les membres du Grand Conseil sont nommés pour deux ans et renouvelés intégralement. Ils sont immédiatement rééligibles. Il y a deux sessions ordinaires par an (l'une en mai et l'autre en décembre): mais le Grand Conseil peut être convoqué extraordinairement

[1] 37 pour la ville de Genève, 23 pour la rive droite et 40 pour la rive gauche.

[2] D'après ce système, chaque électeur a autant de votes qu'il y a de membres à élire dans son district. Avant les élections, les démocrates, les radicaux-libéraux, les ultramontains et en général tous les partis publient chacun leurs listes qui comprennent un ou plusieurs noms.

par le Conseil d'Etat et par le président du Grand Conseil sur la demande par écrit de 30 de ses membres.

Entre autres attributions, le Grand Conseil procède à la nomination des fonctionnaires de l'ordre judiciaire, prononce sur la validité de l'élection de ses membres, prépare les projets de lois ou d'arrêtés législatifs, adopte, amende ou rejette les projets qui lui sont présentés par le Conseil d'Etat, par un ou plusieurs de ses membres ou par une commission. L'urgence peut être réclamée. Le droit de faire grâce appartient au Grand Conseil, qui a seul également le droit d'accorder des amnisties générales ou particulières. Il reçoit annuellement le compte rendu par le Conseil d'Etat de toutes les parties de l'administration. Il en renvoie l'examen à une commission, sur le rapport de laquelle il statue. Il vote les impôts, décrète les dépenses, les emprunts et les aliénations du domaine public, reçoit et arrête les comptes de l'Etat, lesquels sont rendus publics. Il nomme les députés au Conseil des Etats à Berne. Chacun de ses membres a le droit d'initiative. Chacun d'entre eux reçoit un jeton de présence de six francs.

3. *Le Conseil d'Etat.* Le pouvoir exécutif et l'administration du canton sont confiés à un Conseil d'Etat composé de sept membres, élus le second dimanche de novembre par l'ensemble des électeurs réunis en Conseil général. Il est renouvelé intégralement tous les deux ans. Cette élection alterne par année avec l'élection du Grand Conseil. Sont éligibles au Conseil d'Etat tous les électeurs laïques âgés de 27 ans accomplis, mais cette charge est incompatible avec toute autre fonction publique salariée. Le traitement du président est de 6,000 francs : celui des conseillers de 5,000 francs par an. L'administration de l'Etat est divisée en sept départements : militaire, instruction publique, finance

et commerce, contributions publiques, justice et police, intérieur et travaux publics [1] à la tête de chacun desquels est placé un conseiller d'Etat responsable.

Le Conseil d'Etat nomme chaque année parmi ses membres son président et son vice-président. Le président n'est rééligible qu'après un an d'intervalle. Entre autres matières le Conseil d'Etat règle les attributions et l'organisation des travaux de chaque département; il exerce, concurremment avec le Grand Conseil son droit d'initiative législative et lui soumet (au Grand Conseil) des projets de lois ou d'arrêtés législatifs. Il publie ceux d'entre eux qui ont été adoptés par le Grand Conseil et sauf le cas d'urgence les soumet au referendum s'il est demandé dans les règles. Il promulgue les lois et est chargé de leur exécution et prend à cet effet les arrêtés nécessaires. Il présente chaque année au Grand Conseil le budget des recettes et dépenses, et lui rend compte de même de l'administration des finances.

Comme le Conseil d'Etat émane directement du peuple il jouit d'un degré d'indépendance plus grand que les autorités exécutives des autres cantons qui sont nommées par les corps législatifs. Quelques autres cantons ont suivi l'exemple de Genève en faisant nommer directement par le peuple les autorités chargées de faire les lois et de les exécuter.

Dans le canton de Zurich, le pouvoir exécutif se trouve entre les mains de sept membres élus tous les trois ans par le peuple de tout le canton formant un district électoral. Dans celui de Zug, le peuple élit directement les membres du gouvernement exécutif. Il en est de même dans les cantons de Bâle-Ville et Bâle-Campagne, de Schaffhouse et de Thurgovie.

4. *Les cours de justice.* Le Conseil d'Etat veille à ce que les tribunaux remplissent leurs fonctions avec

---

[1] Cette répartition vient d'être légèrement modifiée. H. L.

exactitude et le Grand Conseil nomme les magistrats pour quatre ans. Il existe des tribunaux permanents civils et criminels avec assistance d'un jury pour ce dernier cas.

Les cantons exercent ainsi les pouvoirs législatif, exécutif et judiciaire. Ils instituent eux-mêmes leurs services publics et en assurent la marche au moyen des impôts qu'ils lèvent.

CHAPITRE X

LES TRIBUNAUX CANTONAUX

Leur différente organisation, leurs lois, leur procédure. — Le tribunal cantonal se compose de neuf juges. — Le juge d'instruction. — Les cours de district composées d'un président et de quatre juges. — Les jurés. — Les juges de paix. — Le tribunal de justice de paix. — Procédure. — Appels. — Il n'y a que des avocats, pas d'avoués. — Les prisons. — Abolition des peines corporelles.

L'organisation des cours de justice et les codes de procédure civile et pénale diffèrent selon les cantons qui sont restés souverains en cette matière, sauf dans les rares cas où la loi fédérale vient remplacer la loi cantonale. Les codes civils des cantons français ont été modelés sur le code Napoléon et quelque peu modifiés [1]. Les cantons allemands ont des codes qui diffèrent beaucoup les uns des autres et qui ont presque tous une origine qui leur est propre. Les codes d'Uri, d'Appenzell R.-I., et de Bâle-Campagne sont vieux et surannés et dans les deux premiers cantons il existe à côté du code, un droit coutumier, dont les tribunaux appliquent encore les principes. Dans le canton de

---

[1] Genève et le Jura Bernois ont seuls conservé le code Napoléon, tandis que les autres cantons romands ont des codes particuliers mais qui tous se sont modelés sur le code français avec des modifications plus ou moins grandes.   H. L.

Bâle-Campagne c'est à l'ancien droit romain que l'on a recours pour combler les lacunes du code existant. Tout comme en Angleterre, c'est sur le droit commun que l'on se base quand la loi n'existe pas ou ne prévoit pas le cas. L'espace nous fait défaut pour essayer de donner une idée de toutes les finesses et de toutes les minuties de chaque législation cantonale. Nous nous bornerons à étudier en détail l'organisation judiciaire du canton de Vaud.

La justice y est rendue par les tribunaux suivants :

a) *Pour tout le canton :* par le tribunal cantonal avec un juge d'instruction chargé des instructions criminelles ;

b) *Dans chacun des 19 districts :* par un tribunal de district ;

c) *Dans chacun des 60 cercles :* par un juge de paix et une justice de paix.

Chaque municipalité a aussi le droit d'imposer des amendes pour contraventions aux règlements de simple police.

I. Le tribunal cantonal est composé de neuf juges nommés pour quatre ans par le Grand Conseil (pouvoir législatif) du canton. Presque tous sont choisis parmi les membres du barreau [1] et sont rééligibles à l'expiration de leur terme de service.

Ce tribunal prononce en dernier ressort sur toutes les questions qui ont trait à l'application des lois cantonales. Il agit seulement dans ces cas, non comme tribunal de première instance, mais comme cour d'appel.

Une chambre de ce tribunal composée de trois juges, remplit en matière criminelle, les fonctions de cour de cassation pénale pour les appels des tribunaux criminels des différents arrondissements.

Une autre chambre de trois juges, forme le tribunal

---

[1] Ou dans les corps des notaires.   H. L.

d'accusation et prononce sur les mises en accusation.

II. Le juge d'instruction. C'est ce magistrat qui a la surveillance, la direction et au besoin l'instruction des affaires criminelles jusqu'à la mise en accusation. Il charge le juge de paix de prendre, ou prend lui-même toutes les mesures propres à découvrir et à arrêter les coupables.

Chaque mois, il envoie au procureur général le tableau des enquêtes faites ou commencées par lui ou par le juge de paix.

III. Tribunaux de district. Chaque tribunal de district est composé d'un président et de quatre juges nommés pour quatre ans par le tribunal cantonal. Les fonctions de président et de juge de district sont incompatibles avec les professions d'avocat et de procureur juré. Le président ne peut en outre exercer le notariat.

A. *Président du tribunal du district.* Ce fonctionnaire possède à la fois une juridiction civile et une juridiction pénale. En matière civile, il ordonne toutes les mesures provisionnelles et conservatoires des procès dans sa compétence ou dans celle du tribunal du district. — Il procède à l'instruction des causes soumises au jugement du tribunal et prononce sur tous les incidents qui peuvent s'élever en cours d'instruction, recours réservé, s'il y a lieu. — Sont encore dans ses attributions les actes ci-après: la déclaration d'absence, l'émancipation [1], l'homologation de donations entre vifs, l'acceptation et la répudiation d'une succession sous bénéfice d'inventaire [2], l'ordonnance de

---

[1] Les législations fédérales et cantonales décident que les mineurs de plus de 18 ans peuvent être émancipés et regardés comme majeurs.

[2] *Beneficium inventarii.* Il arrive souvent que le passif d'une succession dépasse l'actif. Si elle est acceptée telle qu'elle est par les héritiers, ils deviennent responsables de toutes les dettes. Aussi est-il fort important pour eux de savoir à quoi s'en tenir et pour cela ils s'adressent au tribunal compétent qui nomme un gardien de la succession et ordonne à tous les créanciers de déposer dans son bureau la liste de leurs

discussion de biens et les autres actes relatifs à celle-ci; la séparation de biens, la radiation de certaines inscriptions hypothécaires, le règlement des frais de son ressort, etc., etc. Il juge après avoir tenté la conciliation toute prétention personnelle ou mobilière dépassant cent francs et n'excédant pas 500 francs en capital.

En matière pénale, il prononce, sous réserve de recours, sur tout délit et sur toute contravention dont la connaissance n'est pas attribuée à une autre autorité et entraînant au maximum l'une des peines suivantes: 1º la réclusion ou l'emprisonnement n'excédant pas dix jours; 2º l'amende n'excédant pas 500 francs; 3º la réprimande.

B. *Tribunal de district.* Ce tribunal remplit les fonctions de cour civile, de cour criminelle et de tribunal de police.

Le tribunal civil prononce, sous réserve de recours après instruction préliminaire par le président sur: *a)* toute prétention personnelle et mobilière d'une valeur en capital n'excédant pas 500 francs, et dont la connaissance n'est pas attribuée au tribunal cantonal; *b)* sur toute prétention immobilière, quelle qu'en soit la valeur; *c)* sur toute question concernant l'état-civil de personnes, et notamment sur la question du divorce.

Comme la loi sur le mariage et le divorce est une loi fédérale, il aurait été plus logique de porter toutes

---

créances pendant une certaine période de temps qui varie de 50 à 100 jours. Cet avis est inséré à différentes reprises dans la gazette officielle avec une intimation que toutes les créances qui n'auront pas été inscrites avant l'expiration du terme ne seront plus reconnues. Les héritiers sachant ainsi à quoi s'en tenir, peuvent décider alors s'ils acceptent ou non la succession. S'ils acceptent, ils deviennent responsables de toutes les dettes qui ont été reconnues de la façon indiquée plus haut. S'ils refusent, la propriété est vendue sous la surveillance du tribunal et les créances payées au prorata.

les causes qui s'y rattachent devant le tribunal cantonal, puis en appel devant le tribunal fédéral, mais quand cette loi fut discutée le Grand Conseil, considérant d'une part les dépenses qu'un pareil procès entraînerait et d'autre part, réfléchissant qu'un juge vivant habituellement dans le voisinage des parties en cause, pourrait décider en meilleure connaissance de cause qu'un étranger moins à même de se rendre compte des circonstances qui ont précédé le cas, partagea une opinion diamétralement opposée à celle exposée plus haut. La juridiction des tribunaux de district demeura donc ce qu'elle était avant la mise en vigueur de la loi fédérale, et en cas d'appel, la cause est portée non devant le tribunal cantonal, mais directement devant le tribunal fédéral [1]. C'est là un exemple des plus frappants des nombreuses complications que soulève continuellement la co-existence de lois fédérales et cantonales sur des sujets intimement unis.

Les causes d'admission de divorce sont déterminées par la loi fédérale, mais les effets ultérieurs d'un jugement de divorce en ce qui concerne le règlement de toutes les questions financières, pensions alimentaires, éducation et instruction des enfants, sont du ressort exclusif de la loi cantonale à laquelle le mari est soumis. Il s'ensuit que tant qu'il ne s'agit que de la question de divorce proprement dite, c'est le tribunal fédéral qui juge en dernier ressort tandis que pour toutes les autres questions accessoires, dont nous avons parlé plus haut, c'est la décision du tribunal cantonal qui est définitive.

Ainsi une action en divorce intentée pour la totalité devant un tribunal inférieur, peut, si les parties en cause ne sont pas satisfaites du jugement, se diviser

---

[1] Prévu à l'art 49 de la loi fédérale du 24 décembre 1874, sur l'état-civil et le mariage.

sur un appel et être soumise à deux juridictions parfaitement différentes.

Dans toutes les causes criminelles, la cour se compose du président et de deux juges assistés d'un jury de neuf personnes.

Le jury est formé de la manière suivante :

Chaque commune élit, parmi ses citoyens actifs, un juré sur 100 habitants, toute fraction au-dessus de 50 habitants compte pour cent. Elle en élit au moins quatre. Les jurés sont nommés pour quatre ans dans le mois de novembre de l'année où les autorités judiciaires sont soumises à réélection. La nomination a lieu au scrutin de liste, à la majorité d'au moins le quart du nombre des votants. La fonction de juré est obligatoire sauf les cas d'incompatibilité (certains fonctionnaires), les dispenses et les exemptions (malades, infirmes, vieillards, etc.).

Aussitôt qu'il est nanti d'une cause criminelle, le président fixe un jour pour la formation de la liste spéciale du jury. Le ministère public, l'accusé et son défenseur, et la partie civile, en sont immédiatement avisés.

Au jour fixé, le président, après avoir fait déposer dans l'urne les numéros correspondant au nom des jurés de l'arrondissement, procède en séance publique et assisté du greffier, au tirage au sort de trente et un noms, formant la liste spéciale du jury. Procès-verbal est dressé de cette opération et copie de la liste est adressée au ministère public et à l'accusé.

Dans les trois jours de l'envoi de la liste spéciale, le ministère public récuse péremptoirement neuf jurés et désigne deux remplaçants. Communication en est donnée sans retard à l'accusé qui, dans le même délai, récuse péremptoirement 9 jurés et désigne deux suppléants. De cette façon, il ne reste que les neuf jurés. S'il y a plusieurs accusés, ils se concertent pour user du droit qui leur est accordé; s'ils ne peuvent s'entendre, le sort en décide.

Les jurés élisent leur président parmi eux.

Il est à remarquer que si l'accusé se reconnaît coupable des faits mis à sa charge par l'arrêt d'accusation et demande par une déclaration faite à l'office qu'il soit passé au jugement sans jury, cette déclaration est communiquée au défenseur de l'accusé et si elle est ratifiée par lui, le jugement a lieu sans l'assistance du jury. Les lettres de convocation des jurés n'indiquent ni la nature de la cause ni le nom de l'accusé.

IV. Juges et justice de paix.

A. *Juges de paix.* Ce fonctionnaire a des attributions multiples; il est en contact constant avec le public et doit non seulement connaître à fond la loi, mais avoir du tact et du discernement. Un bon juge de paix acquiert rapidement une très grande influence. Aussi quoique le traitement soit des plus modiques, ces places sont très recherchées.

Sauf dans les cas exceptés par la loi, le juge de paix doit tenter de concilier les parties et s'il est un homme d'énergie et de tact il n'est pas rare que ses efforts soient couronnés de succès, surtout dans les districts écartés. Il juge définitivement toute prétention personnelle ou mobilière n'excédant pas en capital la somme de 100 francs.

Il prononce sommairement et définitivement lorsque la valeur n'excède pas sa compétence sur les contestations qui s'élèvent :

a) Entre maîtres et domestiques, et entre patrons et ouvriers relativement au contrat de louage des services.

b) Entre voyageurs et hôteliers ou maîtres de pensions relativement aux prétentions de ces derniers.

c) Entre voyageurs et entrepreneurs de transports relativement à la perte ou à l'avarie des bagages.

d) Entre commissionnaires publics, portefaix et voituriers d'une part, et le public d'autre part relativement au salaire des premiers.

Sont encore dans ses attributions l'homologation des dispositions à cause de mort, l'acceptation ou la répudiation d'une succession lorsqu'il n'y a pas de bénéfice d'inventaire ou lorsque les héritiers déclarent accepter la succession nonobstant le bénéfice d'inventaire; la demande de bénéfice d'inventaire, l'envoi en possession de succession, les mesures conservatoires en cas d'absence, les reconnaissances de paternité et de maternité. Il intervient dans les désordres et les dissensions domestiques, sur demande ou d'office.

En matière pénale, ses fonctions sont analogues à celles du juge d'instruction, dont il est d'ailleurs le subordonné. Il prononce sous réserve de recours en cassation, sur certains délits de petite importance.

La multiplicité des attributions du juge de paix est une des causes du nombre relativement élevé de ces fonctionnaires dans un pays aussi petit que le canton de Vaud.

B. *Justices de paix.* Cette institution est particulière à ce pays. Quoiqu'une justice de paix soit un tribunal, aucun procès ne peut être entamé devant elle. Elle exerce la police tutélaire et les autres actes de la justice non contentieuse que la loi lui attribue. Quoique limitée, son action n'en est pas moins importante et elle a à peu près les mêmes attributions que les conseils de familles créés par la législation française. Elle se compose de quatre assesseurs présidés par le juge de paix.

La procédure en matière civile a été réglée par le code de procédure civile du 25 novembre 1860, modifié à différentes reprises dans le but de simplifier la procédure et de diminuer les frais.

Dans toutes les causes civiles, le procès commence

par l'envoi d'un exploit du plaignant qui cite le défendeur à comparaître devant le juge de paix. Cet exploit signé par le juge, scellé et délivré par lui, est notifié par l'huissier de la cour au défendeur qui apprend ainsi d'une manière officielle la nature du procès qui lui est intenté.

Au jour fixé, les parties comparaissent devant le juge qui prend connaissance de la contestation et emploie ensuite tous les moyens propres à concilier les parties qui doivent se présenter soit elles-mêmes soit par procuration, sans que cependant un avocat ait le droit d'intervenir en sa qualité et en faveur de l'une d'entre elles à cette période du procès. Si le juge ne réussit pas dans sa tentative — ce qui arrive souvent — il consigne au registre l'objet de la contestation, le procès entre alors dans une nouvelle phase et l'on peut dire que c'est à ce moment-là seulement qu'il commence réellement.

Dans les soixante jours de l'acte de non conciliation, le demandeur produit au greffe du tribunal sa demande qui doit renfermer entre autres :

a) L'exposition articulée des faits;

b) L'énonciation des moyens de droit;

c) Les conclusions, c'est-à-dire l'énonciation claire et précise des réclamations dont on prie le tribunal de reconnaître la justice.

Prenons, par exemple, une réclamation fort simple, pour le paiement de marchandises fournies par un négociant à un client; la requête sera formulée dans les termes suivants : « Plaise au tribunal de décider que N. N. est débiteur de A. B. pour la somme de... pour marchandises vendues et livrées, portant intérêt de 5 % par an depuis la date de l'exploit, avec condamnation de N. N. aux frais.

Notification doit en être faite au défendeur qui reçoit en même temps du tribunal un avis portant que dans le délai de vingt jours habituellement il doit présenter sa défense dans la même forme que le demandeur a présenté sa réclamation. Dans sa défense le défendeur admet ou non l'exactitude des faits énoncés par l'autre partie. Les faits qui ne sont pas contestés sont considérés comme acquis en faveur du demandeur qui n'a plus besoin d'en faire la preuve. Ayant ainsi réfuté les arguments de son adversaire, le défendeur énumère ceux qu'il considère comme devant justifier son opposition aux réclamations qui lui sont adressées et qui sont de nature à donner lieu à une demande reconventionnelle de sa part. Une copie ce la réponse est remise au plaignant et comme ce dernier n'a pas le droit d'y répondre à son tour par écrit, les parties n'ont plus qu'à attendre le jour fixé par le président pour comparaître devant lui et s'expliquer verbalement sur les faits allégués ou niés dans la demande et dans la réponse et pour décider le genre de preuve dont elles veulent se servir. Toutes ces formalités préliminaires ont lieu en présence et sous la direction du président de la cour, siégeant seul et assisté d'un greffier qui tient procès-verbal des opérations de l'audience. Le plaignant qui n'a pas le droit de répondre par écrit au mémoire de son adversaire, réfute, en présence du président, les arguments du défendeur. Les deux parties ont le droit d'articuler de nouveaux faits à l'appui de leur opinion; les faits contestés de chaque côté doivent être prouvés et chaque partie donne avis de la manière dont il entend apporter la preuve de ses assertions, soit par écrit, soit oralement.

Toutes ces questions ayant été dûment réglées, le tribunal se réunit au jour fixé par le président, qui dirige l'interrogatoire des parties et des témoins. Les avocats peuvent adresser des questions supplémentaires, mais le président peut, s'il le juge nécessaire, les rappeler à l'ordre. En général les avocats jouissent de moins de liberté dans leurs questions qu'en Angleterre. Les preuves ayant été administrées, il est passé aux plaidoieries, après lesquelles les débats sont déclarés clos et le tribunal se retire pour délibérer. Le président énumère l'un après l'autre les faits qui ont été prouvés et les membres du tribunal donnent leur opinion, chacun séparément et chacun vote ensuite sur la question de savoir si le fait en question peut être considéré comme prouvé ou non. Les conclusions sont alors lues à la cour, les arguments développés par les avocats examinés, puis la cour décide. Elle peut accorder moins que ce qui a été demandé, mais jamais plus, quelle que justifiée qu'une décision pareille puisse paraître selon l'équité. Les frais sont soit entièrement soit partiellement à charge de la partie qui a perdu le procès, selon la décision de la cour.

La procédure civile devant les justices de paix est plus sommaire.

Tout recours au tribunal cantonal s'exerce par acte écrit déposé au greffe du tribunal ou du magistrat qui a prononcé. Il est ensuite transmis au président du tribunal cantonal. Cet envoi est accompagné du dossier de la cause.

Ces recours ont pour objet de faire prononcer la nullité du premier jugement pour cause de violation formelle du texte même de la loi ou de le faire réformer pour cause d'une interprétation erronée de la loi, quant à son application aux faits de la cause. Au jour fixé, le tribunal délibère en séance publique sur la question, et si la décision du premier tribunal est annulée, la cour renvoie la cause à un autre tribunal qu'elle désigne. S'il s'agit seulement de réformer le jugement, la cour revise, change, ou confirme la décision. Les témoins ne paraissent jamais devant le tribunal cantonal et d'après la loi de procédure, les dé-

CHAPITRE X

cisions sur les points de faits établis par témoignages sont définitives.

Le procès qui a passé par ces différents degrés de juridiction peut être encore rouvert si, dans l'année qui suit la décision finale, la partie qui l'a perdu découvre un document dont la production en temps utile lui aurait assuré le gain de la cause; ou si la partie adverse ou un des témoins a été pendant ce temps accusé et convaincu de faux témoignage commis au cours du procès; ou encore si l'un des titres produits a été déclaré faux par un jugement.

C'est au tribunal cantonal à décider s'il faut oui ou non, recommencer le procès. Dans le premier cas les parties se retrouvent dans la même position où elles étaient avant le commencement du procès.

En matière criminelle, l'acte d'accusation est d'abord lu, puis le président interroge l'accusé; puis les membres du jury, le substitut du procureur général, les avocats du plaignant et de l'accusé l'interrogent à leur tour; les témoins font leurs dépositions, les plaidoieries ont lieu ensuite, l'avocat de l'accusé ayant encore le droit d'ajouter quelques paroles.

Le président donne alors lecture des questions qu'il se propose de soumettre au jury, mais le ministère public, l'accusé et la partie civile peuvent demander des modifications aux questions proposées et s'il y a opposition du président ou de l'une des parties, il en est décidé dans la forme incidente. Le président remet au chef du jury les questions à résoudre, et ce dernier se retire immédiatement dans la salle des délibérations. Une condamnation n'est acquise que si elle réunit six voix au moins. — Les autres questions sont résolues à la simple majorité. Le verdict une fois prononcé, la mission du jury est terminée et ses membres sont renvoyés par le président. Si le verdict est favorable la cour ordonne la mise en liberté immédiate de l'accusé; s'il est défavorable, la partie civile et le ministère public étant entendus sur l'application de la loi, la cour décide.

L'accusé a le droit, dans les trois jours, d'en appeler à la cour de cassation pénale devant laquelle, comme dans les causes civiles devant le tribunal cantonal, les témoins ne sont pas admis, les décisions du jury sur les points de faits étant également définitives.

Si le jugement est annulé pour cause d'irrégularité dans les formes, l'affaire est renvoyée à une autre cour pénale qui juge avec l'assistance d'un nouveau jury.

Si le procès est simplement réformé, cela ne peut affecter que la pénalité infligée qui peut être augmentée ou diminuée selon le cas.

Tout accusé a toujours le droit d'en appeler du jugement qui a été prononcé contre lui.

La loi, il faut le remarquer, protège les citoyens contre toute arrestation arbitraire. Nul ne peut être arrêté sur un simple soupçon et sauf le cas de flagrant délit, sans un mandat d'arrêt lancé par le magistrat compétent; toute personne arrêtée doit être interrogée par le juge dans les vingt-quatre heures qui suivent son arrestation et aussitôt que cet examen sommaire est terminé, le juge, avant d'envoyer son rapport au tribunal d'accusation, désigne un avocat d'office sous la direction duquel une enquête ultérieure est faite chaque fois qu'il le juge nécessaire aux intérêts de son client.

On n'ignore probablement pas qu'il n'y a en Suisse pas d'avoués, mais seulement des avocats qui remplissent à la fois ces deux fonctions. Chaque canton a ses règlements particuliers quant à ce qui concerne l'exercice de cette profession; mais lorsqu'un avocat a passé certains examens, la Constitution fédérale lui donne le droit de pratiquer dans toute la Suisse. La fonction principale des notaires est de rédiger certains actes, de recevoir des serments, et de légaliser des signatures. Dans quelques cantons, la même personne peut remplir les fonctions d'avocat et de notaire. Tous deux peuvent généralement pratiquer après avoir passé un examen devant une commission cantonale. S'ils remplissent mal leurs fonctions ils sont justiciables des tribunaux les plus élevés du canton.

Nous pouvons ajouter ici quelques mots au sujet des prisons. Il n'en existe point dans chaque canton et il arrive que les prisonniers d'un canton soient envoyés dans les prisons d'un autre. On a proposé plusieurs fois déjà, mais sans succès, d'établir une prison fédérale pour les détenus dangereux ou pour les jeunes criminels.

Le système cellulaire est parfois employé comme punition ou dans les premiers temps de l'emprisonnement. Les « moulins de discipline » et les peines corporelles ont été abolis par la Constitution fédérale (art. 65). Dans quelques prisons le vin et le tabac sont prohibés. Dans d'autres les prisonniers peuvent se procurer ces douceurs moyennant finance.

Les prisonniers qui se conduisent bien passent d'une classe inférieure à une supérieure et jouissent de certains petits privilèges: ils peuvent être libérés conditionnellement s'ils ont subi les deux tiers de leur peine, si cette dernière dépasse un an. Ils demeurent alors jusqu'à l'expiration complète de leur peine sous la surveillance de la police et peuvent, à la moindre incartade, être renvoyés, sur l'ordre du département cantonal de police, en prison pour y achever leur terme, le temps qu'ils ont passé en liberté conditionnelle ne leur étant pas compté. Ce privilège n'est jamais accordé à un récidiviste.

CHAPITRE XI

L'ARMÉE

Position militaire de la Suisse. — Qualités militaires du peuple suisse. —Service étranger. — Service obligatoire. — L'armée suisse est une armée de soldats citoyens. — Service restreint et fortes réserves. — Coût par homme des armées continentales. — Perfection de l'organisation. — Le système militaire actuel. — Troupes fédérales et troupes cantonales. — Projet de transférer le contrôle de l'armée au Conseil fédéral. — Les taxes d'exemption. — Elite, landwehr, landsturm. — Administration de l'armée. — Corps des instructeurs. — Ecole de recrues. — Education. — Le directeur cantonal. — Manque d'officiers instruits. — Pas de solde permanente ni de pensions. — Chevaux. — Fusils. — Fortifications. — Mobilisation. — L'équipement du soldat. — Esprit national du soldat suisse.

L'importance de la Suisse au point de vue militaire est par sa position même tout à fait hors de proportion avec l'étendue de son territoire et la force de son armée. Un écrivain militaire a fait tout récemment remarquer que la puissance qui se rendrait maîtresse de la Suisse pourrait, à son gré, faire déboucher ses armées sur le théâtre des opérations, que ce soit le Rhône, la Saône, le Pô ou le Danube. De Genève, une armée peut marcher sur Lyon, de Bâle elle peut descendre dans la vallée de la Saône en passant par Belfort; de Constance elle peut se lancer sur le Danube. L'Italie pourrait être envahie et ses lignes de défense contre la France et l'Autriche tournées. C'est précisément à cause de cette position particulière de la Suisse que les puissances réunies au congrès de Vienne reconnurent que l'intérêt général de l'Europe exigeait la constitution de ce pays en un Etat indépendant et neutre et suffisamment fort pour faire respecter sa neutralité. Nous avons déjà eu au chapitre premier l'occasion de rappeler l'acte, signé à Paris le 20 septembre 1815, par lequel les puissances signataires s'engageaient à garantir la neutralité perpétuelle de la Suisse et l'inviolabilité de son territoire.

Depuis des siècles les Suisses ont été renommés pour leurs admirables qualités militaires, mais dans ces derniers temps, ils n'ont guère eu l'occasion d'en faire usage qu'au service de puissances ou de princes étrangers. La garde du corps du pape[1] était dans l'origine composée exclusivement de jeunes Suisses poussés par l'amour de la vie militaire à aller s'engager dans un pays voisin. Le grand lion de pierre, à Lucerne, œuvre de Thorwaldsen, a été élevé à la mémoire des 786 officiers et soldats des « gardes-suisses » qui périrent en défendant les Tuileries en 1792. A l'époque des campagnes de la péninsule et de Waterloo, le gouvernement anglais enrôla des troupes suisses comme il le fit d'ailleurs plus tard encore lors de

---

[1] Il y a encore un certain nombre de Suisses qui servent dans les troupes que la Hollande entretient dans ses colonies des Indes mais ils ne forment pas de corps distinct. Il ne reste plus aujourd'hui comme tel que la garde suisse du pape, composée d'un petit nombre d'hommes recrutés dans les cantons catholiques. C'est le dernier exemple d'une institution qui semble disparue à jamais malgré le désir ouvertement exprimé de beaucoup d'hommes éclairés de la voir rétablie un jour. Si elle eut en effet ses défauts, elle fut en grande partie la cause incontestable de l'influence et du pouvoir réel dont la Suisse jouit en Europe pendant de longs siècles et eût pu permettre au gouvernement fédéral de jouer, à un moment donné, un rôle presque prépondérant dans les affaires de l'Europe et de tourner à son profit bien des événements dont les conséquences ont été, pour dire le moins, peu favorables à la Suisse.

H. L.

l'invasion de la Crimée en levant une légion anglo-suisse composée de deux régiments d'infanterie légère. Ces troupes s'embarquèrent à Douvres à destination de Smyrne où elles tinrent garnison pendant un an environ, elles furent en juin 1856 ramenées à Portsmouth puis à Shorncliffe où elles furent licenciées (sans avoir eu à combattre, H. L.). Les articles de la convention pour l'enrôlement de troupes étrangères au service de l'Angleterre, stipulaient « que chaque recrue recevrait une prime de 150 francs et son équipement. » Les officiers recruteurs munis de leurs commissions régulières (*Letters of service*), recevaient 24,375 francs par cent hommes qu'ils enrôlaient, mais ils avaient à payer sur cette somme toutes les dépenses relatives à l'enrôlement, à l'entretien et à l'expédition des hommes jusqu'aux dépôts établis à Heligoland et à Shorncliffe. Officiers et soldats devaient prêter serment de fidélité à la reine; ils étaient soumis aux mêmes règlements que les troupes anglaises, et recevaient la même paye et la même quantité de vêtements que les troupes de ligne. Comme nous le verrons tout à l'heure, le recrutement dans les limites de la Confédération de citoyens suisses pour le service militaire d'un État étranger, était expressément défendu par la Constitution; ces hommes avaient donc été enrôlés secrètement et une fois enrôlés, ils étaient conduits dans un dépôt provisoire à Schlettstadt, en Alsace. Ce fut le colonel C.-S. Dixon qui prit le commandement des troupes anglo-suisses pendant la guerre de Crimée; on trouvera dans l'annuaire de l'armée anglaise pour 1856-1857, les noms de tous les officiers qui servirent sous ses ordres.

Dans toutes les occasions où les Suisses ont servi à l'étranger, ils ont toujours stipulé que leurs officiers immédiats seraient choisis parmi leurs compatriotes. Dans les temps anciens, les traités connus sous le nom de capitulations militaires, furent souvent signés entre des gouvernements étrangers et un ou plusieurs cantons.

Il arrivait souvent que ces services mercenaires étaient obtenus au moyen d'intrigues et de corruption par les représentants des puissances étrangères, et plus d'une fois l'on vit Suisses combattre contre Suisses dans des rangs différents. Les conséquences de ces capitulations militaires furent désastreuses pour la moralité du peuple, et la Constitution de 1848 vint défendre d'en conclure de nouvelles. En 1849 il en existait encore une entre certains cantons et le roi de Naples, mais les troupes suisses ayant contribué à réprimer la révolution, il y eut en Suisse un mouvement d'indignation dont la conséquence fut le rappel de toutes les troupes et la fin de toutes les capitulations militaires.

L'armée suisse est organisée d'après le système « du service personnel et obligatoire » auquel les Suisses se sont soumis de leur propre volonté dans le but de maintenir l'indépendance de leur pays. Chose digne de remarque, la Suisse est le premier pays qui a introduit en Europe le service personnel et obligatoire. Ce n'était là d'ailleurs que le résultat de l'oppression à laquelle les pays d'Uri, de Schwytz et d'Unterwald avaient été soumis de la part de l'Autriche et de ses baillis. Tout homme en état de porter les armes s'était habitué à les manier avec habileté dans un but de protection personnelle. Tant que la Confédération grandit en pouvoir et en étendue par l'admission de Lucerne, Zurich, Berne et d'autres cantons, les Suisses furent pour ainsi dire toujours sous les armes, soit pour repousser les ennemis qui menaçaient leur existence, soit pour des luttes intestines. C'est ainsi que dès leur enfance on leur apprenait à manier l'épée, la pique et l'arbalète. D'un autre côté, les puissances voisines n'ayant pas confiance dans leurs propres peuples, n'accordaient qu'à leurs nobles le droit de porter des armes et dans le cas de guerre, louaient des mercenaires ou armaient leurs vassaux pour les licencier aussitôt la guerre finie. On comprendra donc facilement que des hommes indépendants, habitués dès leur enfance à se battre dans un pays montagneux dont ils connaissaient admirablement tous les coins et recoins, aient été les plus forts dans leurs luttes contre des soldats mal exercés et conduits par des nobles hautains qui les traitaient avec mépris.

Ce ne furent pas les peuples qui réclamèrent l'établissement de ces énormes armées permanentes dont disposent aujourd'hui la plupart des grands pays de l'Europe. Ce système leur fut imposé à la suite de longues guerres par des gouvernements aux tendances militaristes et aggressives. En Suisse au contraire, l'armée est une force réellement citoyenne, qui représente entièrement la nation elle-même; ses soldats ne sont pas choisis, comme cela existe en Angleterre, dans une seule classe pour ainsi dire. Elle renferme dans son sein toutes les classes et toutes les conditions sociales, depuis l'avocat jusqu'à l'ouvrier, depuis le gros propriétaire jusqu'au simple laboureur. L'armée suisse peut être, sous certains rapports, comparée aux forces de milices ou de volontaires anglais, mais on a tiré ici un bien plus grand parti des fonctions que chaque homme remplit dans la vie privée. En entrant au service de la Confédération, l'ingénieur civil devient un officier du génie, le vétérinaire est employé dans la cavalerie ou l'artillerie, le boucher ou le boulanger est incorporé dans l'intendance, le comptable dans les troupes d'administration. Ce système nous montre non seulement les nombreux avantages qu'il comporte, mais nous fait toucher du doigt en même temps les défauts et les imperfections des autres. C'est l'exemple le plus frappant des résultats heureux que l'on peut obtenir de ce que l'on a appelé en Angleterre *Short service* (service de trois ans), c'est-à-dire l'existence d'une forte réserve de soldats rompus au service. On pourrait appliquer à l'armée suisse la devise des volontaires anglais: « Défense non défi » car elle est essentiellement une force de milice destinée à la défense du pays et au maintien de sa neutralité. L'économie la plus stricte en est une des bases; on pourra s'en convaincre en comparant dans le tableau suivant ce que coûte un soldat suisse d'infanterie et ce que coûtent les soldats des armées européennes par an :

Grande-Bretagne,	Fr.	1.675
Espagne,	»	1.405
Autriche-Hongrie,	»	1.320
France,	»	1.170
Allemagne,	»	1.150
Danemark,	»	1.125
Italie,	»	1.100
Belgique,	»	1.013
Hollande,	»	775
Russie,	»	570
Suisse,	»	175

L'armée suisse est absolument complète dans tous ses détails; le service médical et vétérinaire, l'intendance sont parfaitement organisés, la cavalerie, l'artillerie, le génie et le train sont dans un rapport parfait les uns aux autres; les bataillons sont toujours tenus sur pied de guerre et prêts à prendre la campagne. En effet, grâce au système d'administration en vigueur en Suisse, tout ce qu'il faut pour faire d'une armée un instrument dont on puisse disposer d'un moment à l'autre, est prêt et fonctionne bien. En dépit de son énorme budget de la guerre, l'Angleterre est incapable d'envoyer en campagne 150,000 à 200,000 hommes comme peut le faire la Suisse. Cela devrait lui donner à réfléchir [1].

Les troupes fédérales furent appelées à faire du service pour la dernière fois en 1871, lors de la retraite du général Bourbaki en Suisse. Cette expérience fit voir les défauts du système qui existait alors et montra qu'il fallait y introduire des modifications radicales. Aussi en 1874, l'Assemblée fédérale vota-t-elle une nouvelle loi, base du système actuellement en vigueur.

C'est surtout en ce qui touche à l'armée que la double souveraineté qui existe en Suisse se fait bien remarquer. Toutes les lois qui ont trait à son organisation émanent de la Confédération, mais c'est aux cantons à les faire exécuter. Ce sont eux qui doivent prendre les mesures nécessaires pour empêcher les citoyens de se soustraire à leurs obligations militaires, qui sont responsables pour le recrutement et l'entretien d'une force militaire proportionnée à l'étendue et à la population de chacun d'entre eux. La nomination des officiers de troupes cantonales jusqu'au grade de commandant de bataillon, appartient aux autorités cantonales, mais il faut que les officiers aient prouvé aux autorités militaires fédérales qu'ils sont aptes à remplir le grade auquel on veut les nommer. Les officiers d'un grade supérieur à celui de commandant de bataillon sont nommés par le Conseil fédéral. L'infanterie, les bataillons de carabiniers, l'artillerie de campagne, la cavalerie (dragons) et certaines autres

---

[1] L'Angleterre dépense pour son budget de la guerre 480 millions par an, pour une armée régulière d'environ 140,000 hommes qui, il est vrai, peut s'élever avec la réserve, la milice, la yeomanry et les volontaires, à 700,000 hommes. Les forces aux Indes, en dehors du corps d'occupation anglais, sont payées par le gouvernement indien. Le budget militaire fédéral suisse est d'environ 15 millions, mais il ne faut pas oublier que chaque canton a son budget militaire spécial. On peut compter en tout que la Suisse dépense pour son armée environ 20 millions, les dépenses extraordinaires exceptées bien entendu. H. L.

troupes sont recrutés par les cantons, et sont appelés troupes cantonales. La cavalerie (guides), le génie, l'artillerie (parc, artificiers, bataillons du train) [1], les troupes sanitaires et d'administration, sont formés et entretenus par la Confédération et appelés troupes fédérales.

La Confédération pourvoit à l'armement personnel réglementaire de l'armée fédérale, mais l'habillement et l'équipement personnel de la troupe sont fournis par les cantons; toutefois les dépenses qui en résultent leur sont bonifiées par la Confédération suivant un tarif qui est fixé chaque année par l'Assemblée fédérale. Pour autant que les considérations militaires ne s'y opposent pas, les hommes du même canton sont enrôlés dans le même corps; c'est ce que l'on appelle le système territorial. Par une ordonnance du Conseil (de 1875) le pays est divisé en huit divisions territoriales, dont chacune doit fournir une division complète.

En 1848, lors de la discussion de la première constitution fédérale on proposa à l'Assemblée de soumettre à la Confédération l'administration militaire tout entière. Cette proposition fut rejetée parce que la majorité ne tenait pas à voir diminuer les pouvoirs des cantons. Une réaction se fit en 1874 et la Confédération se vit investie de pouvoirs fort étendus. Dans ces derniers mois, des signes très significatifs d'une réaction nouvelle se sont fait voir. Le canton de Berne proposa d'abandonner à la Confédération tous les privilèges qui lui avaient été accordés en matière militaire par la Constitution revisée de 1874. La question de la complète unification de l'administration militaire a été récemment soulevée aux Grands Conseils de Lucerne et de Schaffhouse. L'entière centralisation de l'organisation militaire a été tout dernièrement dis-

---

[1] Et actuellement l'artillerie de forteresse. Voyez arrêté du Conseil fédéral du 11 avril 1890. H. L.

cutée au Conseil national qui a cependant jugé inutile d'apporter le moindre changement au système actuellement en vigueur à un moment où, grâce à l'état troublé de l'Europe, la Suisse pouvait être appelée à mobiliser son armée. Si une mesure pareille venait à être votée par l'Assemblée fédérale et soumise ensuite au referendum, ses adversaires feraient sans doute valoir que c'est là une tentative pour l'établissement d'une armée permanente, que ce serait sans doute accroître les dépenses militaires, que ce serait un empiètement sur la souveraineté des cantons; mais on ne doit pas oublier non plus que ces derniers ne pourraient absolument renoncer à leurs droits, en cette question, sans une revision de la Constitution.

L'article 18 de la Constitution établit que tout Suisse est tenu au service militaire. Tous les frères dans une famille doivent faire leur service. Les soutiens de famille même sont soumis à la loi. Sont cependant exemptés du service militaire pendant la durée de leurs fonctions ou de leur emploi:

a) Les membres du Conseil fédéral, le chancelier de la Confédération et les greffiers du Tribunal fédéral.

b) Les fonctionnaires et employés de l'administration des postes et télégraphes, de l'administration du matériel de guerre de la Confédération, de l'administration des poudres, des ateliers militaires fédéraux, des arsenaux fédéraux et cantonaux, ainsi que les commissaires de guerre cantonaux.

c) Les directeurs et infirmiers indispensables au service des hôpitaux publics, les directeurs et gardiens des pénitenciers et des prisons préventives, les officiers et les hommes appartenant au corps de police cantonaux, ainsi que les douaniers et les gardes-frontières.

d) Les ecclésiastiques qui ne servent pas comme aumôniers dans l'armée.

e) Les instituteurs des écoles publiques peuvent, après avoir pris part à une école de recrues, être dispensés de tout service ultérieur, si les devoirs de leur charge le rendent nécessaire.

f) Les employés des lignes de chemin de fer, chargés de l'entretien et de la surveillance de la voie, les employés du service de l'exploitation, le personnel des gares et des stations et en outre les employés des entreprises concessionnées de bateaux à vapeur, chargés du service de la marche des bateaux (sauf la question des détachements d'ouvriers de chemin de fer, art. 29). — Une section spéciale d'état-major est formée avec le personnel d'administration et d'exploitation de chemin de fer (art. 72). Tous sont d'ailleurs soumis aux lois militaires en cas de guerre (art. 209).

A part les exceptions que nous venons de citer, tout Suisse, qu'il réside ou non sur le territoire de la Confédération, et qui pour une cause ou pour une autre ne fait pas son service, est astreint au payement d'une taxe annuelle. Les étrangers qui demeurent en Suisse sont soumis à la même loi, à moins qu'ils ne soient les ressortissants d'un pays où les Suisses sont dispensés du service ou de la taxe militaire. Cette taxe a rapporté, d'après le budget de 1886, une somme de 2,670,000 francs, et l'année suivante une somme de 2,470,000 francs. Mais la Confédération ne touche que la moitié du produit brut, dont l'autre moitié va aux cantons qui la perçoivent. Tout Suisse vivant à l'étranger y est astreint. Quelques cantons chargent les représentants consulaires de la Suisse à l'étranger de toucher le montant de ces taxes. Dans d'autres on tient un compte de ce qui est dû, que l'on présente à celui qui doit le payer à son retour en Suisse. Comme cette taxe est une institution particulière de la Suisse, nous croyons bien faire de donner ici quelques détails. Elle se compose : 1º d'une taxe personnelle de 6 francs ;

2° d'une taxe supplémentaire de 1 fr. 50 par 1000 francs de fortune ou 100 francs de revenu jusqu'à 32 ans et de la moitié seulement de 32 à 44 ans. Mais elle ne peut en aucun cas excéder 3,000 francs. En sont dispensés, ceux qui sont devenus impropres au service militaire pendant la durée de leur service (ils ne paient alors que la moitié de la taxe de leur classe d'âge), les indigents, ceux qui, par suite d'infirmité physique ou mentale, ne peuvent soutenir leur famille, les Suisses vivant à l'étranger et qui y paient déjà une taxe.

Les forces militaires de la Suisse sont divisées en trois classes distinctes : l'élite, ou armée active, qui se compose de tous les hommes âgés de 20 à 32 ans ; la landwehr, ou première réserve, qui se compose de tous les hommes de 32 à 44 ans ; et le landsturm, qui se compose des hommes de 17 à 50 ans qui n'ont été incorporés ni dans l'élite ni dans la landwehr, ou qui en sont sortis pour divers motifs. Le landsturm, en règle, ne peut être appelé à faire du service hors du pays, ni même hors de son territoire de division. En 1887, l'Assemblée fédérale vota une loi qui plaçait ce dernier en cas de guerre sur le même pied que l'élite et la landwehr. C'est un privilège qu'il ne possédait pas auparavant [1].

La force de l'armée suisse, sans y comprendre le landsturm, dont l'organisation n'est pas encore complète, s'élève à 206,335 hommes.

---

[1] C'est-à-dire qu'il doit désormais être considéré comme belligérant. La nouvelle loi d'organisation du landsturm date du 4 décembre 1886 et le règlement d'exécution du 5 décembre 1887. Le landsturm comprenait au 1er janvier 1889, *Landsturm armé :* fusiliers 70,035, carabiniers 8,438, artillerie de position 3,425, soit 81,868 officiers, sous-officiers et soldats. — *Troupes auxiliaires :* pionniers 98,083, ouvriers des établissements militaires 14,535, troupes sanitaires 9,129, service des subsistances 8,820, service des transports et des estafettes 12,188, troupes de dépôt, pompiers, police, service de bureau 38,263. Total général, 262,766 hommes. H. L.

Elle se compose de :

	Elite	Landwehr	Total
Corps d'état-major	63	12	75
Infanterie	90,183	63,243	153,426
Cavalerie	2,801	2,693	5,494
Artillerie	18,628	10,363	28,991
Génie	7,460	2,311	9,771
Troupes sanitaires	4,990	1,765	6,755
Officiers judiciaires [1]	71	—	71
Secrétaires d'état-major	20	—	20
Troupes d'administration	1,404	328	1,732
	125,620	80,715	206,335

Le nombre des recrues examinées en 1886 a été de 30,323, et ce chiffre représente à peu près exactement le total des hommes qui deviennent chaque année propres au service militaire [2].

L'énorme disproportion que l'on remarque entre l'infanterie et la cavalerie est due au fait que cette dernière arme ne pourrait guère être employée que pour le service de reconnaissance et d'exploration. Il est permis de douter, dans un pays aussi fermé que l'est la Suisse, de l'utilité d'une nombreuse cavalerie. De plus, on ne doit pas oublier que toute la stratégie suisse doit se borner à une campagne défensive, dans

---

[1] Cette institution est particulière à la Suisse. Ces officiers exercent, d'après le grade qu'ils occupent, les fonctions de présidents de cours martiales ou d'auditeurs militaires dans les causes d'offenses graves aux règlements militaires. F. O. A.

Le 1er janvier 1890 est entrée en vigueur la loi fédérale qui supprime les derniers vestiges de la souveraineté cantonale en matière de juridiction militaire. Dorénavant, il n'y aura plus qu'une seule justice militaire : celle de la Confédération ; elle s'étend à toutes les troupes et à tous les hommes qui sont au service, cantonal ou fédéral ; elle s'étend de même aux fonctionnaires et employés des administrations militaires même cantonales. C'est un pas important dans la voie de la centralisation militaire définitive et complète. H. L.

[2] Le nombre d'hommes déclarés impropres au service est encore assez grand. En 1887, 52 %, en 1888, 52,3 % des hommes de la classe ont été déclarés propres au service. H. L.

laquelle les opérations militaires se passeraient dans les vallées étroites et sur les montagnes si bien connues des troupes.

L'article 8 de la Constitution déclare que la Confédération a seule le droit de déclarer la guerre et de conclure la paix, ainsi que de faire avec les Etats étrangers des alliances et des traités. Le pouvoir exécutif est exercé par le département fédéral militaire. Pour lui faciliter l'accomplissement de sa tâche, le chef de ce département a sous ses ordres douze chefs de service. Le Conseil fédéral nomme les officiers de l'état-major général, qui se compose, *en temps de paix*, de trois colonels, seize lieutenants-colonels ou majors, et trente-cinq capitaines. Le chef du bureau de l'état-major est placé en temps de paix à la tête du corps de l'état-major général. Il est nommé pour 3 ans et peut être renommé. Le bureau d'état-major à Berne est divisé en deux sections distinctes : le bureau lui-même qui est immédiatement sous la direction du chef de l'état-major général, et la section des chemins de fer (voir plus haut), qui se compose de 19 officiers de rangs différents. Depuis 1879, le Département fédéral militaire a eu à sa tête le colonel Hertenstein, président de la Confédération pour 1888, dont la mort prématurée, arrivée le 27 novembre de la même année, a fait perdre à la Suisse un administrateur habile et distingué. Il a été remplacé par le colonel Hauser, de Zurich.

Aussitôt que la mise sur pied de plusieurs divisions de l'armée est à prévoir (en cas de guerre ou de garde de la frontière), l'Assemblée fédérale nomme le général qui exerce le commandement en chef jusqu'au licenciement des troupes. Le seul officier général actuellement en service dans l'armée suisse est le général Herzog, qui commanda l'armée en 1871, au moment où les troupes du général Bourbaki entrèrent en Suisse. Il conserve encore son grade tout en faisant le service de colonel. Pour pouvoir être admis dans le corps d'état-major général, un officier doit suivre, à l'école d'état-major général, un premier cours de dix semaines, y compris un service de reconnaissance de deux semaines pour les lieutenants et capitaines ; un second de six semaines, y compris un service de reconnaissance de deux semaines pour les capitaines et majors de l'état-major général qui ont suivi le premier cours avec succès. Il n'y a pas d'école d'état-major permanente : en Suisse, l'instruction militaire pour les officiers aussi bien que pour les soldats, assume une forme temporaire et consiste en cours donnés à intervalles réguliers auxquels tous les officiers sont obligés d'assister ; ce système d'instruction est en fait un des caractères les plus remarquables de l'organisation militaire suisse. Pour assurer l'uniformité complète dans l'instruction de l'armée, on a établi un corps de 187 instructeurs de grades différents et représentant toutes les armes. Les membres de ce corps sont de fait presque les seuls officiers de l'armée suisse qui reçoivent un traitement permanent.

Les recrues sont envoyées directement à une des « écoles de recrues » qui se tiennent dans les villes suivantes :

Infanterie Ire division, Lausanne.
» IIme » Colombier.
» IIIme » Berne.
» IVme » Lucerne.
» Vme » Aarau et Liestal.
» VIme » Zurich.
» VIIme » St-Gall.
» VIIIme » Coire et Bellinzone.

Cavalerie, Berne, Zurich et Aarau.
Artillerie, Thoune, Zurich, Frauenfeld, Bière.
Génie, Brugg et Liestal.

Troupes d'administration, Thoune.
    »   sanitaires, Bâle.

Les recrues sont d'abord envoyées à l'une de ces places d'armes pour une période de temps qui varie de 45 à 80 jours (45 pour l'infanterie, 80 jours pour les guides et les dragons, 55 jours pour l'artillerie, 50 jours pour les troupes du génie, 5 semaines pour les troupes sanitaires, mais ces dernières doivent avoir reçu au préalable l'instruction militaire préparatoire nécessaire au service d'infanterie comme aussi d'ailleurs les troupes d'administration) puis elles sont versées dans l'une des armes. A l'exception de la cavalerie, qui est appelée chaque année à faire un cours de répétition de dix jours, les autres armes ne sont appelées que tous les deux ans à faire un cours de répétition : de 16 jours pour les soldats d'infanterie, qui dans les années où ils n'ont pas d'autre service militaire sont tenus de prendre part à des exercices de tir, soit comme membres de sociétés particulières, soit dans des réunions organisées spécialement dans ce but; de 18 jours pour les batteries de campagne, de 14 jours pour les bataillons du train, et de 16 jours pour ceux des autres unités; de 16 jours pour le génie, de 4 semaines pour les troupes sanitaires.

D'après le système actuel, un soldat d'infanterie suisse fait le service suivant pendant les dix années qu'il sert dans l'élite :

1re année 45 jours comme recrue.
3me »   16 »   comme soldat déjà instruit.
4me »   16 »   »   »
6me »   16 »   »   »
8me »   16 »   »   »
10me »   16 »   »   »
Total : 125 jours [1].

[1] Si le temps que l'on consacre en Suisse à l'instruction militaire est

La taille requise est de 156 centimètres. Le développement du périmètre du thorax doit être au moins égal à la moitié de la longueur de l'homme et en tout cas jamais moindre de 80 centimètres. La hauteur moyenne des recrues en Suisse est d'environ 1 mètre 60 centimètres. Les recrues qui n'ont pas atteint, à l'âge de 20 ans révolus, la hauteur de 154 centimètres sont définitivement exemptées du service militaire, à moins que leur profession ou leur métier ne les rendent particulièrement aptes à faire du service dans les troupes d'administration, ou comme tambours, clairons, armuriers, ou autres ouvriers militaires, auquel cas ils sont appelés à servir en cette qualité si leur taille atteint 5 pieds et $^5/_8$ d'un pouce. Chaque recrue doit passer un examen devant un expert pédagogique, lequel est membre de la commission de recrutement. Cela permet aux autorités de connaître le degré d'instruction de ces jeunes gens et les guide dans le choix des corps où il faut les verser. Cet examen comprend des questions d'arithmétique, de géographie et d'histoire suisse et l'on ne peut trouver de meilleure preuve du très haut niveau de l'éducation en Suisse que le fait qu'en 1885, 0,3 % seulement des recrues étaient illettrées[1]. Les illettrés doivent suivre un cours spécial à l'école des recrues, et la petite humiliation qui en résulte vis-à-vis de leurs camarades

---

exceptionnellement court comparé aux années d'exercice des armées permanentes, il est complètement rempli ; pas une heure perdue, pas une fatigue épargnée, pas une branche négligée ; les exercices de tir, les théories, les manœuvres alternent sans interruption et à la fin de son école de recrues, le jeune soldat est en mesure de remplir intelligemment son devoir. Les cours de répétition qui font suite à l'école de recrues rafraîchissent la mémoire, complètent les connaissances et entretiennent chez le soldat suisse les aptitudes que son service réclame et à notre avis ce dernier vaut largement les soldats de n'importe quelle armée européenne, malgré les années passées à la caserne.   H. L.

[1] C'est le canton du Valais qui fournit le plus grand nombre de recrues illettrées.   H. L.

produit un excellent effet sur le développement de l'instruction dans les classes inférieures.

Avant d'entrer au service, la recrue suisse a déjà reçu une certaine éducation militaire. Elle n'a plus, comme les recrues d'autres pays, à passer la meilleure partie de son temps à entendre un caporal instructeur lui répéter pendant des heures gauche, droite, gauche, droite. L'école du village a été sa première école militaire, c'est là qu'elle a reçu les premiers éléments de la gymnastique militaire, qu'elle a appris l'exercice et l'école de peloton; aussi quand il reçoit son livret de service le soldat suisse est-il déjà bien mieux préparé à la discipline militaire que ne le sont en général les recrues des autres pays. Les tirs fédéraux — qui ont lieu en règle générale tous les deux ans — et qui ont été si généreusement et si intelligemment encouragés par le gouvernement, les tirs cantonaux et les nombreuses sociétés de tir cantonales et communales que l'on rencontre en Suisse ont, en faisant de l'exercice du tir à la cible une sorte de passe-temps national, puissamment contribué à faire des soldats suisses des tireurs de premier ordre. Les dimanches et jours de fête on peut voir des militaires de tout grade, depuis la recrue entrée hier au service jusqu'au major-commandant, se réunir au Schützenplatz (tir) de leur commune et passer volontairement leurs après-midi à perfectionner leur tir. Il y a dans le tireur suisse quelque chose du soldat-sportsman, si nous pouvons nous exprimer ainsi, ce n'est pas pendant son temps de service seulement qu'il a acquis la grande habileté qui le distingue : c'est surtout dans ces exercices de tir volontaire que l'on a heureusement su développer et utiliser pour améliorer l'instruction du soldat sous ce rapport. Tout Suisse est d'ailleurs obligé de tirer réglementairement 30 balles par an: s'il ne remplit pas cette obligation à une réunion de tir cantonal, il doit suivre un cours de 3 jours sous la surveillance du corps d'instruction [1].

Les officiers des troupes cantonales sont nommés par le Conseil d'Etat ou l'autorité qui y correspond dans chaque canton, sur la recommandation du directeur du département cantonal militaire et après avoir passé avec succès par les écoles requises d'instruction. La nomination du grade de lieutenant à celui de premier lieutenant [2] a lieu suivant les besoins et d'après l'ancienneté; celle du grade de lieutenant en premier à celui de capitaine et celle du grade de capitaine à celui de major (commandant de bataillon), a lieu, sur la production d'un certificat de capacité et en tenant uniquement compte des aptitudes, sans avoir égard au temps de service. Ces certificats sont délivrés par les instructeurs en chef de l'arme; pour l'infanterie et les carabiniers de concert avec le capitaine s'il s'agit de la promotion au grade de premier lieutenant; s'il s'agit de la promotion au grade de capitaine, après avoir pris l'avis du commandant de bataillon; s'il s'agit de la promotion au grade de major, après s'être entendu avec le commandant du régiment; pour les autres armes, avec l'assentiment des unités sous les ordres desquels les capitaines à nommer sont placés. Les officiers suisses, sauf ceux qui appartiennent au corps des instructeurs, à l'état-major général et quel-

---

[1] Beaucoup de villes suisses possèdent des corps de cadets. On en trouve aujourd'hui dans 13 cantons. Cette institution date de 1789 ; le canton d'Argovie fut le premier qui en eut. Ces enfants, organisés militairement, ont fait leurs preuves en 1798 et 1799 et l'orphelinat de Berne, formé de 40 enfants organisés en corps militaire, prit part à la défense de la ville. Plusieurs villes ont cessé d'encourager cette institution, mais elle semble cependant avoir pour le moment un regain de popularité. Tous les ans les cadets sont soumis à une inspection générale et la réunion, qui a eu lieu en 1889 à Aarau, en comptait plus de 4,000, qui ont fort bien manœuvré. H. L.

[2] Le grade de lieutenant en Suisse est l'équivalent du sous-lieutenant en France. H. L.

ques autres encore, ne reçoivent de traitement que pendant la courte période pendant laquelle ils sont appelés sous les armes pour leurs cours de répétition.

On peut dire que, en moyenne, le soldat d'infanterie suisse doit faire de 350 à 360 jours de service dans les différentes écoles de recrues et d'instruction, soit environ huit ans de service, avant de recevoir son brevet de capitaine. C'est beaucoup moins, par exemple, qu'un officier des milices anglaises. Un des plus grands défauts des armées citoyennes, le point peut-être le plus faible de leur organisation, est la difficulté que l'on éprouve d'obtenir des officiers réellement instruits et connaissant à fond leur métier. Plus le soldat est intelligent, plus les capacités de ceux qui les commandent sont mises à une dure épreuve ; de plus, comme les périodes d'instruction sont nécessairement courtes, les officiers doivent absolument, pour tirer le meilleur parti possible du temps pendant lequel les hommes sont sous les armes, être entièrement au courant de leurs devoirs. Les Suisses comprennent mieux que personne ce grand défaut de leur organisation militaire et sont tout les premiers à le reconnaître. Année après année, l'on retrouve, dans les rapports de gestion du département militaire, la même plainte au sujet de la difficulté d'obtenir des officiers réellement compétents et aptes à se rendre utiles. On lit dans le rapport de gestion pour 1886 : « Notre population n'est simplement ni assez riche ni assez forte en hommes pour livrer autant d'officiers réels que notre organisation militaire l'exige maintenant [1]. »

Le soldat suisse ne reçoit de solde qu'en service actif ou quand il suit ses cours de répétition. Le général en chef de l'armée suisse en temps de guerre ne

---

[1] On essaie aujourd'hui de remédier à cet inconvénient en **augmentant la durée du service des officiers.**   H. L.

toucherait que 50 francs par jour; le simple soldat 80 centimes. Les officiers pas plus que les soldats ne reçoivent de pension à la fin de leur temps de service, à moins qu'ils n'aient été blessés ou aient contracté des infirmités au service. Si un soldat meurt sur le champ de bataille ou s'il meurt de blessures ou d'une maladie contractée pendant qu'il était sous les armes, sa famille a droit à une indemnité, s'il est prouvé qu'il n'avait pas d'autres moyens d'existence que son travail. Il est presque inutile de dire qu'aucun membre de l'armée fédérale ne peut recevoir d'un gouvernement étranger ni titres ni décorations.

L'arme de la cavalerie, quoiqu'elle ait à faire un cours annuel de répétition au lieu d'un cours biennal comme cela existe pour l'infanterie, est l'arme la plus populaire dans l'armée suisse en raison sans doute des très grands avantages que le gouvernement fait aux recrues. Comme la façon dont s'opère la remonte est tout à fait particulière à la Suisse, nous pensons qu'il sera d'autant plus utile d'entrer ici dans certains détails de ce système que cette question est actuellement à l'étude dans plusieurs pays d'Europe.

Les chevaux de cavalerie sont généralement achetés en Hongrie et en Allemagne par une commission de remonte composée de l'instructeur en chef de la cavalerie, de deux vétérinaires et d'un autre officier choisi pour tenir la comptabilité. Les chevaux sont ordinairement âgés de 4 ans et leur prix ne doit pas dépasser 1,500 francs. Après leur achat, les chevaux sont envoyés aux dépôts fédéraux de Zurich, Aarau et Berne, où ils sont dressés comme chevaux de selle et de trait et vendus aux recrues de cavalerie qui en ont besoin. Les recrues, au moment où elles entrent en service, ont le droit de choisir volontairement l'arme de la cavalerie, mais dans ce cas, chaque recrue doit être pourvue d'un cheval et si, au moment de son entrée au corps, elle n'en possède pas un, réunissant les conditions requises, elle devra s'en procurer un des dépôts du gouvernement aux conditions exigées par l'ordonnance du 19 janvier 1883. Les chevaux sont vendus aux recrues aux enchères, mais quel que soit le prix auquel l'animal ait été adjugé, l'Etat prend à sa charge la moitié du prix auquel il a été taxé; l'autre moitié et l'enchère sont payées par la recrue, qui de plus reçoit, à la fin de chaque année de service, un dixième du prix qu'il a payé, de sorte qu'au bout de ses dix ans de service, la somme entière lui est restituée et le cheval devient sa propriété. Tant que le cavalier est au service de la Confédération, le cheval reste toujours à la disposition de cette dernière, quoiqu'il ne soit, en fait, réquisitionné que pendant les cours annuels de répétition et que tout le reste du temps il soit gardé et entretenu aux frais du cavalier, qui est obligé, sous sa responsabilité, de le tenir en bonne condition. S'il arrive qu'un cheval devienne impropre au service, une enquête est faite immédiatement par une commission gouvernementale qui décide si ce résultat est dû à un manque de soins ou à une négligence coupable, ou a été causé par un accident ou par l'usage ordinaire. Dans le premier cas, le cavalier est mis à l'amende ou bien perd le montant de ce qu'il a payé pour le cheval qui est retenu par l'Etat et il est obligé de se pourvoir d'un autre cheval. Ce système, qui n'a été mis en vigueur que récemment en Suisse, a donné jusqu'à présent d'excellents résultats. Tout cavalier a naturellement intérêt à conserver son cheval en aussi bon état que possible puisqu'il doit devenir sa propriété aussitôt que son terme de service dans l'élite est achevé. Les officiers montés de toutes armes sont tenus de fournir leurs propres chevaux. Les chevaux de trait, y compris ceux nécessaires à l'artillerie de campagne, sont loués en temps de paix et en temps de guerre, la Confédération a le droit de disposer de tous les chevaux qui se trouvent sur le territoire suisse. Si en prévision d'une grande mise sur pied il n'était plus possible aux cantons ou à la Confédération de se procurer les chevaux nécessaires par contrat, ou que cela ne pût se faire qu'au prix de dépenses considérables, le Conseil fédéral est tenu de décréter une « mise de piquet » de tous les chevaux. La « mise de piquet » étant décrétée, nul ne peut dès le jour où elle a été publiée, se défaire sans la permission des autorités militaires fédérales, des chevaux qui sont en sa possession, qu'ils lui appartiennent en propre ou qu'ils soient la propriété d'un tiers (sous peine d'une amende qui peut s'élever jusqu'à 500 fr.). La Confédération fait alors procéder à une expertise de tous les chevaux, à la suite de laquelle l'interdiction de vente doit être levée pour ceux qui ont été reconnus impropres au service (et qui seraient achetés pour la plupart par ceux dont la Confédération a réquisitionné les chevaux). Le gouvernement suisse peut disposer actuellement de suffisamment de chevaux pour la complète mobilisation des huit divisions de l'élite.

L'infanterie de l'élite et quelques-unes des plus jeunes classes de la landwehr sont armées du Vetterli, un fusil à répétition (contenant 12 cartouches) du calibre de 10,4 millimètres. On ne peut plus considérer cette arme comme une des meilleures qui existe. En règle, les mêmes munitions sont employées dans les différentes branches du service. L'armement du landsturm n'est pas encore complété, mais quelles que soient les armes dont les troupes se servent, qu'elles leur appartiennent en propre ou qu'elles appartiennent à l'Etat, elles doivent être du même calibre que le Vetterli. Il est question de l'introduction dans l'armée d'un nouveau fusil à répétition du calibre de 7,5 millimètres [1].

Quant aux fortifications du pays, il existe quelques vieux ouvrages à Luziensteig (Grisons), St-Maurice (Valais), et Aarberg (Berne), mais ces travaux n'ont pas grande valeur. Les travaux de défense que l'on construit en ce moment à Airolo pour la défense de la ligne du St-Gothard auront, lorsqu'ils seront achevés, une importance stratégique très grande pour les opérations du côté de l'Italie [2].

Il n'est personne connaissant un peu la Suisse qui n'ait remarqué l'attention extrême que l'on apporte dans les plus petits détails de l'organisation de chaque département. C'est surtout dans la question de la mobilisation de l'armée que cela se fait voir. En 1871, quand l'organisation militaire de la Suisse était loin de valoir ce qu'elle vaut aujourd'hui, près de 20,000 hommes, pris dans toutes les parties de la Suisse, furent envoyés pour garder la frontière du côté de la France. Aujourd'hui, grâce à l'expérience acquise, et grâce aussi au développement donné dans ces dernières années au système des chemins de fer, on peut affirmer que la centralisation des troupes sur un point donné du territoire se fera avec une facilité bien

---

[1] Le gouvernement fédéral vient d'adopter pour l'armement de l'armée suisse un nouveau fusil de petit calibre dont l'inventeur est M. le lieutenant colonel Schmidt, directeur de la manufacture d'armes, à Berne. Malgré les critiques dont elle a été l'objet, cette arme, plus légère que le Vetterli et plus facile à manier, semble être une des meilleures que l'on ait inventée jusqu'à présent. Elle est destinée à l'élite et à toute la landwehr. Le landsturm sera armé des Vetterlis actuellement en usage.

[2] Le fort Fondo del Bosco près d'Airolo, le principal point de défense du tunnel du St-Gothard, est complètement achevé et d'autres travaux ont été jusque dans ces derniers temps poussés avec activité. Les forts d'Andermatt, d'Oberalp et de la Furka sont en construction. Le budget fédéral pour 1890 prévoit pour ces travaux une somme de 3 millions.

H. L.

plus grande qu'au temps de la guerre franco-allemande [1].

Le soldat suisse conserve chez lui son équipement, son fusil, son havre-sac et sa capote et il faut reconnaître que tout homme tient à cœur d'entretenir tout cela en bon état, prêt à subir l'inspection à n'importe quel moment. Poussés à la fois par la curiosité et par le désir de vérifier ce que l'on nous avait souvent dit à cet égard, nous sommes entrés dans différents chalets et avons demandé à leur propriétaire de nous montrer ses armes et son équipement, désir auquel il obtempérait à l'instant. Nous avons trouvé chaque fois le tout dans un ordre parfait. L'inspection annuelle des armes est faite extrêmement minutieusement. La moindre tache de rouille trouvée par l'inspecteur fait immédiatement envoyer l'arme chez un armurier, qui la nettoie aux frais du soldat. Rentrer de l'inspection sans son fusil est considéré comme une véritable honte pour le soldat suisse, qui aura non seulement à subir les reproches de tous ses camarades, mais encore les moqueries de tous les gamins du village.

Lorsque le soldat suisse quitte sa maison pour aller faire son service, on peut dire qu'il est absolument prêt à entrer en campagne. L'organisation est si bonne

---

[1] La Suisse est aujourd'hui entièrement à même de mettre sur pied en moins de quinze jours une force de 150,000 hommes pour la défense de ses frontières et l'envahisseur, quel qu'il soit, étant donné la connaissance approfondie du pays, l'excellence du tireur suisse, et le sentiment de patriotisme si grand dans ce pays, aurait affaire à forte partie. Les milices suisses, que l'étranger est naturellement porté à confondre avec les « milices citoyennes » de tous les pays, sont loin d'être une quantité négligeable. La Suisse s'est constamment efforcée de compenser la faiblesse matérielle et morale que des milices tirent de leur constitution propre, en utilisant et en développant avec autant de persévérance que de sagacité, les nombreux éléments de force et de résistance qu'elle trouvait en elle-même ; et elle y a réussi grâce à des traditions et à des aptitudes militaires qu'aucun peuple ne possède au même degré, grâce surtout à un patriotisme et à un amour national à la hauteur de tous les sacrifices. H. L.

qu'il n'a pas même besoin de demander une feuille de route, il entre dans le premier train pour rejoindre sa destination. En cas de mobilisation de l'armée, la Confédération a le droit de disposer entièrement des chemins de fer, comme elle a déjà le contrôle exclusif du système télégraphique. A la première alerte, le fil télégraphique irait lancer l'ordre à chaque soldat, depuis le paysan perdu dans la vallée jusqu'au soldat de ville, de venir se réunir pour la défense de la patrie qu'ils aiment tant.

Le général Trochu a dit un jour : « L'esprit d'une armée est l'esprit même de la nation dont elle sort. » C'est surtout au soldat suisse que cette remarque peut s'appliquer. Un officier anglais de valeur, qui a eu l'occasion de voir de près le soldat suisse et de le juger, disait en parlant d'une des dernières manœuvres de division : « Tout ce qui touche à l'organisation militaire de la Suisse est réellement pratique. Il n'y a rien qui attire l'œil dans l'apparence des troupes suisses, il n'y a rien de cette pompe et de ce brillant que l'on rencontre dans les autres armées : il y a quelque chose qui frappera tout officier qui comprend ce que vaut un soldat : une froide détermination de remplir son devoir envers la patrie et envers lui-même. Rien qu'en regardant le soldat, on sent chez lui le patriotisme calme et résolu qui lui fait braver le danger, et à mon avis, l'armée suisse est une de celles dans lesquelles on pourra avoir confiance au jour de l'épreuve. Cela se sent d'instinct et sans que je puisse me l'expliquer. Je ne me suis jamais trompé quand j'ai eu cette impression. » Ce n'était que confirmer les paroles du général Trochu [1].

---

[1] Nous croyons devoir donner ici une très intéressante et très juste appréciation de l'armée suisse qui a paru tout dernièrement dans le *Temps*, de Paris, d'après le *Spectator*, de Londres.

CHAPITRE XI

L'armée suisse.

Par une rare fortune, l'armée de la Suisse obtient simultanément le suffrage enthousiaste des critiques militaires allemands et français. Les uns et les autres ont de bonnes raisons de savoir ce qu'elle vaut, et il n'y a pas lieu de s'étonner qu'ils arrivent à la même conclusion. La Confédération helvétique montre, en effet, par un exemple saisissant, ce qu'on peut faire, en des circonstances spéciales, avec les ressources les plus modestes. Ce pays relativement pauvre et de faible population est en état de mettre sur pied, du jour au lendemain, deux cent mille soldats ; à peine le voyageur à la recherche de cette armée, parvient-il à en apercevoir la trace. Nous disons *armée*, quoiqu'elle porte à juste titre le nom de *milice*, puisque les hommes dont elle se compose n'ont jamais passé par le service continu et prolongé des troupes régulières ; mais ces hommes n'en sont pas moins de vrais soldats, par la raison qu'à aucun moment de leur vie, si ce n'est dans leur première enfance, ils n'ont cessé de se rompre à la discipline du régiment. Sans avoir d'armée permanente, les Suisses n'en possèdent pas moins des institutions militaires qui font partie intégrante de leur existence de tous les jours ; grâce à des rouages à la fois simples et ingénieux, ils savent si bien tirer de ces institutions tout ce qu'elles peuvent donner, qu'au premier signal une véritable armée sortirait de terre, pour ainsi dire, et serait prête à se battre comme se battaient ses vaillants ancêtres. N'est-ce pas la démonstration triomphante de ce que peuvent l'économie, la bonne organisation, la volonté systématique de tirer d'une force déterminée tout ce qu'elle peut rendre.

Le principe de cet admirable système est le service obligatoire dans la milice. Mais cette obligation, si lourde à porter ailleurs, se change ici en plaisir, car un jeune Suisse serait sincèrement et profondément humilié de se voir classé parmi les non-valeurs militaires. Chaque année fournit donc son contingent de recrues, exercées pendant *six semaines*, c'est-à-dire pendant un laps de temps qui paraîtrait incroyablement court, si l'on ne savait que le conscrit arrive sous les drapeaux préparé par avance aux moindres détails du service, et en particulier au tir, par une éducation spéciale reçue au chef-lieu du canton et de la commune.

Les moindres écoles ont des prix de tir. Le nouveau soldat sait déjà son métier quand il entre dans le rang. Il ne lui reste qu'à montrer à ses chefs le degré d'instruction qu'il a atteint. Dès lors il est appelé une année sur deux à servir pendant seize jours, et après dix ans, il passe dans la réserve. L'artillerie est l'objet de soins spéciaux ; c'est l'arme à la mode, dont les contrôles ont toujours deux ou trois fois plus d'hommes qu'il n'en faut pour les effectifs normaux. En revanche, la cavalerie est insuffisante, par la raison que le conscrit doit fournir son cheval ; mais l'armée helvétique n'en arrive pas moins à réunir trois mille sabres et tous les chevaux nécessaires au service de l'artillerie. On pourrait croire que ces batteries et ces escadrons sont d'ordre inférieur et hors d'état de manœuvrer décemment : ce serait une erreur complète.

Les juges les plus autorisés s'accordent à dire que les cavaliers suisses ne sont pas indignes de leur superbe infanterie, que les artilleurs font preuve d'adresse, de précision et de mobilité. Le côté faible de cette milice est dans ses officiers ; non point certes ceux de l'état-major permanent, qui sont excellents, mais ceux des corps de troupes. Cela n'a rien qui puisse surprendre, quand on sait quelle difficulté les grandes armées trouvent à recruter les leurs. Le fait incontestable et véritablement digne d'attention est que, formées en divisions pour les grandes manœuvres, toutes les armes font très bonne figure. Le phénomène s'explique par deux raisons : la première est dans une aptitude militaire que l'hérédité de plusieurs siècles a cultivée chez les Suisses ; la seconde est dans la règle absolue que s'est faite ce peuple éminemment pratique de ne jamais sacrifier la qualité à la quantité, comme le font toutes les armées qui se chiffrent par millions.

N'omettons point de noter, au surplus, que l'élément volontaire joue de nos jours un rôle important dans ce système et vient s'ajouter aux conscrits. La jeunesse helvétique tient à honneur de payer sa dette à la patrie et se montre toujours prête à répondre au premier appel de l'autorité centrale. Ceux qui sont en état de servir le font volontiers et ceux qui ne le peuvent point trouvent juste de payer la taxe militaire. Aussi longtemps que cet esprit national gardera sa vigueur, aussi longtemps que la Suisse saura entretenir un état-major général véritablement compétent, des officiers-instructeurs et inspecteurs comme ceux qu'elle possède, on la verra arriver aux mêmes admirables résultats. C'est la confiance réciproque de tous ces hommes les uns dans les autres, l'esprit d'intelligente soumission aux règles de la discipline, le vif sentiment du devoir, qui font la force de cette milice. Il ne faut rien de moins pour que ses chefs osent confier à chaque homme la garde de son équipement complet, de ses armes et de ses munitions. Cette circonstance même est à la base de ces mobilisations merveilleuses qui tiennent du miracle tant elles sont rapides, car il suffit d'un ordre, d'une dépêche pour qu'en quelques jours, toute l'armée soit en ligne. Qui a vu de près la mobilisation des meilleures troupes régulières, peut seul savoir ce qu'un tel résultat représente d'atouts au jeu de la guerre, et aussi de bonne organisation centrale, même en supposant chaque homme armé et équipé d'avance. En 1870 — ce n'est pas hier — la Suisse mit en trois jours quatre divisions sur sa frontière du Rhin. Aujourd'hui, ses jeunes troupes, celles qu'on qualifie d'*élite*, seraient sur pied dès le premier jour, et la réserve ne mettrait pas beaucoup plus de temps à entrer en ligne.

L'enfant de dix ans qui aspire au prix de tir de son école, et le vétéran sexagénaire ont tous la même religion au cœur, « la neutralité et l'indépendance du pays. » Voilà ce qui fait de cette milice non pas à coup sûr une armée modèle, mais la plus belle force défensive qui ait jamais existé, et qui la rendra singulièrement redoutable à quiconque essayera de l'entamer.

H. L.

CHAPITRE XII

LA RELIGION

Premiers temps du christianisme. — Les missions irlandaises. — Ulrich Zwingli. — Séparation des cantons catholiques et protestants. — Union des Eglises réformées par Bullinger. — Relations amicales entre Zurich et l'Angleterre. — Jean Calvin à Genève. — Puissance croissante des catholiques. — St-Charles Borromée. — Hostilités entre catholiques et protestants. — La Révolution française. — Tolérance sous la République helvétique. — Interdiction de l'ordre des Jésuites. — La liberté de conscience sous la Constitution de 1874. Force relative des Eglises catholique et protestante. — L'Eglise libre. — Le vieux catholicisme. — L'Eglise catholique romaine de Berne. — Réglementation des processions par les cantons. — L'Eglise nationale réformée de Vaud. — L'assemblée et le conseil de paroisse. — Les conseils de district et le synode. — Conditions requises pour devenir pasteur.

Le christianisme pénétra en Helvétie presque en même temps que dans les Gaules, et comme en Angleterre, ce furent les armes romaines qui l'apportèrent avec elles ou du moins c'est de leur entrée sur le territoire des Salasses que date la première mention authentique que l'on en ait. De Lyon et de Vienne en Dauphiné, il remonta le Rhône jusqu'aux bords du lac Léman; de Milan, il fut apporté dans le pays que l'on appelle aujourd'hui le Valais. On trouve, dans plusieurs endroits de la Suisse, les traces de différentes petites communautés qui s'y seraient établies au IIIme

siècle[1]. L'existence de ces sociétés chrétiennes au IVme siècle, est attestée par la présence, dans les tombeaux et sur les monuments de monogrammes, d'emblèmes chrétiens et de la croix en particulier, emblème de la foi nouvelle.

Mais en Helvétie, comme partout ailleurs, la persécution s'appesantit sur les premiers disciples et les confesseurs du Christ. Quoi qu'en ait dit Eusèbe, on a cru longtemps[2] — on croit encore — que la Légion thébaine (la XXIIe), composée de 6000 chrétiens, subit le martyre dans la vallée des Alpes pennines (le Valais), sous le règne et probablement par les ordres de Maximilien, avec qui Dioclétien, le plus cruel des persécuteurs, avait partagé l'empire. Ce massacre eut lieu à la fin du IIIme siècle ou au commencement du IVme de notre ère. Sion montre un monument élevé en 377 par Ponce Asclépiodote, gouverneur ou préteur de cette contrée avec le monogramme du Christ et l'inscription suivante: « Inspiré par la piété, le préteur Ponce a rebâti ce temple, et beaucoup plus beau qu'il n'était auparavant. Puisse la République toujours trouver de tels hommes[3]. »

La chute de l'empire romain n'amena pas la dispersion des petites communautés chrétiennes qui existaient en Suisse. Elles ne firent au contraire que s'accroître sous la domination des Allemanes, des Burgondes et des Francs. Il est vrai que dans certains districts la cause du christianisme rencontra des persécutions et sembla destinée à ne pas s'étendre davantage. C'est l'histoire de toutes les conquêtes de l'esprit humain. Dans certaines contrées même, la nouvelle foi dispa-

---

[1] On peut citer parmi elles les villes aujourd'hui connues sous les noms de Genève, Avenches, Nyon et Sion. Augst et Vindisch.

[2] Voyez la note à la fin du seizième chapitre de la *Décadence et la chute de l'empire romain*, par Gibbon.

[3] Voyez Daguet, *Histoire de la Confédération suisse*, 7e édit., pages 36 et 38.

rut pour céder la place au paganisme triomphant. Aussi beaucoup d'auteurs ont-ils considéré comme une œuvre d'évangélisation toute nouvelle la mission que les Irlandais envoyèrent dans la Suisse centrale et orientale durant le VIIme siècle. Patrick, le premier missionnaire de l'Irlande n'était pas mort depuis cent ans, dit M. J. R. Green dans son *Résumé de l'histoire du peuple anglais*, que le christianisme irlandais entama, avec un zèle fougueux, la lutte contre le paganisme qui désolait alors le monde. L'un de ces premiers missionnaires fut St-Columban[1], qui avait fait son éducation religieuse sous l'abbé Cumgall, dans le monastère de Bangor près de Belfast, et qui avait vécu en France avec son pupille Gall, homme doué d'un esprit moins entreprenant que le sien, mais qui pouvait prêcher non seulement en latin, mais encore en allemand.

Les deux apôtres passèrent quelque temps à la cour du roi Childebert, puis continuèrent leur voyage vers l'est afin de répandre le christianisme dans les districts de l'Helvétie et de la Rhétie. Leur ferveur à détruire les temples consacrés aux dieux païens et à s'opposer aux sacrifices qui leur étaient offerts, faillit leur coûter la vie. Après cela, St-Columban alla fonder en Italie le monastère de Bobbio, où il devait passer ses derniers jours. St-Gall resta en Suisse et alla s'établir dans une cellule d'ermite qu'il s'était construite, vers 614, sur les bords de la Sitter. Ce fut près de là que s'élevèrent l'abbaye et la ville de St-Gall, nommées d'après ce saint missionnaire que l'on a souvent appelé l'apôtre de la Suisse. Ce fut à peu près à la même époque que les couvents d'Einsiedeln, de Dissentis et de Pfäfers furent fondés. Mais le monastère de St-Gall était sans aucun doute le plus impor-

---

[1] Ne pas le confondre avec St-Columba, qui en 546, à l'âge de 42 ans, quitta l'Irlande pour aller fonder le monastère de Jona.

tant de tous, et pendant le règne des rois francs, l'abbaye de St-Gall, qui avait d'ailleurs été fondée sous les auspices de Pepin de Herstal, devint l'un des plus grands centres d'instruction de leur vaste royaume. L'hospice du Grand-St-Bernard ne fut fondé, dit-on, que plus de deux siècles plus tard, en 962, par le Savoyard St-Bernard de Menthon.

Pendant les siècles qui précédèrent la Réformation, les relations entre les prêtres et le peuple furent les mêmes en Suisse que celles qui existaient en Allemagne et en Italie entre clercs et laïques, et l'Eglise vécut de la même vie. Ce furent des motifs identiques et un incident pareil, la vue des maux qui résultaient pour leur pays des scandaleuses ventes d'indulgences, qui, presque à la même époque, poussèrent en Allemagne Luther et Zwingle en Suisse, à porter les premiers coups au catholicisme romain, excitèrent leur indignation et les armèrent contre Rome.

Le premier réformateur suisse fut Ulrich Zwingle, né en 1484, à Wildhaus dans ce qui est aujourd'hui le canton de St-Gall. Il fit, en 1512-15, en qualité de chapelain, la campagne de Lombardie, entreprise par le célèbre cardinal Schinner contre la France et reçut en récompense du pape une pension qu'on lui retira d'ailleurs en 1517, quand il eut commencé à prêcher l'Evangile. Deux ans plus tard il fut élu pasteur de la cathédrale de Zurich. Sur beaucoup de points il était d'accord avec Luther et les autres réformateurs allemands[1], mais en matière liturgique sa réforme était plus d'accord avec les principes de la Bible; il n'admettait pas davantage la doctrine de la présence réelle dans la communion. Dans le but de faire cesser si

---

[1] J'ai commencé, disait Zwingle, à prêcher l'Evangile en l'an de grâce 1516, c'est-à-dire à une époque où le nom de Luther n'avait jamais été entendu dans ces contrées. Ils n'avaient pas tardé cependant à se mettre en relations. H. L.

possible ces dissensions, le landgrave Philippe de Hesse arrangea, à Marbourg, du 1er au 3 octobre 1529, une conférence entre Luther et Zwingle, assistés, chacun, de leurs principaux partisans, mais elle n'aboutit pas à leur réconciliation. Zwingle était un réformateur social et politique plutôt qu'un théologien : un soldat plutôt qu'un prêtre. C'est ainsi qu'il demandait la suppression des subsides payés par les souverains étrangers aux fonctionnaires de certains cantons chargés de défendre leurs intérêts auprès de ces cantons. C'est ainsi aussi qu'il s'efforça d'organiser une « ligue confessionnelle » qui devait comprendre non seulement des villes étrangères, mais même certaines des grandes puissances voisines. Mais ce projet rencontra une opposition des plus violentes de la part des cantons qui craignaient avec raison de voir diminuer l'importance de la Confédération si ce projet venait à se réaliser. Pour arriver aux résultats qu'il se proposait, Zwingle prit deux fois les armes contre ses propres compatriotes, sans se rendre compte de l'opposition qu'il rencontra bientôt. Il ne comprit pas que cette opposition lui venait du peuple même (et spécialement des populations des cantons forestiers) et non seulement comme il le croyait, des classes officielles dont le succès de ses réformes devait diminuer la position et l'influence. Sa carrière se termina en 1531, à la seconde bataille de Kappel, où il périt avec nombre de ses compagnons[1]. La ville de Zurich a élevé, il n'y a pas bien longtemps, une statue au réformateur qu'elle considère avec fierté parmi ses enfants. Zwingle est représenté tenant d'une main un sabre et de l'autre une bible ; il regarde dans la direction d'Einsiedeln, où il avait accepté d'être pasteur pendant quelque temps (1516).

Ce fut en 1528 que la séparation devint définitive en Suisse entre réformés et catholiques : tout bien

[1] Voyez chapitre Ier.

considéré, ce ne fut guère qu'une séparation de gens de différente race et de différente langue et son influence ne dépassa pas la limite de certains cantons ou de certaines communes. Nous n'essayerons pas de chercher la raison pour laquelle quelques-uns d'entre eux se déclarèrent protestants tandis que leurs voisins restaient attachés à la foi catholique. Il nous suffira de dire que, dans quelques cas, l'influence de la noblesse ne fut pas étrangère à cette volte-face, tandis que dans d'autres la foi nouvelle fut imposée au reste de la population par une majorité puissante. Tel fut le cas de Berne, par exemple, qui envoya des troupes dans l'Oberland pour forcer les gens de ce pays à embrasser les doctrines nouvelles. Ce fut surtout dans les villes et les cités que la Réforme fit les plus rapides progrès ; dans les cantons forestiers, au contraire, le peuple resta fidèle à ses anciennes croyances, auxquelles il adhère encore aujourd'hui. Dans les villes et les districts populeux, la partie illettrée du clergé donna plus d'une fois lieu à de tristes scandales, mais il n'en fut pas ainsi dans les districts ruraux de la Suisse, où rien ne venait distraire le prêtre des soins qu'il devait à ses paroissiens, dont il était généralement aimé et estimé.

Après la mort de Zwingle, son ancien pupille, Henry Bullinger, homme d'une énergie et d'une activité indomptables et tout à fait remarquable par son talent d'organisation, reprit son œuvre. Il réussit à établir une union entre les différentes branches de l'Eglise réformée, non seulement en Suisse, mais aussi dans d'autres pays, et bientôt Zurich regorgea de réfugiés anglais, français, allemands, italiens, hongrois, polonais qui venaient y chercher non seulement des avis et des conseils, mais aussi une protection efficace et des moyens d'existence. Pendant la réaction catholique qui se produisit sous la reine Marie d'Angleterre, de nombreux Anglais profitèrent de l'hospitalité qui leur était si généreusement offerte par les Zurichois. Les Eglises réformées d'Angleterre et d'Ecosse suivaient avec un intérêt tout particulier le mouvement religieux qui s'opérait en Suisse et pendant cette période les relations les plus amicales s'établirent entre Zurich et l'Angleterre[1]. L'infortunée Jane Grey correspondait avec Bullinger et l'on conserve plusieurs de ses lettres à la Bibliothèque publique de Zurich. A cette époque également, beaucoup de Zurichois allèrent suivre les cours de l'université d'Oxford, tandis que nombre d'Anglais venaient achever leur éducation à Zurich[2]. Parmi ceux qui vinrent chercher à Zurich un refuge contre les persécutions de la reine Marie, il faut citer trois jeunes gens qui devaient devenir plus tard évêques: Jean Parkhurst, évêque de Norwich, Jean Jewel, évêque de Salisbury, et Robert Home, évêque de Winchester. Ils demeurèrent, pendant leur séjour à Zurich dans la *Chorherrenstube* de la cathédrale. A leur rentrée en Angleterre lors de l'accession au trône de la reine Elisabeth, ils envoyèrent à leurs hôtes une certaine somme d'argent en les priant de l'employer à l'achat d'un souvenir, non seulement en reconnaissance du bienveillant accueil qu'ils avaient trouvé auprès d'eux, mais comme preuve des excellentes relations qu'ils avaient entretenues ensemble. On en acheta trois coupes d'argent qui portent les dates de 1563, 1564 et 1565 et que l'on conserve encore religieusement à Zurich.

Les progrès de la Réformation dans la Suisse occi-

[1] Voyez les lettres originales relatives à la Réformation en Angleterre, tirées en grande partie des archives de Zurich et publiées par la *Parker Society*.

[2] Ils appartenaient à l'école la plus avancée des réformateurs et en rentrant en Angleterre, ils firent une active opposition contre l'usage continuel du surplis dans les rites de l'Eglise d'Angleterre, ainsi que contre l'habitude de s'agenouiller à la communion.

dentale sont indissolublement liés au nom du Français Guillaume Farel, qui avait fui la persécution de François Ier et que le gouvernement bernois envoya en 1518 prêcher la Réforme d'abord dans le pays de Vaud puis plus tard à Genève. Prédicateur plus brillant qu'administrateur habile, Farel joua cependant un rôle important dans la Réformation. La conquête du pays de Vaud par les Bernois, qui s'empressèrent d'abolir l'évêché de Lausanne, et l'arrivée de Jean Calvin à Genève vinrent hâter les progrès de la Réforme dans cette partie du pays. Allant de Savoie à Bâle, Calvin fut contre sa volonté, retenu « au nom de Dieu » par Guillaume Farel, qui lui persuada de rester à Genève et de l'aider dans son œuvre hasardeuse, et Calvin céda à sa voix. Il proposa d'établir sur la frontière de France, d'Italie et de Suisse une théocratie qui serait pour les réfugiés de chacun de ces pays une sorte de « quartier général religieux » si l'on nous permet d'employer ce terme. Genève devait être ainsi, non plus la capitale d'un petit Etat à demi indépendant, mais le siège d'une alliance internationale. Ce changement ne pouvait cependant être introduit qu'avec l'aide des réfugiés qui arrivaient nombreux de toutes parts, ajoutant ainsi un élément important et parfaitement distinct à la population de Genève. Malgré des difficultés presque insurmontables, malgré une opposition acharnée de quelques-unes des vieilles familles genevoises, Calvin réussit à établir un état de choses qui devait durer tel qu'il l'avait créé pendant plus de 200 ans.

Nous avons déjà parlé des étroites relations qui s'étaient établies entre les habitants de Zurich et les réfugiés anglais qui avaient fui les persécutions de la reine Marie; les mêmes relations s'établirent bientôt entre Calvin et Théodore de Bèze, qui devait devenir son coadjuteur le plus habile, et les réformés écossais, parmi lesquels le nom de John Knox est particulièrement associé avec Genève. Les Eglises de Calvin et de Knox avaient beaucoup de points de ressemblance et pour citer les mots du professeur Dr Vögelin : « Chacun d'eux avait une croyance inflexible dans la lettre même du christianisme, une orthodoxie exclusive, et un inexorable esprit de persécution. » Ce fut Calvin qui fit brûler l'Espagnol Michel Servet, plus connu sous son nom latin de Servetus, comme ce fut à l'instigation de Knox que l'archevêque Sharp fut assassiné à Saint-André. Sans compter les doctrines calvinistes que Knox introduisit dans son Eglise, on trouve encore en Ecosse de nombreux souvenirs de son séjour en Suisse. La « robe genevoise » est encore portée par les prêtres presbytériens et beaucoup des chants en usage encore aujourd'hui furent introduits par Knox dans son choral [1].

Nous allons maintenant montrer le développement graduel de la liberté religieuse en Suisse, depuis les temps de Calvin et de Zwingle, où le principe de la liberté des cultes fut admis pour la première fois, quoique ce ne soit que longtemps après qu'il ait été réellement reconnu et appliqué. Pendant le XVIme siècle, alors que la Suisse était déchirée par les dissensions et les luttes religieuses, les partis signèrent entre eux quatre traités différents où ce principe était plus ou moins admis. Ces traités ont reçu le nom de « paix nationales » *(Landfrieden)* [2].

Le premier, qui vint prévenir une guerre ouverte, fut signé à Steinhausen, dans le canton de Zug, le 25 juin 1529. Il contenait une déclaration que personne ne devait être forcé d'adopter une certaine foi ni ne

---

[1] Le *Book of common Order* fut écrit par John Knox à Genève (voyez Vie de John Knox par Mac Crie, 2 vol. 1818). L'opposition si répandue en Ecosse contre l'usage des prières écrites se fit surtout remarquer après la mort de Knox ; on essaye aujourd'hui de réintroduire dans l'Eglise d'Ecosse le livre de prière.

[2] Voyez Dubs, *le Droit public de la Confédération suisse*, 2me partie.

pouvait être persécuté pour ses croyances religieuses. Les cinq cantons catholiques de Lucerne, Uri, Schwytz, Unterwald et Zug devaient être laissés libres de conserver leurs croyances. Quant à ce que l'on appelait les « bailliages communs [1], » administrés à tour de rôle par des baillis protestants et catholiques qui représentaient les cantons souverains auxquels ces bailliages étaient soumis, il fut entendu que la majorité seule des habitants déciderait s'il fallait « conserver la messe ou accepter la parole de Dieu ; » que là où la messe avait été abolie et les images brûlées, rien ne pourrait plus être changé, mais que là où la messe et les autres cérémonies du culte catholique existaient encore, aucun *prédicateur* ne serait installé ; *à moins qu'il n'ait été reconnu par la majorité* et que, quant aux autres changements à introduire, ce serait l'opinion de la majorité qui prévaudrait ; enfin qu'aucun membre d'une communion quelconque ne pourrait faire arrêter et punir un concitoyen à cause de ses croyances religieuses.

Ce traité n'amena cependant point la paix. Beaucoup de protestants pensaient qu'on ne leur avait pas fait de concessions assez grandes, tandis que la plupart des catholiques pensaient qu'on leur en avait trop fait.

Une guerre civile s'ensuivit et la défaite des protestants à Kappel en 1531, défaite où Zwingle trouva la mort, amena une seconde paix qui fut signée à Deinikon, dans le canton de Zug, le 16 novembre de la même année et qui, tout en garantissant au canton de Zurich le libre exercice de sa religion, lui interdisait toute immixtion dans les affaires des quatre cantons forestiers et dans celui de Zug. Les bailliages communs obtinrent aussi soit de conserver le droit de prê-

[1] Territoires qui devinrent sujets des membres de la Ligue après la conquête de l'Argovie en 1415.

che (protestantisme) soit de rétablir la messe (catholicisme) sur le principe d'égalité, comme on l'appela plus tard.

Grâce à leur victoire de Kappel, les catholiques se relevaient rapidement du coup que leur avait porté l'accession de tant de cantons à la Réforme. Ils regagnèrent beaucoup du terrain perdu, spécialement dans les territoires sujets, tels qu'une partie de la Thurgovie et le Tessin et aussi dans ces cantons où les partisans des deux communions étaient divisés plus ou moins également. Mais la régénération intérieure qui s'opérait dans l'Eglise avait une importance beaucoup plus grande que la restauration extérieure qui se faisait peu à peu. Ceci cependant ne s'accomplissait que lentement, grâce à la jalousie que montraient les cantons au sujet de leur souveraineté et leur répugnance à adopter les lois proclamées par le Concile de Trente. Trois événements importants pour les catholiques suisses vinrent les aider à établir des relations avec Rome. Ce furent la politique aggressive de St-Charles Borromée, l'établissement d'une nonciature papale et l'arrivée des jésuites et des capucins. Ces deux derniers événements furent dûs également à l'influence de St-Charles Borromée. St-Charles était archevêque de Milan et ses efforts pour la restauration du catholicisme et l'extirpation de l'hérésie dans les bailliages italiens du Tessin et dans la Valteline, province sujette des Grisons furent couronnés de succès. Il fonda le collège suisse à Milan pour l'instruction de la théologie, et cet établissement, qui existe encore aujourd'hui, fut un des moyens les plus puissants pour répandre dans toute la Confédération la doctrine de la nouvelle et plus stricte école catholique. Borromée était un organisateur politique de premier ordre et la ligue Borroméenne, ou ligue d'Or, qui fut signée en 1586 et par laquelle les sept cantons catholiques s'entendirent pour une alliance défensive, ne fut due qu'au zèle et à l'activité que ce prélat déploya dans cette circonstance. De cette union sortirent de nombreuses alliances dont la plus célèbre fut peut-être celle conclue avec le roi Philippe II d'Espagne, qui comme duc de Milan, promettait son appui dans le cas d'une guerre religieuse.

Peu d'années devaient s'écouler avant que la haine féroce et la jalousie politique qui existaient alors en Suisse entre protestants et catholiques ne fussent cause d'une nouvelle lutte. Sans entrer ici dans les détails des événements qui signalèrent la première moitié du XVIIme siècle, nous en arriverons à la troisième paix nationale qui fut signée à Baden en Argovie le 23 janvier 1656, après la défaite des Bernois à la première bataille de Villmergen par les confédérés catholiques. Le principe fut désormais admis que, en ce qui concernait les bailliages communs, s'il s'élevait un doute sur la question de savoir si telle ou telle affaire relevait des lois fédérales, et spécialement en matière religieuse, on aurait recours à des tribunaux composés par parties égales de protestants et de catholiques. On décida une fois de plus que chacun serait libre d'embrasser la foi qui lui conviendrait. C'était le premier pas réel vers la liberté religieuse individuelle.

Mais comme il n'y avait pas d'arbitres dans ces tribunaux et que catholiques disaient oui, tandis que protestants disaient non, on n'arriva naturellement à aucun résultat pratique.

La lutte continua le siècle suivant et après la défaite des catholiques à Villmergen le 25 juillet 1712, la quatrième paix nationale fut conclue à Aarau en Argovie le 11 août suivant. On reconnut le principe que dans les bailliages communs, chaque communion serait traitée sur un pied de parfaite égalité. Il y avait nombre d'autres articles parmi lesquels celui qui déclarait que les membres d'une communion ne pourraient être contraints à participer aux frais de l'autre. Il était clair que le but que se proposaient les deux partis était d'établir une ligne de démarcation bien marquée entre les deux communions et de garantir des droits égaux à chacune d'elles. Cet arrangement vint mettre pour longtemps un terme aux dissensions religieuses, et un esprit de tolérance plus large se fit jour et s'étendit bientôt dans toute la Confédération. L'invasion française de 1798 contribua grandement à unir les deux partis dans un même rang et clercs et laïques des deux confessions oublièrent devant le danger commun quelques-unes de leurs vieilles controverses. Tous deux n'étaient que trop prêts à marcher la main dans la main pour s'opposer aux idées que la Révolution française semait alors partout.

Pendant la République helvétique (1798-1803), l'exercice de tous les cultes fut reconnu à condition qu'aucun d'entre eux ne viendrait troubler l'ordre public et exercer une souveraineté ou un privilège quelconque. Les différentes communions furent placées sous la surveillance de la police, qui eut le droit d'exiger qu'on lui fît connaître les doctrines que chacune d'elles professait.

Une fois de plus l'acte de médiation de 1803 vint reconnaître aux catholiques aussi bien qu'aux réformés la pleine et entière liberté d'exercer leur culte là où il avait des adhérents.

Le pacte de 1815 se taisait au sujet des libertés religieuses. Seul un article venait garantir l'existence des couvents et des chapitres et la conservation de leurs propriétés. Les vieux bailliages s'étaient maintenant fondus dans les cantons : les questions religieuses relevaient exclusivement de la souveraineté cantonale et il semblait que la Confédération n'eût plus rien à y voir. La première conséquence de cet état de choses fut le rappel des Jésuites, et dans les nouveaux cantons, la majorité montra une tendance évidente à empiéter sur les droits de la liberté religieuse de la minorité.

Peu de temps après la Restauration qui suivit la chute de l'Empire français, les admirateurs de la politique de Joseph II d'Autriche furent cause d'une nouvelle querelle qui s'éleva au sein de l'Eglise catholique suisse et parmi eux, Ignace-Henri de Wessenberg, évêque coadjuteur de Constance, se fit remarquer par son zèle. Comme les catholiques ne réussissaient pas à arrêter une propagande qu'ils désapprouvaient hautement, ils eurent recours à un moyen plus ou moins violent: ils détachèrent du siège de Constance le reste de la Suisse allemande, limitant ainsi la sphère d'activité du fougueux prélat. Depuis longtemps le pape avait promis d'ériger un nouvel évêché en Suisse : il réunit en un seul les diocèses de St-Gall et des Grisons et quant aux autres cantons allemands ils furent joints à celui nouvellement formé de Bâle, dont le titulaire devait résider à Soleure.

Nous avons déjà relaté plus haut (chap. Ier) les causes qui amenèrent la guerre du Sonderbund. La guerre finie, et la Constitution fédérale de 1848 adoptée par le peuple suisse, les Jésuites et les sociétés qui leur étaient affiliées furent expulsés du territoire de la Confédération, tandis que le libre exercice de leur culte était formellement garanti aux catholiques comme aux protestants. Mais en même temps la Confédération et les cantons furent autorisés à prendre toutes les mesures qu'ils jugeaient convenables pour le maintien de l'ordre public et de la paix entre les deux communions.

Il était bien question dans la Constitution de 1848 du libre exercice des deux cultes reconnus, mais on n'y parlait pas de la liberté de conscience et de croyance, que la Constitution de 1874 devait déclarer inviolable. Le libre exercice des cultes y est garanti dans les limites compatibles avec l'ordre public et avec les bonnes mœurs et les cantons et la Confédération peuvent prendre les mesures nécessaires pour le maintien de l'ordre public et de la paix entre les membres des différentes communautés religieuses, ainsi que contre les empiètements des autorités ecclésiastiques sur les droits des citoyens et de l'Etat. Les contestations de droit public ou privé auxquelles donne lieu la création de communautés religieuses, ou une scission de communautés religieuses existantes, peuvent être portées par voie de recours devant les autorités fédérales existantes. Il ne peut être érigé d'évêché sur le territoire suisse sans l'autorisation de la Confédération. L'ordre des Jésuites et les sociétés qui lui sont affiliées ne peuvent être reçus dans aucune partie de la Suisse et toute action dans l'Eglise et dans l'école est interdite à leurs membres. Cette interdiction peut s'étendre aussi, par voie d'arrêté fédéral, à d'autres ordres religieux dont l'action est dangereuse pour l'Etat ou trouble la paix entre les confessions. Il est également interdit de fonder de nouveaux couvents ou ordres religieux et de rétablir ceux qui ont été supprimés (Const. de 1874, art. 49 à 53).

Comme nous l'avons déjà dit, la population de la Suisse s'élève à près de 3 millions d'habitants pour lesquels il y a environ 1,725,000 protestants, 1,190,000 catholiques et 8,000 juifs; le reste appartenant à d'autres sectes ou n'appartenant à aucune communion [1].

[1] Il y a en Suisse d'après le dernier recensement, 1,189,662 catholiques, 1,724,869 protestants, 8,384 israélites et 10,697 personnes appartenant à d'autres religions. Le nombre des catholiques augmente dans certains cantons tandis qu'il diminue dans les cantons nominalement protestants. A Genève il y a plus de catholiques que de protestants. A Fribourg la population protestante n'est que du 20 %, à Soleure de 33 %. A Uri il y a 327 et à Unterwald 457 protestants. Le résultat du dernier recensement montre que l'augmentation de la population protestante est plus grande que celle de la population catholique.

H. L.

On trouve les protestants en grande majorité dans les cantons de Zurich, Berne, Glaris, Bâle, Schaffhouse, Appenzell R.-E., Vaud et Neuchâtel. Tout le monde presque est catholique dans les trois cantons primitifs, dans celui d'Appenzell R.-I., au Tessin et dans le Valais. Les protestants sont en minorité dans les cantons de Lucerne, de Zug, de Fribourg et de Soleure. Dans les Grisons, St-Gall, Argovie, Thurgovie et Genève, le nombre des adhérents de chaque religion se balance à peu près.

Dans les premières années de ce siècle, le canton de Vaud fut témoin d'un réveil religieux qui peu à peu s'étendit à tous les adhérents de l'Eglise réformée de la Suisse française, et que l'on peut comparer sous certains rapports au mouvement évangélique de l'Eglise d'Angleterre dont Simeon fut l'âme. Quelques années plus tard, la prédication des frères Haldane amena l'éclosion d'une nouvelle secte évangélique connue sous le nom d'« Eglise libre » dont les membres se séparèrent de l'Eglise nationale. Ce mouvement s'étendit dans les cantons de Vaud et de Neuchâtel, où l'on vit bientôt s'établir ces nouveaux rejetons de l'Eglise réformée. Il est curieux de remarquer que de chacun de ces trois cas, ce fut pour des motifs différents que les membres de l'Eglise libre se séparèrent de l'Eglise nationale. A Genève, les divergences d'opinion portaient surtout sur des questions de théologie. Dans le canton de Vaud, la séparation eut pour cause l'ingérence dans les affaires religieuses du gouvernement cantonal, qui ordonna un jour aux pasteurs de l'Eglise nationale de lire du haut de leur chaire, le dimanche, certain décret civil [1]. A Neuchâtel, des raisons politiques autant que théologiques amenèrent la scission. Aucune de ces Eglises ne reçoit de subsides du gouvernement et, à part une certaine mission à

---

[1] C'était la Constitution cantonale. H. L.

l'étranger qu'elles ont fondée et qu'elles soutiennent en commun, leur organisation est entièrement distincte [1]. Dans la partie protestante de la Suisse allemande, il y a différentes sociétés évangéliques dont les opinions en matière religieuse ne diffèrent guère de celles professées par les membres de l'Eglise libre; elles ne jouissent cependant pas de la même organisation complète et peuvent être plutôt comparées aux congrégationalistes anglais. Elles sont en très petit nombre, comparées à ce qui existe dans la Suisse française où l'on rencontre des baptistes, des méthodistes de différentes espèces et une très grande variété d'autres sectes.

Jusqu'au Concile du Vatican en 1870, les catholiques romains en Suisse comme partout ailleurs, ne formaient qu'un seul et même corps; mais la déclaration d'infaillibilité, qui, on le sait, ne fut pas admise par un certain nombre d'entre. eux — connus depuis sous le nom de vieux-catholiques — donna lieu à un mouvement qui, à cette époque, attira beaucoup d'attention en Europe et surtout en Allemagne et en Angleterre. La visite que deux évêques anglais rendirent en 1887 aux différentes communautés vieilles-catholiques du continent et spécialement en Suisse, où ils rencontrèrent à Olten l'évêque Herzog et ses partisans, a remis encore une fois sur le tapis la question de leur intercommunion avec l'Eglise d'Angleterre.

On rencontre encore — quoique cette secte tende à diminuer — un certain nombre de vieux-catholiques dans quelques cantons et la façon dont ils se sont conduits, là où ils ont eu la majorité au sujet de certains

---

[1] Des relations intimes se sont établies et n'ont pas cessé d'exister entre ces différents corps et l'Eglise libre d'Ecosse qui, en 1843, quelques années après la création des Eglises libres de Suisse, se sépara de l'Eglise d'Ecosse par suite de l'ingérence de la Couronne en certaines matières religieuses.

édifices originairement dédiés au culte catholique romain, leur a valu, même dans la Suisse protestante, des commentaires qui n'étaient rien moins que flatteurs. Nous nous bornerons à raconter ici comment ils en sont arrivés à s'emparer à Berne de l'église catholique romaine. Ces faits sont de notoriété publique.

Ce ne fut qu'après que le canton de Berne eut été réuni au diocèse de Bâle et que la ville elle-même fut devenue la résidence de cinq mille catholiques environ, en même temps que la résidence des autorités fédérales et du corps diplomatique, que l'on songea à bâtir une église pour les catholiques romains, qui jusqu'alors avaient pratiqué leur culte dans l'église française réformée. Ce projet reçut l'approbation des autorités bernoises et put enfin être exécuté grâce aux efforts énergiques du curé.

L'église fut commencée en 1859 et achevée en 1865. Elle coûta environ 600,000 francs, sur lesquels la Confédération donna 50,000 francs tandis que le gouvernement bernois vendait le terrain pour 15,000 francs, somme relativement peu élevée pour sa valeur. Le reste fut réuni grâce à des collectes faites parmi les catholiques en Suisse, en Autriche, en France, en Allemagne, en Italie et en Belgique. Le pape donna 35,000 francs; la famille impériale d'Autriche, l'empereur Napoléon III et les rois de Sardaigne, de Naples et de Bavière contribuèrent à la construction, chacun pour une certaine somme; enfin grâce à des souscriptions que l'on recueillit en partie parmi le gouvernement bernois et en partie parmi les catholiques du monde entier, on construisit, outre l'église, un presbytère et des écoles.

Il n'est pas permis de douter un seul instant que les souverains étrangers qui contribuèrent par leurs dons à la construction de cette église n'aient obéi dans cette circonstance au désir d'assurer à leurs représentants et à leurs ressortissants demeurant à Berne, l'exercice de leur culte dans un lieu qui leur fut spécialement consacré. De même les autorités cantonales et fédérales n'avaient agi ainsi qu'elles l'avaient fait, que pour faciliter aux députés catholiques et aux fonctionnaires civils et militaires de la Confédération que leurs fonctions retenaient à Berne, le libre exercice de leur religion dans une église où elle seule fût pratiquée.

Au moment de sa fondation, les affaires de l'Eglise catholique romaine, alors une des Eglises d'Etat du canton, étaient réglées par une ordonnance de 1823 aux termes de laquelle la nomination du curé appartenait au gouvernement bernois. Les affaires temporelles et financières étaient administrées par un conseil de paroisse choisi par ce même gouvernement parmi les notables catholiques. Ce conseil ne s'occupait pas des questions spirituelles, de la surveillance des services religieux, de l'instruction religieuse, des usages auxquels l'Eglise pouvait être employée, questions qui, comme dans toutes les autres communautés religieuses du monde entier, étaient laissées à la décision du curé sous la direction de ses supérieurs ecclésiastiques.

Mais le 18 janvier 1874, une nouvelle loi relative à l'organisation des cultes fut votée à Berne. Cette loi avait été précédée par une ordonnance du 24 octobre 1873 sur la réorganisation de l'Eglise catholique de Berne, et fut suivie par un règlement nouveau pour la paroisse, qui introduisait un nouvel ordre de choses et donnait des pouvoirs plus étendus en matière ecclésiastique au Conseil de paroisse. Ce dernier devait être élu dorénavant par toute l'assemblée paroissiale et devenait ainsi compétent pour décider les questions relatives à la façon dont les services religieux seraient conduits, à l'observance du dimanche et des jours de fête, à l'instruction de la jeunesse, au maintien de la décence et de la moralité dans la paroisse et, en particulier, sans s'être entendu sur cela auparavant avec le curé, aux différents usages auxquels le saint édifice pourrait être employé. — Il en résulta que les clefs passèrent du curé au conseil de fabrique, qui put ainsi permettre à n'importe qui d'aller officier et prêcher dans l'Eglise.

La première conséquence de la législation nouvelle fut la création d'un conseil de paroisse ou de fabrique exclusivement composé de vieux-catholiques, parce que : 1° beaucoup de catholiques romains crurent devoir s'abstenir de prendre part au vote ; 2° parce que tous les Suisses des classes laborieuses et les étrangers furent exclus du vote auquel ne pouvaient prendre part que ceux qui payaient des impôts directs.

Naturellement le curé et le nouveau conseil de paroisse ne parvinrent pas à s'entendre. La fondation d'une chaire de théologie pour les vieux-catholiques à l'université de Berne, dont les professeurs déclarèrent hautement leur intention de revendiquer leur part dans la jouissance de l'Eglise, vint donner de nouvelles forces au conseil de fabrique, et une crise se déclara en février 1875. Le conseil de paroisse commença par réclamer l'abandon aux vieux-catholiques soit de l'église tout entière, soit au moins de la crypte, ou proposer comme alternative de consacrer certaines heures à l'exercice de chacun des deux cultes. Le curé n'accepta aucune de ces deux propositions et le conseil autorisa alors, le 4 février, les professeurs vieux-catholiques à officier dans l'église à toute heure qui ne dérangerait pas le curé. Ce dernier n'accepta pas davantage ceci, et il refusa même de remettre au conseil le double de ses clefs. On en appela au gouvernement bernois qui, le 22 février, fit arrêter provisoirement le curé, fouiller sa maison et prendre ses clefs. Le préfet lui offrit de lui laisser une des clefs, ce que le curé refusa. Ce fut ainsi que l'église catholique de Berne, de même que les autres églises du canton, tomba entre les mains de la petite communauté vieille-catholique et qu'encore aujourd'hui c'est dans l'église réformée française que doivent se célébrer les services religieux [1].

On se demandera naturellement la raison pour laquelle les catholiques romains refusèrent de partager leur église avec les vieux-catholiques. Elle est bien simple : ils ne font qu'obéir à un ordre du pape. Il déclare les vieux-catholiques apostats et défend à ses fidèles de se servir d'une *même* église que leur culte est venu profaner. Il leur permet toutefois en cas de besoin, d'exercer leur culte dans les temples protestants, parce que à ses yeux les services qui y sont célébrés n'entraînent pas nécessairement un acte sacrilège. Les protestants ne disent pas la messe et ne cherchent pas à semer la discorde dans le sein même de l'Eglise sur laquelle règne le pape. Les vieux-catholiques n'ignorent naturellement rien de tout ceci; aussi toute offre de leur part de partager l'église de Berne avec les catholiques romains semblerait tout au moins une surérogation, puisqu'on ne peut leur contester le droit légal d'exercer leur culte dans cette église.

Malgré la largeur des principes établis par la Constitution relativement aux libertés religieuses, le soin de la sûreté publique, grâce à ses exigences supposées, conduit parfois à une ingérence de la part du gouvernement plus grande qu'on ne la comprendrait en Angleterre ou généralement parmi les peuples de langue

---

[1] La paroisse catholique romaine de Berne vient d'acheter un nouveau terrain à Berne pour y construire une nouvelle église, mais cette entreprise ne semble pas avoir reçu l'approbation des hauts dignitaires ecclésiastiques, qui inclinent à penser que, vu la diminution constante du parti vieux-catholique, l'ancienne église qui leur a été enlevée, pourra être restituée au curé dans un laps de temps assez court.

H. L.

anglaise. Chaque canton jouit de pouvoirs discrétionnaires qui lui permettent d'intervenir dans toutes les cérémonies extérieures d'un culte quelconque s'il croit qu'elles peuvent porter atteinte à la sécurité publique ou amener des collisions entre citoyens, et les cantons appliqueraient cette loi dans le sens le plus strict, s'il faut en croire les jésuites, mormons ou salutistes qui ont récemment été expulsés du territoire suisse. Dans certains cantons, les processions ne sont pas autorisées à passer dans les rues, les prêtres catholiques ne peuvent porter l'habit ecclésiastique et dans plus d'une ville le prédicateur qui voudrait adresser un sermon à la foule courrait de grandes chances de voir son discours subitement interrompu par la police.

La liberté est plus grande ou mieux comprise en Angleterre. Nous avons vu dans les rues de Cambridge des étudiants, portant leur costume académique sur les jerseys rouges de l'armée du salut, et accompagnant sur des instruments de cuivre les chants de leurs compagnons, parcourir les rues principales de la ville. Ailleurs, pendant une mission, au printemps de 1885, nous avons vu les prêtres et le chœur de Saint-Thomas en surplis, tenant en main des cierges allumés et précédés par le sacristain portant la croix, se frayer un chemin au milieu des omnibus et des voitures dans les rues les plus fréquentées de Londres, chantant leurs litanies et s'arrêtant de temps en temps afin de permettre à l'un d'entre eux d'adresser quelques paroles à la foule. Mais le meilleur exemple peut-être que nous puissions donner de la liberté religieuse qui existe en Angleterre, c'est la procession des catholiques qui chaque année va faire ses dévotions devant la tombe d'Edouard le Confesseur dans l'abbaye de Westminster.

Il n'y a pas en Suisse une organisation religieuse unique pour toute la Confédération. Chaque canton a son système ecclésiastique différent. Le palais fédéral n'a pas de chapelain et les séances des Chambres ne s'ouvrent pas, comme en Angleterre et ailleurs, par une prière adressée à l'Eternel. Dans chaque canton le peuple décide quelle religion sera adoptée, et celle qui l'aura emporté, que ce soit la religion catholique ou le culte protestant, deviendra l'Eglise officielle du canton, car le terme d'Eglise nationale ne s'applique qu'aux communautés réformées des cantons protestants. C'est à la majorité des citoyens, comme majorité, qu'appartient le droit de disposer des ressources ecclésiastiques qui appartiennent au canton. Ces fonds proviennent de différentes sources. Dans quelques cantons, l'Eglise nationale est soutenue par une taxe spéciale que ne paient que ceux qui y appartiennent. Dans d'autres, c'est l'Etat qui subvient entièrement aux frais de l'entretien du culte, après s'être approprié les revenus de l'Eglise et lui avoir donné en échange une garantie qu'elle serait entretenue aux frais de l'Etat. Dans d'autres enfin, l'Eglise possède en propre des revenus qui suffisent à son maintien. Nous n'essayerons pas de décrire ici les systèmes différents appliqués dans les 22 cantons; mais pour donner au lecteur une idée générale de l'organisation de l'Eglise nationale réformée, nous prendrons pour exemple le canton de Vaud, le plus grand des cantons protestants français. Sa population est de 247,500 âmes tous protestants de différentes dénominations, sauf une petite minorité d'environ 15,000 catholiques romains demeurant presque tous dans les cinq paroisses du district d'Echallens et environ 300 juifs [1].

[1] D'après les derniers renseignements officiels, la population du canton de Vaud s'élève à 251,296 habitants dont 227,474 protestants, 22,429 catholiques, 638 israélites et 755 d'autres sectes. Les catholiques résident principalement dans les arrondissements d'Aigle (1,652), d'Echallens (2,386), de Lausanne (5,217), de Nyon (2,089), de Vevey (5,044) et d'Yverdon (1,026). H. L.

La loi ecclésiastique du canton de Vaud porte la date du 15 mai 1863. Elle décrète :

L'Etat garantit à l'Eglise toute la liberté compatible avec l'ordre constitutionnel ; il soutient les établissements nécessaires pour lui préparer des conducteurs spirituels et pourvoit à la subsistance des ecclésiastiques qui la servent (art. 3).

Sous la haute surveillance de l'Etat, l'Eglise participe à sa propre administration au moyen d'une représentation élective tirée de son sein, conformément aux lois et règlements ecclésiastiques (art. 4).

L'enseignement religieux, les cérémonies, le choix des livres en usage dans le culte, et, en général, ce qui est du domaine purement spirituel, sont réglés par les représentants de l'Eglise sous réserve de la sanction de l'Etat (art. 5).

L'Eglise nationale est divisée en paroisses, groupées en huit arrondissements ecclésiastiques (art. 7).

L'Eglise nationale participe à son administration par :

1º Les assemblées de paroisse ;

2º Les conseils de paroisse ;

3º Les conseils d'arrondissement ecclésiastique ;

4º Le synode et la commission synodale (art. 8).

I. L'*assemblée de paroisse* se compose des hommes âgés de 20 ans révolus, membres de l'Eglise nationale, jouissant de leurs droits civiques et domiciliés dans la paroisse depuis 3 mois au moins (art. 9).

Elle a, entre autres attributions, à élire les conseillers paroissiaux ; à nommer les candidats aux postes de pasteurs ; à voter sur les propositions qui sont déférées par le Grand Conseil à une, à plusieurs ou à l'ensemble des paroisses (art. 10).

Huit jours avant le terme fixé, la convocation de l'assemblée de paroisse est annoncée par le pasteur du haut de la chaire et affichée au pilier public (art. 11).

II. Le *conseil de paroisse* se compose :

1º Du ou des pasteurs en fonctions dans la paroisse ;

2º De 4 à 14 conseillers, proportionnellement à la population de la paroisse et au nombre de communes qu'elle renferme (art. 14).

Les conseillers de paroisse sont nommés pour trois ans et rééligibles (art. 15).

Pour être éligible au conseil de paroisse, il faut être membre de l'assemblée de paroisse, citoyen actif, âgé de 25 ans révolus et domicilié dans la commune depuis un an au moins (art. 16).

Dans les 15 jours après leur élection, les conseillers de paroisse sont installés publiquement à l'issue du service divin du matin dans le temple paroissial (art. 17).

Les attributions principales des conseils de paroisse sont les suivantes :

S'occuper en général de tout ce qui peut favoriser les progrès de la piété et de la moralité dans la paroisse.

S'occuper en particulier du soin des pauvres et des malades (art. 19).

Ils élisent dans leur sein des délégués chargés de les représenter au conseil d'arrondissement ecclésiastique, auquel ils présentent des préavis et propositions sur ce qui concerne les services religieux établis ou à établir dans la paroisse ; ces délégués assistent à l'installation des pasteurs et à l'admission publique des catéchumènes. Toutes les délibérations des conseils de paroisse sont déposées aux archives de la paroisse (art. 20).

III. Il y a pour chaque arrondissement ecclésiastique un *conseil d'arrondissement* qui siège au chef-lieu d'arrondissement et qui est formé des délégations des conseils de paroisse du ressort. Chaque délégation se compose des pasteurs de la paroisse et de conseillers paroissiaux (laïques) en nombre double de celui des pasteurs.

Les membres des délégations sont nommés pour trois ans et rééligibles (art. 21 et 22).

Les conseils d'arrondissement s'assemblent chaque année en session ordinaire. Cette session est de deux jours de séance au plus ; elle peut être prolongée avec l'autorisation du Conseil d'Etat. Chaque conseil d'arrondissement peut être convoqué extraordinairement par son bureau sur la demande et moyennant l'autorisation du Conseil d'Etat. Ce dernier peut toujours se faire représenter par un délégué dans les assemblées des conseils d'arrondissement (art. 23-24). Chaque conseil s'occupe de la gestion des affaires ecclésiastiques et religieuses de son ressort, il a l'inspection des paroisses ; il exerce le contrôle sur les conseils paroissiaux et sur les pasteurs ; il délègue ses députés au synode (art. 26). Chaque année, dans sa session ordinaire, le conseil d'arrondissement entend les rapports des conseils de paroisse présentés par leurs délégations sur le ministère des pasteurs, sur l'état des paroisses du ressort, sur leurs besoins religieux, sur les lieux et les objets destinés au culte, etc. Ensuite de ces rapports, il délibère sur les mesures à prendre dans l'intérêt de ces paroisses (art. 27). La délégation de chaque arrondissement au synode se compose de trois pasteurs et de six membres laïques pris dans le sein du Conseil d'arrondissement. Ces délégués sont nommés pour trois ans, au scrutin secret et à la majorité absolue des suffrages.

IV. Le *synode* est formé des délégations des arrondissements, des professeurs ordinaires de la faculté de théologie et de trois délégués du Conseil d'Etat (art. 32).

Chaque année le synode s'assemble en session ordinaire dans un des chefs-lieux d'arrondissement qui sera déterminé à l'avance par la commission synodale (art. 33).

La session du synode est de trois jours de séance au plus. Elle peut être prolongée avec l'autorisation du Conseil d'Etat, qui doit recevoir après la session une copie signée de tous les protocoles (art. 34).

Le synode peut être convoqué à l'extraordinaire par le Conseil d'Etat ou la commission synodale (art. 35).

Le synode s'occupe des intérêts généraux de l'Eglise nationale (art. 43). Il arrête des règlements généraux sur la célébration des fêtes religieuses, sur les livres employés dans l'enseignement religieux et dans le culte, sur l'enseignement religieux lui-même, sur le culte et la discipline, sur la consécration des ministres et l'inspection des paroisses (art. 44).

Le synode est représenté dans l'intervalle de ses sessions par une commission composée du président du synode et de six membres nommés au scrutin secret, à la majorité absolue des suffrages, individuellement et pour trois ans. Cette commission, qui porte le nom de commission synodale, doit se composer de trois ecclésiastiques et de quatre laïques. C'est la commission exécutive : elle prépare les travaux du synode et exécute ses décisions (art. 45 et suiv.).

Pour obtenir la consécration dans l'Eglise nationale du canton de Vaud, il faut : être âgé de vingt-trois ans révolus, être porteur d'un diplôme de licencié en théologie délivré par l'académie de Lausanne ou d'un diplôme admis par la commission de consécration; subir les épreuves déterminées par le règlement sur la consécration au saint ministère dans l'Eglise nationale. Cette commission de consécration, qui a une session chaque année à une époque indéterminée, se compose de quinze membres à savoir: quatre délégués du Conseil d'Etat, huit délégués du synode dont au moins quatre pasteurs, trois professeurs ordinaires de la faculté de théologie, désignés par cette faculté. Avant de recevoir l'imposition des mains, cérémonie qui a lieu dans l'église, les candidats sont assermentés par le préfet, qui leur fait jurer d'être fidèles à la Constitution du canton de Vaud, de maintenir et défendre en toute occasion et de tout leur pouvoir les droits, la liberté et l'indépendance du pays, de procurer et d'avancer son honneur et profit comme aussi d'éviter ou d'empêcher tout ce qui pourrait lui porter perte ou dommage, de remplir en leur âme et conscience les devoirs qu'impose la qualité de ministre de l'Eglise évangélique réformée et de prêcher la parole de Dieu dans sa pureté et dans son intégrité. Ce serment juré, la consécration a lieu.

Lorsqu'un poste devient vacant, le Conseil de paroisse en informe immédiatement le département des cultes et de l'instruction publique. Celui-ci annonce sans délai la vacance par un avis inséré dans la feuille des avis officiels, invitant les pasteurs et les ministres impositionnaires [1] du canton à faire leurs offres de service dans le terme de quinze jours. La liste des postulants est transmise au conseil de la paroisse où se trouve la vacance, qui convoque l'assemblée, laquelle procède au scrutin secret et à la majorité des suffrages à l'élection de deux candidats dont les noms sont soumis au Conseil d'Etat, qui nomme définitivement un des deux candidats au poste vacant.

[1] Les ministres de l'Eglise nationale qui n'occupent pas un poste de pasteur, soit qu'ils exercent une suffragance, soit qu'ils n'aient aucune fonction régulière dans l'Eglise, sont désignés sous le nom de ministres impositionnaires. H. L.

CHAPITRE XIII

L'INSTRUCTION

Elle est donnée par les cantons sous le contrôle de la Confédération. — Opposition à l'intervention fédérale. — Ce qu'elle était avant la Constitution de 1874. — Le système de l'instruction obligatoire est populaire dans tous les cantons. — Passion du peuple suisse pour l'instruction. — Tolérance religieuse. — Zurich, un des plus grands centres d'instruction du monde entier. — L'école polytechnique, l'université, les musées et les laboratoires. — Conseils d'écoles de district. — Pas d'élèves-professeurs ni de préfet. — Collèges pour les professeurs. — Les jardins d'enfants. — Ecoles supplémentaires. — Collège supérieur pour dames. — Ecoles professionnelles. — Les quatre universités : de Bâle, Berne, Zurich et Genève. — Il n'y a pas d'université fédérale. — Chaque enfant doit savoir lire et écrire.

Les écoles publiques doivent pouvoir être fréquentées par les adhérents de toutes les confessions, sans qu'ils aient à souffrir en aucune façon dans leur liberté de conscience ou de croyance et la Confédération doit prendre les mesures nécessaires contre les cantons qui ne satisferaient pas à ces obligations (§§ 3 et 4).

Quoiqu'il ait été veillé ainsi à ce que la Confédération exercerait un certain contrôle sur les cantons en cette matière, il a été impossible jusqu'ici de définir en quoi ce contrôle consistait réellement, car l'instruction publique dans tous les détails de son organisation, de son administration et de sa surveillance relève encore du département de l'instruction publique de chaque canton. Comment la Confédération devait et pouvait-elle exercer son droit de contrôle ? Telle est la question épineuse que l'on s'est posée depuis plusieurs années sans arriver à la résoudre. En 1882, le Conseil fédéral déposa devant les Chambres certains projets de loi dont le but était de charger le bureau de la statistique de faire une enquête sur la question de savoir quels étaient les cantons qui ne remplissaient pas leurs devoirs au sujet de la *surveillance* de leur organisation scolaire, et quelles étaient les mesures à prendre pour obtenir une exécution plus stricte de l'article 27. Le Conseil national alla encore beaucoup plus loin que le Conseil fédéral, car le 28 avril de la même année, il vota un postulat chargeant le département de l'Intérieur, non seulement de faire l'enquête nécessaire et d'envoyer son rapport sur les meilleurs moyens d'assurer l'exécution complète de l'article 27, mais encore d'examiner la question de savoir s'il n'y aurait pas moyen d'en finir par une bonne loi ; aussi proposait-il la nomination d'un secrétaire de l'instruction publique pour faire ce travail au lieu d'un simple commis du bureau de statistique. Dans la session du mois de juin de la même année, le Conseil des Etats adopta cette résolution, quoique à une majorité relativement minime. Personne n'ignorait que le chef du département fédéral de l'Intérieur partageait la manière de voir de l'assemblée. Le parti radical demandait l'exclusion de toutes les congrégations religieuses de toute participation dans la conduite des écoles primaires ; il exigeait de plus que l'instruction religieuse au point de vue du dogme, trop embarrassante pour l'esprit d'un enfant, ne fût plus inscrite dans le programme des écoles publiques mais réservée à l'enseignement privé. Le parti opposé, qui comprenait naturellement dans son sein les catholiques et les conservateurs, déclarait que le parti radical n'avait qu'un but : « chasser Dieu de l'école, » et cette expression est si souvent revenue dans la bouche du parti conservateur qu'elle est pour ainsi dire devenue son cri de guerre dans les luttes qu'il soutient contre ses adversaires.

Les conservateurs et les catholiques, qui, comme nous l'avons déjà fait remarquer dans une autre partie de ce livre, sont toujours les partisans déclarés de la souveraineté cantonale, soutenaient de plus que la nomination du nouveau fonctionnaire fédéral n'était qu'un premier pas fait dans une voie nouvelle, que cette nomination serait sans doute suivie d'une loi fédérale qui viendrait enlever aux cantons toute initiative en matière d'enseignement, et empiéterait ainsi d'une manière sérieuse sur les droits cantonaux. C'étaient surtout les catholiques qui s'opposaient à ce projet et ils ne manquaient pas d'adhérents, car il n'y eut pas moins de 180,995 citoyens qui les appuyèrent en cette circonstance et demandèrent que la loi fût soumise au referendum. Le vote populaire eut lieu le 26 novembre 1882 et la loi fut repoussée à l'énorme majorité de 146,129 voix. Les cantons protestants furent aussi violents que les cantons catholiques dans leur opposition à la loi votée par l'Assemblée fédérale, en faveur de laquelle trois cantons seulement, Bâle-Ville, Thurgovie et Neuchâtel, se prononcèrent. Grâce à ce vote si énergiquement exprimé, la question semble écartée, au moins pour le moment. La majorité prouvait ainsi son désir de continuer à donner une instruction chrétienne à la jeunesse et de laisser à chaque canton son droit d'autorité souveraine dans l'école. Il est vrai de dire que pendant la session extraordinaire du mois de mars 1888, la question revint sur l'eau et M. Schäppi fit discuter par le Conseil national la motion suivante : « Le Conseil fédéral est invité à examiner la question de savoir si, d'après l'expérience acquise et les résultats obtenus, le système scolaire de tous les cantons correspond bien avec les prévisions de l'article 27 de la Constitution fédérale et à présenter un rapport sur les résultats de son enquête. » M. Schäppi était un partisan déclaré de l'instruction donnée sous le contrôle fédéral et voulait l'introduction d'une série uniforme de manuels fédéraux dont l'usage aurait été obligatoire dans les écoles cantonales. Sa proposition fut cependant retirée.

Nous devons avouer qu'il nous semble difficile de donner une éducation identique à tous les enfants dans un pays dont la configuration est si diverse et qui contient trois nationalités et trois langues bien distinctes, le français, l'allemand et l'italien, pour ne pas parler du romanche. Dans les parties montagneuses du pays, il est presque impossible d'espérer que les enfants suivent régulièrement les cours pendant l'hiver, quoique les parents puissent être mis à l'amende s'ils ne le font pas. Dans les centres industriels et riches où les conditions de la vie sont tout à fait différentes, l'école est toujours plus à portée, la vie intellectuelle est plus développée, on a plus de temps et plus de goût pour apprendre. Les lois sur l'instruction publique varient dans chaque canton, qui ont chacun leur système différent, mais elles sont toutes basées sur ce principe général que chaque citoyen est obligé vis-à-vis de l'Etat de mettre à profit en faveur de ses enfants les facilités d'instruction qui sont mises à sa disposition aux frais du public. Antérieurement à la Constitution de 1874, qui vint la première décréter l'instruction obligatoire dans toute la Confédération, le système employé pour mettre l'enfant à même de choisir une carrière quelconque était encore plus défectueux dans certains cantons qu'il ne l'était en Angleterre avant la loi scolaire de 1870. Les écoles étaient pour la plus grande partie entretenues par les différentes sectes religieuses, par des associations de bienfaisance ou par des particuliers généreux. Il n'y avait pas de plan organisé d'éducation. Rien qui permît alors comme aujourd'hui de s'enorgueillir de ce que le fils du plus pauvre paysan a les moyens par son mérite et son travail d'arriver à la plus haute position de l'Etat. Sous l'ancien régime, l'enfant n'allait à l'école que si ses parents le désiraient et s'ils avaient assez d'autorité sur lui pour l'y faire aller. Catholiques et protestants voyaient dans l'école, au-dessus de tout, un moyen d'infuser à ceux qui en suivaient les cours, leurs propres croyances et ne songeaient qu'en seconde ligne à les mettre à même de devenir plus tard d'utiles et honorables serviteurs de l'Etat.

La Constitution, en décrétant l'instruction obligatoire, fit œuvre populaire au plus haut degré dans tous les cantons. Les auteurs de l'article 27 semblent n'avoir eu aucun de ces doutes ni aucune de ces craintes si fréquemment exprimées en Angleterre avant 1870, alors que de nombreux membres du Parlement déclaraient ouvertement qu'une loi pareille était une atteinte portée à la liberté individuelle, et prédisaient qu'elle viendrait causer dans le pays une indignation aussi grande que celle qui suivit l'introduction d'un cens électoral : « En matière d'éducation, écrit M^r (aujourd'hui sir) Horace Rumbold alors qu'il était secrétaire de la légation d'Angleterre à Berne, le peuple suisse montre une véritable passion, et c'est une chose digne d'admiration, quoique toute naturelle chez un peuple qui a donné naissance à Rousseau, Pestalozzi, Fellenberg et tant d'autres, que de constater de quel bon cœur les parents s'imposent les plus lourds sacrifices pécuniaires dans ce but. On ne peut imaginer rien de plus beau que de voir ces gens, si parcimonieux en autre chose, répandre l'argent à profusion sous toutes formes, fondations publiques, dons privés, contributions officielles pour donner une meilleure éducation à leurs enfants. » Les Suisses sont fiers de leurs écoles et de tout ce qui s'y rapporte : Dans chaque ville ou village, depuis la capitale du canton jusqu'au dernier bourg, le bâtiment de l'école est la première chose qui attire le regard de l'étranger et est l'un des édifices les plus solides et les plus commodes de la ville. Aucun emplacement n'est jamais trop cher s'il est le plus sain, le plus central et le plus convenable que l'on rencontre dans l'arrondissement. Nous en citerons deux exemples : à Zurich d'abord où l'on a bâti au prix de 1,100,000 francs, une école sur la Lintescher Platz, l'une des principales de la ville; à Berne ensuite où le gouvernement a acheté, pour les convertir en une école de filles, deux grandes maisons dans la rue principale de la ville, la rue fédérale. Les autorités cantonales et communales accordent la plus grande attention à tout ce qui touche aux écoles, qui sont placées sous leur surveillance. Il est difficile à un Anglais, qui ne peut lire un journal sans y trouver les condamnations de quelque parent pour avoir refusé de payer les frais de l'école ou pour n'y avoir pas envoyé son enfant, — et j'ajouterai à presque tout étranger qui lit la statistique scolaire de son pays — de comprendre l'intérêt sérieux et profond que les Suisses de tout âge prennent à tout ce qui touche à leur système d'éducation. Pendant toute sa vie, depuis le jour où il entre pour la première fois dans une école primaire jusqu'au jour où, homme fait, il a à prendre sa part dans son administration, l'école est, d'une façon ou d'une autre, toujours devant les yeux du citoyen suisse.

Dans la plupart des villes et des villages, les écoles primaires sont fréquentées par les enfants riches et pauvres sans distinction; il n'y a pas en Suisse cette classe d'enfants errants ou abandonnés qui ne savent pas ce que c'est que l'école. On trouve côte à côte sur ses bancs l'orphelin vêtu et nourri aux frais de la commune et le fils du riche marchand, de l'avocat ou du médecin recevant tous deux la même instruction et soumis à la même discipline. A Zurich, où les établissements privés sont autorisés à donner l'instruction primaire, 97,5 % des enfants de toutes conditions fréquentent les écoles primaires. En fait, le système d'éducation introduit en Suisse est devenu l'un des moyens les plus puissants pour cimenter l'union des différentes classes de la société et des différentes sectes et de rendre plus forts et plus solides les liens qui unissent d'une façon si puissante la Confédération. On comprendra facilement dès lors que les Suisses regardent l'école non plus seulement comme un endroit où se donne l'instruction qui permettra à leurs enfants de se frayer un chemin dans la vie, mais aussi comme une sorte de crèche politique où l'on tâche d'inculquer et de développer dans le cœur des jeunes générations les doctrines si admirées par ces républicains convaincus.

En matière d'éducation, les Suisses ont montré un bien plus grand esprit de tolérance qu'en matière religieuse. C'est, comme le remarque Sir Horace Rumbold dans le rapport que nous avons déjà cité plus haut, un des traits les plus méritoires de leur système scolaire. Il frappe d'autant plus l'étranger que la Suisse contient à peu près autant de catholiques que de protestants [1], tellement mélangés dans certains cantons qu'il est presque impossible de les distinguer, si exactement divisés dans d'autres qu'ils ont conservé intacts les caractères principaux de leur culte, tous enfin, il n'y a pas un demi-siècle, engagés dans une terrible guerre civile.

Dans les cantons où la population se compose en majorité soit de catholiques, soit de protestants, l'instruction religieuse dans les écoles primaires est donnée

---

[1] Il y a environ 1,189,962 catholiques et 1,724,869 protestants en Suisse. Voyez le chapitre précédent.

à des jours fixes et à des heures déterminées, de façon à permettre aux enfants dont les parents désirent leur voir recevoir seulement une éducation laïque de s'absenter sans nuire à leurs études. L'instruction religieuse proprement dite des enfants est laissée au clergé, qui la leur donne sous forme d'une préparation à la communion. Nous donnerons ici le plan qui est adopté pour l'instruction religieuse dans les écoles primaires des cantons de Vaud, Genève, Neuchâtel et Lucerne, non seulement comme exemple des diverses méthodes en vigueur, mais aussi pour bien faire voir les énormes divergences qui existent parmi les différents cantons dans presque tous les détails de leur organisation.

Vaud. On y enseigne la religion surtout au point de vue historique.

Genève. Aucune instruction religieuse ne peut être donnée dans le local des écoles, dont il n'est pas permis de se servir pour cet usage. D'un autre côté, l'Etat donne une subvention annuelle au Consistoire (pasteurs et curés), chez lesquels les parents peuvent en tout temps envoyer leurs enfants recevoir gratuitement l'instruction religieuse.

Neuchâtel. Il n'y a pas de système fixe pour donner l'instruction religieuse, mais les locaux des écoles peuvent être employés dans ce but à des heures déterminées.

Lucerne. L'instruction religieuse de la jeunesse est laissée entièrement entre les mains du clergé catholique romain.

Des écoles mixtes (*paritätische Schulen*) se rencontrent dans la plupart des cantons où les populations catholiques et protestantes se compensent à peu près et les cours sont suivis par les enfants appartenant à l'une ou à l'autre communion. Ces écoles ne peuvent pas être appelées laïques. A Berne, par exemple, les premiers éléments de la religion sont donnés aux enfants comme de simples vérités communes à tous les chrétiens et au moyen de passages pris dans la Bible. Dans un canton comme celui de Zurich, où les protestants ont une énorme majorité, un enfant appartenant à la religion catholique recevra la même instruction religieuse que ses petits camarades protestants jusqu'à l'âge de 10 ou 11 ans, où il commence à recevoir son instruction spéciale en vue de sa première communion. Ce système semble donner des résultats favorables même dans des cantons comme celui de St-Gall, où les catholiques sont aux protestants dans la proportion de cinq à trois et où, pendant les quelques années qui précédèrent la guerre du Sonderbund, il y avait toujours de violentes querelles sur les questions de religion et d'éducation. Si les minorités protestantes ou catholiques dans un canton se trouvent assez fortes pour supporter la dépense, il arrive fréquemment qu'elles établissent des écoles exclusivement destinées aux enfants de leur communion. C'est le cas des protestants de Morat qui en ont bâti plusieurs, des catholiques de Carouge dans le canton de Genève, qui en ont élevé une strictement réservée à la jeunesse catholique.

Nous avons déjà dit que l'instruction primaire était obligatoire. Elle l'est dans ce sens que les parents sont obligés de donner à leurs enfants une instruction au moins égale à celle qu'ils recevraient à l'école primaire. Sauf dans le canton de Soleure, où tous les enfants doivent recevoir leur instruction à l'école primaire, les parents peuvent à volonté soit donner eux-mêmes l'instruction nécessaire, soit les envoyer dans des écoles particulières. L'Etat n'intervient que lorsqu'un enfant ne reçoit pas le minimum d'instruction exigé par la loi et a le droit d'infliger des amendes sérieuses et même d'emprisonner les parents qui ne s'y conforment pas. Ce pouvoir va même jusqu'à confier l'enfant aux soins des étrangers dans le cas où des parents obstinés se refuseraient à rien faire pour l'instruction des leurs.

Nous n'avons cherché jusqu'ici qu'à esquisser les principes généraux sur lesquels repose le système scolaire en Suisse : nous tâcherons maintenant d'entrer dans les détails de cette organisation en décrivant le système actuellement en vigueur dans le canton de Zurich, que nous avons choisi parce que, comme nous l'avons déjà dit, Zurich est un des centres d'instruction les plus importants, non seulement de l'Europe, mais du monde. La reconnaissance de la supériorité de ce canton sur tous les autres en tout ce qui touche l'instruction est peut-être la seule concession que la Confédération consente à faire à un canton séparé. La plus grande partie de son budget est consacrée à l'instruction et chaque élève d'une école primaire coûte à l'Etat 55 francs par an, somme bien plus élevée que celle dépensée par les autres cantons pour le même but. La partie la plus saine et la plus importante de la ville appartenait aux autorités municipales : au lieu d'y bâtir à l'usage des habitants riches des maisons dont le revenu serait venu augmenter la fortune de la corporation, elles y ont construit l'Ecole polytechnique, l'Université et les différentes annexes nécessaires à ces établissements. Il est impossible de se promener dans les rues de la ville, sans voir de tous côtés des écoles intelligemment construites, enfin toutes les preuves palpables du haut degré de vie intellectuelle que l'on y rencontre sans se convaincre que la première et principale préoccupation des Zurichois est relative au bien-être et à l'instruction de leurs enfants. Nous avons exprès visité ces écoles au moment des examens : il n'y avait rien de théâtral dans le maintien des élèves, qui semblaient ne pas s'apercevoir seulement de la foule de parents et d'amis qui assistaient à la séance et prenaient le plus grand intérêt à ce qui s'y passait. Les pupitres et le mobilier de l'école étaient du dernier et du meilleur modèle, les corridors larges et bien aérés et quoique la saison fût assez avancée pour exiger déjà que l'école fût chauffée, la ventilation était parfaite partout. Il faut surtout remarquer les musées et les laboratoires attachés aux écoles ; la collection aussi complète que possible de botanique, de géologie, de zoologie, de spécimens anatomiques, tout cela bien arrangé et bien étiqueté, et d'excellents instruments de physique et de chimie. La commission royale pour l'instruction technique en 1886 décrit le musée de l'école de la Linthescher Platz comme « le type de ce qu'un musée d'école devrait être. » Ce sont les professeurs qui réunissent et classent généralement ces échantillons.

A Zurich, comme partout en Suisse d'ailleurs, c'est au chef du département cantonal de l'instruction publique qu'incombent la surveillance et l'organisation de tout ce qui touche à l'instruction primaire, secondaire et professionnelle. Il faut toutefois remarquer que ce magistrat n'a rien à voir dans l'Ecole polytechnique, qui est un établissement fédéral. Il reçoit un traitement de 5,000 francs.

Dans la plupart des cantons, il y a des inspecteurs réguliers nommés par le département de l'instruction publique et choisis en général parmi les maîtres d'école ou les membres du clergé à qui les devoirs de leur ministère laissent assez de temps pour leur permettre de surveiller les écoles de leur voisinage. D'un autre côté, à Zurich, ce sont les membres du conseil d'école, spécialement composé de professeurs ou personnes appartenant aux carrières libérales, de pasteurs ou d'hommes influents, élus pour trois ans par tous les citoyens de l'arrondissement, qui se sont volontairement chargés de cette inspection. Ces conseils forment en quelque sorte le pouvoir exécutif des départements de l'instruction publique de chaque canton, et ils ont spécialement pour mission de veiller à ce que les lois cantonales soient fidèlement exécutées par les autorités communales. Ce sont eux qui décident toutes les questions relatives au programme des études, aux livres qui doivent y être employés; ils forment également une espèce de tribunal d'appel définitif destiné à juger toutes les contestations qui peuvent s'élever entre les professeurs et les autorités locales. Les écoles sont toujours accessibles à toutes les autorités communales ainsi qu'aux inspecteurs, qui n'avertissent que rarement les professeurs de leur arrivée. Les femmes ne peuvent être choisies pour les fonctions d'inspecteur d'écoles.

Dans chaque commune il y a une commission d'école dont on peut comparer les fonctions à celles remplies par les membres de conseils d'école en Angleterre. Elle est élue par l'assemblée communale parmi ses propres membres ainsi que parmi ceux du conseil communal. Ses membres sont en fait le pouvoir exécutif du conseil d'école de l'arrondissement qui, par eux, fait respecter les instructions des gouvernements cantonaux. Ils sont tenus, sous leur responsabilité, de veiller à ce que les installations soient suffisantes pour les enfants de la commune et que les bâtiments soient réparés quand c'est nécessaire. L'un d'entre eux doit visiter chaque école deux fois par an au moins et s'assurer que les suggestions émises par l'inspecteur ont été suivies. Les enfants pauvres reçoivent gratuitement les livres qui leur sont nécessaires, et sur leur recommandation, le Conseil d'arrondissement fournit à ceux d'entre eux qui montrent des dispositions, le moyen d'aller continuer leurs études dans des écoles supérieures. Ce sont eux qui ont affaire aux parents qui négligent d'envoyer régulièrement leurs enfants à l'école, de même qu'ils ont le droit d'en chasser un élève. A Zurich, une loi récemment votée vient de décider que tous les enfants qui auraient été chassés d'une école primaire seraient tenus de recevoir leurs leçons en particulier, soit aux frais des parents, soit, s'ils sont pauvres, aux frais de l'Etat. Les punitions corporelles sont défendues dans la plupart des cantons. C'est la commune qui doit fournir l'emplacement des écoles, qui sont bâties en partie à ses frais et en partie à ceux du canton, qui accorde des subsides variant, suivant sa fortune, de 5 à 50 %. La commune fournit également la lumière et le feu et veille à l'entretien du local; les réparations importantes se font cependant aussi avec un subside cantonal. Les cantons descendent dans les plus petits détails relativement à la construction des écoles : c'est ainsi que les fenêtres doivent faire face à l'est ou au sud-est et que les pupitres doivent être placés de façon à ce que la lumière tombe sur la main gauche de l'élève.

Les professeurs, tirés de la même classe qu'en Angleterre [1], sont élus par l'assemblée communale pour un terme de 6 ans, mais dans certains cantons cette nomination est soumise à l'approbation du département de l'instruction publique. A Zurich, le salaire minimum d'un maître d'école est de 1200 francs par an, celui d'un professeur d'école secondaire de 1800, dont la moitié est payée par le canton et la moitié par la commune, qui doit également lui fournir une maison avec un jardin et le chauffage. Le canton augmente ce traitement de 100 francs par 4 ans jusqu'à concurrence de 400 francs, c'est-à-dire qu'au bout de 16 ans de service, l'instituteur peut avoir un traitement de 1600 à 2200 francs. Après 30 années de service, les instituteurs peuvent recevoir, dans le canton de Zurich, une pension qui doit être au moins égale à la moitié

---

[1] Petite bourgeoisie, au moins pour les écoles primaires et secondaires. H. L.

du traitement dont ils jouissaient au moment de leur retraite. En Suisse, le système du « *pupil teacher* »[1] n'existe pas, et dans une école où il y a plusieurs maîtres, tous jouissent de la même autorité ; il n'y a pas de directeur ou de préfet. Le canton laisse chaque commune libre de décider si elle choisira des instituteurs ou des institutrices pour les écoles primaires qui sont fréquentées, on le sait, aussi bien par les filles que par les garçons. Dans quelques cantons, on se sert du patois du pays pour donner les premiers éléments d'instruction aux tout petits. Tous les instituteurs suivent des cours spéciaux pendant quatre ans dans l'un des collèges cantonaux de précepteurs où ils entrent d'habitude à l'âge de 15 ans après avoir passé d'une manière satisfaisante un examen sur les matières enseignées dans le troisième cours des écoles secondaires.

Dans quelques villes, les enfants sont envoyés dès l'âge de 4 à 5 ans dans les « jardins d'enfants, » installés d'après le système Frœbel. Ces jardins d'enfants, dirigés par des particuliers, ne reçoivent aucun subside du gouvernement et la fréquentation en est entièrement facultative. La loi oblige les enfants de 6 à 14 ans de suivre les cours d'une école : ils doivent rester à l'école primaire de 6 à 12 ans, puis être envoyés dans une école secondaire ou bien, tout en suivant les cours d'une école supplémentaire, commencer à apprendre leur métier. La loi sur les fabriques du 23 mars 1877 défend l'emploi dans les moulins ou les ateliers publics des enfants au-dessous de 15 ans. Dans les districts ruraux, on fixe généralement les vacances pendant la moisson, les vendanges et la saison des touristes. Elles s'élèvent en tout à huit ou dix semaines par an.

Les écoles supplémentaires ont été instituées pour permettre aux enfants de continuer leur éducation

---

[1] En Angleterre, il est admis qu'un élève des classes supérieures peut donner l'instruction à un élève des classes inférieures. H. L.

tout en étant utiles chez eux à leurs parents. Les cours durent 4 ans, mais ceux qui les ont suivis pendant deux ans (jusqu'à 14 ans) peuvent se dispenser d'y assister dorénavant. Ces écoles supplémentaires se tiennent deux fois par semaine, le matin, et n'ont d'autre but que de tâcher d'empêcher les enfants d'oublier ce qu'ils ont appris dans les écoles primaires [1].

Les principaux établissements d'instruction de la ville de Zurich peuvent se classer comme suit:

Obligatoires: Ecoles primaires; écoles supplémentaires.

Facultatives: Ecoles secondaires; gymnase ou école supérieure; école professionnelle; école polytechnique (fédérale); université.

Les études dans les écoles secondaires durent trois ans pour les garçons et quatre pour les filles. A Zurich elles ne sont pas mixtes. Dans les écoles de filles ce sont des instituteurs qui donnent tous les cours sauf ceux des travaux d'aiguilles. Les garçons entrent généralement au gymnase en quittant l'école primaire, ils y demeurent 6 $\frac{1}{2}$ ans et s'y préparent à entrer à l'université. Ceux qui au bout de leur sixième année d'étude au gymnase ont obtenu un « certificat » entrent, sans nouvel examen, soit à l'école polytechnique soit à l'université. L'école professionnelle, où l'on entre après avoir suivi les cours de l'école secondaire, prépare les jeunes gens soit pour l'école polytechnique, soit directement pour la carrière commerciale.

La liste suivante donnera une idée des immenses ressources dont Zurich dispose pour l'instruction. Quelques-uns de ces établissements sont fondés et dotés par le canton:

Ecole supérieure de filles; école d'instruction pour

---

[1] Dans le canton de Vaud, l'école primaire est obligatoire jusqu'à 15 ou 16 ans, au gré des communes. L'école complémentaire part de la sortie de l'école primaire et peut durer jusqu'à 18 ans.   H. L.

les institutrices; école vétérinaire; école d'agriculture; école d'art (au musée technique); conservatoire; école de tissage de soie; école d'instruction pour les jardins d'enfants; école industrielle et école pour ouvriers; association commerciale; école commerciale et de langues; école polytechnique fédérale.

En 1882, pendant la période de dépression commerciale et industrielle qui suivit les années de prospérité de 1860 à 1874, l'Assemblée fédérale à l'unanimité chargea le Conseil fédéral de faire une enquête sur l'état du commerce et de l'industrie de la Confédération. Cette enquête, faite par les soins du département fédéral du commerce et de l'agriculture, montra clairement que le pays tout entier demandait le développement et l'amélioration du système d'instruction professionnel et la création dans différents centres de collections de modèles industriels. On suggéra aussi l'idée de développer dans les arrondissements de montagnes une nouvelle branche d'industrie, la manufacture de jouets d'enfants, tandis que dans les parties du pays où l'osier peut être cultivé on pourrait établir avec avantage des ateliers de vannerie. Après examen, le Conseil fédéral décida que le meilleur moyen d'arriver au but que l'on se proposait au sujet de l'instruction professionnelle était de subsidier les écoles de ce genre qui existaient déjà, ainsi que celles que l'on fonderait encore; et l'Assemblée fédérale partagea à cet égard la manière de voir du Conseil fédéral et vota la même année un subside de 100,000 francs. On pensait que ces subsides n'arriveraient pas à dépasser les années suivantes la somme de 150,000 francs, mais déjà en 1886 ils s'élevaient à 205,000 francs et en 1887 ils dépassaient 230,000 francs, en 1888, 270,000 francs et il n'y a aucun doute que pendant quelques années encore, ce crédit national ne soit annuellement augmenté.

Il n'existe pas en Suisse de plan général pour l'instruction artistique ou professionnelle. Pourvu que certains sujets déterminés soient enseignés dans ces écoles, les autorités fédérales n'interviennent en rien dans la manière dont l'instruction est donnée dans celles qu'elles subsidient. Comme pour l'instruction primaire, c'est aux cantons à s'occuper des détails. En fait, le seul établissement d'éducation de la Confédération qui soit directement sous le contrôle des autorités fédérales est, comme nous l'avons déjà dit, l'école polytechnique à Zurich. Cette école fut fondée en 1854. A cette époque, la création de chemins de fer et l'établissement de fabriques et d'usines dans toute l'Europe donnaient un essor vigoureux aux ingénieurs et aux manufacturiers. L'emploi devenu général de la vapeur demanda partout des ouvriers intelligents et habiles. De tous côtés l'on établit des écoles spéciales où l'ouvrier recevait l'éducation théorique et pratique nécessaire pour lui permettre de lutter avec les ouvriers anglais.

L'école polytechnique comprend sept divisions, avec des cours qui varient de 2 à $3\,^{1}/_{2}$ ans. Ce sont : Ecole d'architecture ; école de génie civil ; école de mécanique ; école de technologie chimique (y compris la pharmacie) ; école d'agriculture ; école normale ; cours de philosophie et de science politique.

Pour donner une idée de la perfection et de l'étendue de l'école polytechnique, nous mentionnerons que 45 professeurs et 13 assistants y donnent plus de 200 cours par an suivis par environ 800 étudiants. Les frais d'inscription varient entre 200 et 250 francs par an. La dépense annuelle s'élève à environ 500,000 francs.

Parmi les écoles professionnelles les plus importantes de la Suisse, on peut citer le technikum de Winterthour, les écoles d'art et de tissage de soie à Zurich déjà citées et l'école d'art de Genève. Cette dernière ville se fait particulièrement remarquer par ses écoles.

d'horlogerie, qui sont les meilleures du pays et dont la première a été fondée par la Confédération en 1824. D'autres ont été depuis établies dans le canton de Neuchâtel, à La Chaux-de-Fonds et au Locle, qui sont les principaux centres d'industrie horlogère du Jura, et à Neuchâtel et Fleurier, puis à Bienne et St-Imier dans le canton de Berne. Dans ce dernier canton on trouve encore des écoles de sculpture sur bois, l'une à Meyringen et l'autre à Brienz, mais la première est de beaucoup la meilleure.

On attache aussi une très grande importance en Suisse aux écoles d'agriculture. Nous avons déjà mentionné l'école d'agriculture et de chimie agricole au polytechnicum de Zurich, où viennent s'instruire ceux qui veulent se perfectionner dans cette science. Une instruction non seulement théorique mais pratique est donnée dans les fermes-écoles de Strickhof (Zurich), de Cernier (Neuchâtel) et de Rutti (Berne), qui possède également une école de laiterie. Pendant l'hiver, il y a des écoles purement théoriques à Lausanne, à Sursée (Lucerne) et à Brugg (Argovie). On trouve encore à Lausanne une école expérimentale pour la culture de la vigne, une école de jardinage à Genève et des écoles de laiterie à Sornthal (St-Gall) et à Treyvaux (Fribourg). De temps en temps des conférences et des cours sont donnés dans différentes parties du pays sur l'horticulture et la viticulture, la culture du fourrage, l'élève des bestiaux, etc., etc. On essaie de développer de cette façon un certain esprit d'entreprise parmi les habitants des régions les plus sauvages du pays, qui reçoivent ainsi certaines notions théoriques et pratiques sur l'agriculture [1].

---

[1] L'enseignement professionnel et industriel existe depuis trop peu de temps en Suisse, au moins officiellement, pour que l'on ait pu déjà constater par des rapports, l'état de son développement et de ses progrès qui, il n'y a pas à en douter, sont des plus satisfaisants. Tout le

Les universités suisses, qui sont pour ainsi dire calquées sur le modèle des universités allemandes, sont au nombre de quatre : Bâle, Berne, Zurich[1], où les cours sont généralement donnés en allemand et Genève, qui est surtout fréquentée par les étudiants de la Suisse française. Ces universités ont les 4 facultés : théologie, médecine, philosophie et droit. Il y a une académie à Lausanne et une autre à Neuchâtel, mais on n'y trouve pas les 4 facultés. Tous les efforts faits pour créer une grande université fédérale ont échoué jusqu'à présent, parce que les autorités universitaires n'ont pu encore arriver à s'entendre sur le choix de

---

monde en Suisse est de plus en plus pénétré de la nécessité qu'il y a à compléter aussi promptement que possible et à encourager toujours plus l'éducation professionnelle. C'est le moyen le plus efficace, aux yeux du gouvernement comme des particuliers, de remédier aux souffrances dont se plaignent les industries de ce pays et de maintenir la Suisse dans la voie du progrès industriel. L'alliance de la pratique et de la théorie, du travail manuel et du travail de l'intelligence, de l'école et de l'atelier, est certainement la combinaison la plus propre à préparer pour toutes les industries des ouvriers habiles, des contremaîtres ayant acquis de bonne heure les connaissances spéciales à chacune d'elles, et en état de comprendre leurs besoins et de seconder leurs progrès. A l'exemple des autres pays, la Suisse s'efforce de diriger le plus vite possible ses ouvriers dans leur spécialité industrielle en leur donnant la meilleure éducation professionnelle possible : c'est ainsi qu'on rend le travail plus fécond et qu'on accroît la capacité productive d'un pays, car on peut affirmer sans crainte, qu'une industrie quelconque trouvera toujours ses plus heureux et ses plus dangereux concurrents dans les pays où l'éducation technique a été amenée au plus haut degré de perfectionnement et où sont organisées avec le plus de succès les écoles professionnelles. C'est également la conclusion à laquelle est arrivé le Congrès international pour l'enseignement technique qui s'est tenu à Bordeaux, au mois de septembre de l'année 1887, et c'est ce qui explique l'unanimité avec laquelle les crédits demandés pour l'enseignement professionnel et industriel sont votés par les Chambres suisses, crédits qui atteindront certainement un million par an d'ici à quelques années, si, comme il faut l'espérer, la situation financière de la Confédération continue à prospérer. H. L.

[1] Il vient d'être établi à Fribourg une université catholique, établissement gouvernemental et non université libre comme celles que l'on rencontre au Canada, en Amérique, en Belgique et en France. La

la ville où elle devrait être établie. Environ 2200 étudiants fréquentent ces 4 universités; 500 d'entre eux, dont 212 pour la médecine, 197 pour la philosophie, 43 pour la théologie et 40 pour le droit, sont étrangers. Les étudiants immatriculés, Suisses et étrangers, se divisent en : 749 étudiants en médecine, 515 en philosophie, 301 en droit et 219 en théologie. Les étudiants non immatriculés, les auditeurs comme on les appelle en Suisse, sont au nombre de 400 environ, dont 183 à l'université de Genève seule. Il y a 60 étudiantes à l'université de Zurich, dont 40 suivent les cours de médecine.

fondation d'une université figurait depuis le XVIme siècle sur le programme des catholiques suisses et de fréquentes négociations ont jadis eu lieu entre les cantons intéressés. Au milieu du siècle dernier déjà, le canton de Fribourg avait résolu de chercher à atteindre ce but par ses seuls efforts et depuis vingt ans la propagande en faveur de cette idée avait pris de grandes proportions. Elle vient de recevoir enfin son exécution grâce à l'allocation de 2,500,000 francs votés en décembre 1886 par le Grand Conseil en faveur de cet établissement. Pour le moment, l'université de Fribourg ne comporte que deux facultés : celles de droit et de théologie et on ne voit pas trop comment, à moins de frais énormes, on puisse, d'ici à longtemps, y enseigner la science et la médecine, car Fribourg ne possède aujourd'hui ni observatoire, ni jardin botanique, ni bibliothèque, ni collections scientifiques sérieuses, ni laboratoire de chimie, ni instruments de physique. Sa faculté de théologie sera établie, organisée et entretenue par l'épiscopat suisse et, comme le fait remarquer le *Moniteur de Rome*, l'université de Fribourg aura pour but de « fortifier et vivifier la foi des Pères ». La création de l'université de Fribourg ne se heurte à aucun obstacle constitutionnel ; le seul juge en cette matière est le peuple fribourgeois : la Constitution fédérale ne pose qu'une seule condition, c'est que l'enseignement ne soit donné ni par les jésuites, ni par les membres d'un ordre affilié aux jésuites. L'enseignement supérieur n'étant pas obligatoire peut être confessionnel et sera donné par un certain nombre de professeurs allemands, français et suisses, car l'université sera internationale et non exclusivement suisse, ce qui ne peut que contribuer au succès de l'œuvre. Elle a été ouverte en novembre dernier.

D'un autre côté, le Grand Conseil vaudois a décrété le 10 mai la transformation de l'académie en université. Cette transformation qui était déjà presque réalisée en fait, sera officiellement inaugurée à l'ouverture des cours en octobre prochain. H. L.

C'est surtout par ses résultats qu'il faut juger de l'excellence du système scolaire en Suisse. Les Suisses ne se vantent pas en disant que tout enfant dans la Confédération, sauf ceux qui en sont empêchés par leur état mental, sait lire et écrire, mais ils le prouvent. Il y a quelques années, un membre de la section genevoise de la Société suisse de statistique, cherchant à faire l'épreuve d'un système d'instruction pour les adultes, avait grand'peine à trouver une personne qui ne sût ni lire ni écrire. Il finit par en découvrir une cependant; ce n'était pas un Suisse, mais un Savoyard. Nous avons déjà parlé de la générosité avec laquelle on dépense l'argent pour bâtir des écoles et développer l'instruction dans chaque canton. Dans sa profession de foi, plus d'un candidat, pour enlever son élection, s'engage à tâcher de faire diminuer la dépense des établissements sur lesquels il pourra avoir un contrôle: pas un ne songerait à obtenir les votes de ses électeurs en proposant la diminution du budget de l'instruction publique.

Les pauvres considèrent comme un des privilèges les plus chers que leur a conféré la Constitution, le droit de voir leurs enfants s'instruire aux frais de l'Etat; les riches d'autre part y voient l'un des meilleurs et des plus sûrs moyens de conserver la tranquillité et la prospérité de la Confédération, où le gouvernement est, en fait, entre les mains des masses.

C'est cette dernière opinion qu'un riche patricien bernois exprimait heureusement en disant : « C'est dans notre intérêt que nous instruisons nos maîtres. »

CHAPITRE XIV

AGRICULTURE

Nombreuses différences dans l'élévation, la surface et le sol du pays. — La plaine : vins, fruits et pâturages. — La montagne : blé, pommes de terre et foin. — Le district alpestre : forêts et pâturages. — Les deux espèces de bétail : la race tachetée et la race noire. — Amélioration de la race. — Lait, beurre et fromage. — Propriétaires et fermiers. — Baux. — Maisons. — Culture de la vigne. — Lois forestières, fonctionnaires forestiers, étendue des forêts.

La superficie totale de la Suisse est de 41,346,5 km²., dont près d'un tiers (11,708,9 km².) est totalement improductif[1]. Il n'y a pas d'autre pays au monde où se trouvent réunies sur un aussi petit espace, de telles différences dans l'élévation et la forme de sa surface, une telle variété dans la composition et les conditions du sol, d'aussi grands changements dans la température et dans la force et la distribution de la résistance atmosphérique. Partant du plateau le plus bas du versant sud des Alpes, — à quelque 200 mètres au-dessus du niveau de la mer — où croissent et mûrissent en plein air le figuier, le citronnier et l'amandier, pour

[1] Les chiffres cités dans ce chapitre sont pour la plus grande partie extraits de l'ouvrage de M. G. Lambelet, statisticien au bureau fédéral de statistique, dont les données sont officielles et des plus récentes.
H. L.

s'élever jusqu'à une hauteur d'un peu moins de 5,000 mètres, où tout vestige de la culture la plus primitive cesse, le voyageur rencontrerait le long de sa route presque toutes les espèces du règne végétal connues en Europe. Ceux qui ont suivi l'une de ces grandes routes alpestres qui conduisent d'Italie en Suisse, ont dû être frappés du changement graduel du paysage qui s'opérait sous leurs yeux à mesure que la diligence gravissait péniblement les zigzags rapides de la route. Ils ne peuvent avoir oublié les vignobles le long desquels ils ont passé pendant la première étape, puis les verts pâturages, puis les forêts épaisses, puis plus haut encore les pins aux racines noueuses, les genêts rabougris, jusqu'à ce qu'enfin l'air de plus en plus vif de la montagne vienne leur faire sentir qu'ils s'approchent des cimes neigeuses des Alpes.

Dans le but de donner une idée générale de ce qu'est la végétation en Suisse et de la façon dont elle est répartie dans les différentes parties du pays, nous diviserons la Suisse en trois zones distinctes d'après leur élévation respective.

I. *La plaine*. Elle commence à une hauteur de 646 pieds (197 mètres environ), le point le plus bas de la Suisse, pour s'élever jusqu'à 2625 pieds (700 mètres environ). Elle comprend tout le pays qui s'étend du sud-ouest au nord-ouest, du lac de Genève au lac de Constance, tout le long de la ligne de chemin de fer entre Genève, Berne, Olten, Zurich et Romanshorn. Ce district renferme les parties les plus chaudes et les plus abritées de la Suisse, le long des lacs Majeur et de Lugano sur le versant méridional de ces Alpes puissantes qui les protègent complètement contre les vents glacés du nord. Les pentes ensoleillées du pied des Alpes sont généralement couvertes de vignes qui prospèrent dans le nord de la Suisse jusqu'à une hauteur de 1640 pieds (500 mètres environ) et dans le sud jusqu'à 1970 pieds (600 mètres environ) d'élévation. On rencontre dans ces vallées bien arrosées et dans ces pentes ombragées quelques-unes des plus riches prairies du pays, tandis que la partie supérieure, impropre à la végétation, est généralement couverte de forêts. Cette partie du pays est celle qui produit le plus de fruits. Les arbres sont plantés au milieu des pâturages.

II. *La région montagneuse.* Elle s'étend depuis 700 mètres jusqu'à 1290 mètres environ d'élévation, et comprend la plus grande partie de la chaîne du Jura ainsi que toute la partie basse de la région alpine. On y cultive principalement la pomme de terre et les grains. Les pentes couvertes de gazon servent alternativement comme prairies et comme pâturages. La récolte du foin y est des plus abondantes. Le chêne, le hêtre, le platane se rencontrent dans les parties les plus élevées, mais au delà de 1230 mètres, il n'y a plus de vergers.

III. *Le district alpestre.* Il s'étend depuis 1290 mètres jusqu'à 2280 mètres environ d'altitude. A cette élévation toute culture de la main des hommes cesse. On peut diviser ce district en bas district (jusqu'à 1800 mètres d'altitude), et haut district. Quand le premier n'est pas couvert de forêts on s'en sert comme pâturage et comme de la vallée l'accès en est encore assez facile, on y mène presque toujours les vaches paître, d'où lui vient le nom de *Kuhalp* (alpes des vaches). On y rencontre par-ci par-là de petits champs de blé jusqu'à une hauteur de 1590 mètres et de pommes de terre jusqu'à une hauteur de 1500 mètres. Ce n'est que dans les parties basses de ces districts que l'on trouve des chalets habités toute l'année; ceux que l'on voit dans les régions élevées ne sont occupés que pendant la saison des pâturages, qui ne dure guère plus de 10 à 12 semaines. Les arbres à feuillage caduc disparaissent peu à peu pour faire place à des conifères. Dans le haut district, la saison ne dure même que de 4 à 6 semaines. Les pentes gazonneuses, si raides et si difficiles à atteindre parfois, servent d'ordinaire à faire paître le jeune bétail, le mouton et la chèvre, d'où lui vient le nom de *Schafalpen* (alpes des moutons). Il est rare que la forêt s'étende aussi haut quoique l'on rencontre encore des sapins et des mélèzes solitaires jusqu'à une hauteur de 2100 mètres environ. Le sol qui ne sert pas aux pâturages est généralement couvert de sapins d'une petite espèce et de rosiers des Alpes.

La superficie totale de la terre cultivée en Suisse est de 5,378,122 acres [1], dont 1,715,781, soit 31,9 %, de prairies, et 1,962,656 ou 36,5 % de pâturages. La terre labourable couvre une étendue de 1,533,092 acres, soit 28,5 %, les vignobles 87,714 acres, soit 1,6 %, et les jardins 78,870 acres, soit 1,5 % [2].

De ce que nous avons dit plus haut, il résulte que l'élève du bétail et la culture du foin et du fourrage sont de beaucoup les branches les plus importantes de l'agriculture en Suisse. Il est vrai que dans tout le pays, le sol et le climat sont des plus favorables à ce genre de culture.

La Suisse possède deux excellentes races de bétail, la tachetée et la brune, qui ne diffèrent l'une de l'autre que par leur taille et une finesse plus ou moins grande de formes. La première espèce a été importée, croit-on, en Suisse par les tribus germaniques du nord de l'Europe. On en trouve les plus beaux échantillons dans

---

[1] L'hectare vaut environ 2 $^1/_2$ acres ; exactement il vaut 2,471 acres.
H. L.

[2] D'après l'ouvrage de M. Lambelet, déjà cité plus haut, la superficie du sol productif s'élève à 29,637,5 km², dont 7714 en forêts, 305 en vignobles et 21.618 en champs, jardins, prés, pâturages, etc. Le sol improductif couvre une superficie de 11,709 km², dont 1838 en glaciers, 1386 en lacs, 161 en villes, villages et bâtiments et 8324 en voies ferrées, routes, chemins, rivières et ruisseaux, rochers, éboulis, etc., etc.
H. L.

les vallées de la Simme, de la Sarine et du Kander, dans les arrondissements de Gruyère et de Bulle et en général dans toute la Suisse occidentale et septentrionale. Cette race produit des animaux grands et pesants, les plus pesants presque de l'Europe. Le pelage est brun foncé, jaune ou roux sur fond noir. Le lait qu'ils donnent produit le meilleur beurre et le meilleur fromage. Ces animaux sont faciles à engraisser et grâce à leur force et à leur taille, peuvent être également employés comme bêtes de trait.

La race brune comprend les puissants animaux de Schwytz, ceux de taille moyenne d'Unterwald et des cantons orientaux et la petite race de montagne. Elle est connue sous le nom de *Torf-Kuh*, et on la considère comme plus ancienne que la race tachetée. On la trouve surtout à Schwytz, Zug, Lucerne et Zurich et dans l'est et le sud du pays.

Il y a dans le Valais une race connue sous le nom de « Herens » qui, de l'avis de beaucoup de connaisseurs, forme une race distincte et primitive. Ces animaux, au corps trapu et puissant, sont admirablement adaptés pour les pâturages presque inaccessibles où il serait impossible d'entretenir une race plus lourde et qui d'ordinaire sont couverts de troupeaux de chèvres. Ils s'engraissent facilement et leur viande est très estimée des bouchers.

Dans ces dernières années, non seulement le gouvernement fédéral, mais encore les différentes sociétés d'agriculture du pays, ont fait tout ce qui a été possible pour améliorer ces races. Mais on arrive difficilement à s'entendre sur la manière de s'y prendre et plus d'une autorité en matière d'agriculture semble douter que l'importation de bestiaux étrangers soit le meilleur moyen pour arriver à ce résultat. M. Conway Thornton fait remarquer, dans un des rapports qu'il a adressés au gouvernement anglais alors qu'il était secrétaire de la légation d'Angleterre à Berne, rapport dans lequel nous avons largement puisé, que, si l'on songe aux brusques variations de température que le bétail a à supporter en Suisse, aux mauvais temps auxquels il est si souvent exposé dans les districts alpestres, aux pâturages presque inaccessibles qu'il lui faut gravir pour arriver à trouver sa nourriture, il devient évident que, si les qualités nécessaires pour vivre dans ces conditions sont obtenues par une reproduction soignée, le bétail du pays s'adaptera plus facilement que toute autre race importée aux conditions défavorables dans lesquelles il doit vivre. En 1880, dans le but de perfectionner la race du bétail en Suisse, quatre haras (herd-books) ont été établis. Le tableau suivant montre d'après la statistique agricole pour l'année 1886 l'état du bétail en Suisse [1].

	Bêtes à cornes	Chevaux	Porcs	Moutons	Chèvres	Total
Nombre de têtes	1.212.539	103.410[2]	394.917	341.804	416.313	
Valeur	360.730.000	52.429.000	20.932.000	6.837.000	7.494.000	448.422.000
Proportion de chaque espèce par rapport à la valeur totale	80,4	11,7	4,7	1,5	1,7	100
Nombre de têtes de bétail par 100 h. de terre agricole	55,7	4,8	18,1	15,7	19,3	
Rendement annuel brut	280.900.000	71.800.000	25.000.000	2.900.000	5.600.000	386.200.000
Proportion de chaque espèce dans le rendement général	72,8	18,6	6,4	0,8	1,4	100

[1] Ce recensement ne se fait que tous les 10 ans. H. L.
[2] Y compris 2,472 mulets et 2,046 ânes. H. L.

L'on voit par ces chiffres qu'il y a en Suisse beaucoup plus de vaches et de bœufs que d'autres animaux. L'emploi des bestiaux comme bêtes de trait exerce une influence considérable sur les profits généraux que l'on retire d'eux. Les recettes brutes produites par le bétail, sauf le fumier, s'élèvent à :

Lait	174,263,205
Abattage pour le marché intérieur	53,775,700
Valeur du travail	32,803,200
Exportation (bétail et viande)	24,399,849
	285,241,954

La quantité moyenne de lait produite chaque année s'élève à 15,104,786 hectolitres, dont 14,521,934 hectolitres pour le lait de vache et 582,852 hectolitres pour le lait de chèvre. Le peuple suisse en consomme à peu près 6,432,417 hectolitres. 1,672,369 sont employés à la nourriture des veaux et des cochons, et 300,000 hectolitres environ entrent dans la manufacture de lait condensé et de farines alimentaires pour enfants. La moitié de ce qui reste est convertie en beurre et l'autre en fromage (6,700,000 hectolitres pour les deux). Il n'y a pas moins de 5,500 fromageries dans toute la Suisse. En 1886, on en exporta 27,430 tonnes [1] pour une valeur de 38,126,000 francs. Depuis quelques années on exporte 600 à 700 tonnes de beurre dont la plupart va à Paris et à Londres.

[1] Pendant l'année 1888, la Suisse a exporté pour 36,456,603 francs de fromages, 1,953,122 francs de beurre, 11,306,038 francs de lait condensé et 173,704 francs de sucre de lait. L'exportation du fromage avait diminué en 1888 de plus de 4 millions de francs et en présence de ce résultat, les augmentations pour le beurre et le lait condensé ne signifient pas grand'chose, surtout si l'on tient compte de l'inquiétant recul de ces articles dans les années précédentes. En somme l'exportation totale de l'industrie laitière de la Suisse, abstraction faite du sucre de lait, qui s'élevait en 1885 à 55 millions, est tombée en 1887 à 53 millions et reste en 1888 à 49 millions seulement. (H. L. Extrait de la statistique du commerce de la Suisse avec l'étranger pour 1888, publié par le département fédéral des péages).

En décrivant ainsi l'industrie agricole de la Suisse, nous n'avons pas cru nécessaire de parler du système de fermage en vigueur dans les districts alpestres. Les pâturages appartiennent aux différentes communes ou villages [1], mais la façon dont le sol est approprié exerce une influence très visible sur la culture. Les 21,618 km² qui, comme nous l'avons vu plus haut, sont consacrés à l'agriculture, se partagent entre 258,639 propriétaires [2], qui possèdent des fermes d'une étendue moyenne d'environ 8 hectares (20.75 acres). La plus grande partie des fermes sont de petite ou de moyenne étendue. Comme il n'y a qu'une partie comparativement petite du sol qui donne réellement de bonnes récoltes, le pays ne peut pas nourrir sa population, d'où la nécessité de l'importation d'une énorme quantité de produits agricoles, grain, blé, farine, dont l'excédent de l'importation sur l'exportation atteignait en 1885, 131,188,635 francs, et en 1886, 153,509,031 francs, soit respectivement 45 et 52 francs par tête d'habitant [3].

La question des rentes (loyers) n'a guère d'importance en Suisse, car il est rare qu'une ferme ne soit pas exploitée par son propriétaire. Il ne faut cependant pas oublier que dans beaucoup de cas, la terre est lourdement hypothéquée, ce qui est presque inévitable dans un pays où la propriété se divise continuellement. Dans l'Oberland bernois, ce morcellement de la terre est plus grand que partout ailleurs et quand

[1] Dans les arrondissements de la plaine, la terre appartient presque en entier à des particuliers.

[2] 289,274 propriétaires d'après l'ouvrage de M. G. Lambelet, cité plus haut. H. L.

[3] L'insuffisance de la récolte en 1888 a eu pour conséquence une augmentation inouïe jusqu'ici de l'importation tant du froment que notamment de l'avoine et du seigle, du fourrage, foin et paille. L'on a dû faire venir aussi de l'étranger beaucoup plus de pommes de terre ; toutefois l'on avait déjà eu des chiffres analogues en 1877, 1879, 1882 et 1884. (H. L. Extrait de la statistique officielle de la Suisse, publiée par le département fédéral des péages).

nous étions à Berne, on nous a cité le cas d'un cerisier qui n'avait pas moins de sept propriétaires. Ce système est un grand obstacle au développement de l'agriculture et l'une des causes de la forte émigration qui désole le pays. Un autre inconvénient résulte de la difficulté d'obtenir le consentement de tant de propriétaires différents lorsqu'il s'agit d'un travail de quelque importance, la construction d'une route par exemple. On ne peut, dans certains cantons, procéder à un tel travail sans avoir obtenu l'assentiment de tous ceux que cela touche directement; quelques têtus peuvent donc, par simple mauvaise volonté, empêcher une amélioration utile à tous. Dans la plupart d'entre eux, on a voté une loi qui donne à la majorité le droit de prendre une décision en telle occurence; c'est d'ailleurs un principe établi depuis longtemps dans toute la Confédération qu'en cas de travaux publics importants à exécuter, les intérêts privés doivent céder le pas aux intérêts généraux.

Beaucoup de ces petites fermes, et surtout dans les districts alpestres, ont, par suite de subdivisions, successions, été réduites à si peu de chose, que c'est à peine si elles peuvent nourrir une seule famille et qu'une subdivision nouvelle semblerait chose impossible. Dans les cantons d'Argovie et de Thurgovie, et dans quelques autres encore, le gouvernement a tâché de résoudre ce difficile problème d'une trop grande accumulation de terres d'un côté dans une seule main et d'un trop grand morcellement de l'autre. D'après des lois votées dans ce but, la terre ne peut être divisée en lots moindres de 5,000 à 20,000 pieds carrés.

Et cependant, ce système a d'innombrables avantages et il contribue pour beaucoup à maintenir parmi les populations de ce pays cet esprit d'indépendance et de confiance en soi-même qui est si remarquable en Suisse. Le paysan qui cultive sa propre terre sent qu'il a un intérêt direct dans la prospérité de son canton et, en fait, il serait difficile, à tout prendre, de trouver en Europe un peuple plus industrieux et plus heureux que les Suisses.

Dans toute la Confédération la propriété foncière est libre et les frais de transfert, qui diffèrent d'ailleurs selon les cantons, sont des plus modiques. En fait, il n'y a peut-être aucun autre pays au monde où les facilités accordées par la loi pour l'achat et la vente de la terre soient aussi grandes qu'ici, aussi a-t-elle acquis une énorme valeur et est-elle très recherchée.

Il n'y a pas de code foncier fédéral et chaque canton a le droit de faire ses propres lois sur la jouissance de la terre. Quoique ces lois varient considérablement dans leurs détails, leur tendance générale est, à n'en pas douter, de décourager la centralisation ou l'accumulation des terres entre les mains d'un petit nombre d'individus. Nous donnons ci-dessous quelques détails sur l'état de cette question dans le canton de Berne que nous avons puisés dans un rapport de M. F. Carew, secrétaire de la légation d'Angleterre à Berne en 1881.

« La vente des terres, dit-il, est absolument libre dans le canton de Berne et ne peut être soumise à aucune restriction : il n'y a d'autres formalités à remplir que la signature du contrat par les deux parties et le dépôt du document au bureau cantonal d'enregistrement. Les droits payés pour ce transfert (et qui sont touchés par le canton, qui en abandonne une petite partie à la commune) s'élèvent à environ 7 pour 1000, et ce chiffre peut être pris comme moyenne pour le coût du transfert de la propriété dans toute la Confédération. Il n'existe pas de registre officiel des baux, de sorte qu'il est impossible de dire avec exactitude le chiffre des fermiers locataires et celui des fermiers propriétaires. Les baux ordinaires ont une durée de 5 à 10 ans. Les sous-locations sont chose fort rare en

Suisse et pour ainsi dire totalement inconnue dans les environs de Berne. Quant aux améliorations apportées à la propriété, la dépense en est supportée ensemble par le propriétaire et le locataire à moins qu'il ne s'agisse d'améliorations importantes et durables, telles que la construction d'un nouveau bâtiment de ferme ou bien des additions considérables à un vieux ; dans ce cas, c'est le propriétaire qui supporte généralement tous les frais. Il n'y a cependant pas de règle absolue à cet égard. C'est au propriétaire et au locataire de s'entendre entre eux. Le fermier n'est jamais obligé à un certain assolement ; il est à remarquer que ce n'est qu'excessivement rarement que l'on a pu reprocher à un fermier d'avoir volontairement et méchamment épuisé la terre. Le locataire sortant est tenu de remettre à celui qui le remplace la ferme dans les mêmes conditions où il l'a reçue lui-même et il est obligé de tenir compte à ce dernier de ce qui pourrait manquer dans la prochaine récolte de foin, de fourrage ou de fumier, etc.

« L'ancien et le nouveau locataire n'ont à entrer dans aucune espèce d'arrangement particulier au sujet des récoltes sur pied et des améliorations qui ont été introduites sans que le premier en ait joui ; c'est au propriétaire, qui est en général en meilleurs termes avec ses fermiers que ceux des autres pays d'Europe, à s'entendre avec les deux parties et il le fait d'ordinaire d'une façon qui contente tout le monde.

« En cas de vente de la ferme, que le locataire ait ou non reçu avis d'avoir à vider les lieux, c'est au vendeur et à l'acheteur à s'arranger entre eux sur le montant de la compensation due au fermier et à lui faire des offres en conséquence. »

L'on cultive les céréales dans la moitié à peu près de la terre arable, l'autre moitié est consacrée à la culture des pommes de terre, navets, trèfle, maïs vert, vesce[1]. Le tableau suivant donne la valeur des différentes récoltes (sauf le gazon et le trèfle) fournies par la terre arable :

Blé 3,500,000 quintaux à 20 fr. le quintal . . . . Fr.	70,000,000
Vin 1,139,490 hectolitres à 40 fr. l'hectolitre . . . »	45,580,000
Pommes de terre 5,000,000 quintaux à 7 fr. le quintal »	35,000,000
Fruits 3,500,000 hectolitres à 6 fr. l'hectolitre . . »	21,000,000
Plantes industrielles . . . . »	20,000,000
Fr.	191,580,000

Si nous ajoutons à cela les bénéfices réalisés sur le bétail (après en avoir déduit la valeur du travail des bœufs et des chevaux qui s'élève à 312,600,000 francs), nous trouvons un produit total de 504,180,000 francs. Les terres et les bâtiments de ferme valent environ fr; 3,411,000,000 le bétail peut être évalué à fr; 454,629,000 ; les instruments agricoles à fr; 151,150,000 le capital roulant pour l'exploitation des fermes à 333,410,000 francs. L'agriculture suisse dispose donc d'un fonds de roulement d'environ 4,350,000,000 francs.

Les gouvernements fédéral et cantonaux ont été chargés récemment de déterminer les meilleurs moyens d'encourager et de développer les intérêts agricoles du pays. Depuis 1883, il existe une division de l'agriculture au département fédéral du commerce à Berne et la plupart des cantons ont voté des lois destinées à protéger le développement de cette branche de la richesse du pays.

De 1883 à 1887, les subventions accordées dans ce but se sont élevées à 303,000 francs par an. En 1888, les sommes votées par les autorités cantonales s'élevaient à 570,000 francs. Ces sommes, jointes aux subsides fédéraux, ont été consacrées à l'entretien des différentes écoles d'agriculture et de viticulture, des fermes modèles auxquelles nous avons fait allusion dans notre chapitre sur l'éducation, à l'institution de

---

[1] Plante fourragère qui produit une graine dont on se sert principalement pour la nourriture des pigeons.

primes pour les expositions ouvertes dans les différents cantons et à l'achat d'animaux de valeur pour la reproduction. Dans ces sommes ne sont pas comprises les dépenses faites pour la correction des cours d'eaux et pour le reboisement des forêts; nous aurons l'occasion d'en parler plus loin.

Dans la plupart des cantons, il s'est formé de nombreuses sociétés d'agriculture et d'horticulture qui déploient beaucoup d'activité et d'énergie. L'association centrale suisse est un corps important, dont le but principal est de développer dans tout le pays un vaste système de coopération qui permette aux petits fermiers non seulement de s'unir pour acheter des engrais, semences et machines, mais aussi pour vendre à des conditions beaucoup plus avantageuses que s'ils agissaient séparément, les produits de leur terre.

Comme nous l'avons déjà dit, 1,6 % environ du sol productif est consacré à la culture de la vigne, qui se pratique surtout sur les pentes qui entourent les lacs de Genève, de Neuchâtel, de Bienne et de Zurich, dans les vallées formées par les rivières les plus grandes et dans certaines plaines de la partie nord du pays. Les seuls cantons où l'on ne cultive pas la vigne sont ceux d'Unterwald et d'Appenzell. C'est au Tessin que l'on trouve le plus de vignobles : il y en a 32 milles carrés [1]; ceux du canton de Vaud couvrent 21 milles carrés; puis vient le canton de Zurich avec 20 milles carrés. La vigne se cultive en Suisse à une plus grande élévation que partout ailleurs [2] en Europe, sauf en Savoie et dans le département français des Alpes mari-

---

[1] Le mille carré vaut exactement 2,5899 kilomètres carrés. — D'après l'ouvrage de M. Lambelet, déjà cité, le Tessin contient 79,7 kilomètres carrés de vignobles, le canton de Vaud 55,5, celui de Zurich 41,5 et dans ce dernier surtout, ainsi que dans celui d'Argovie, les vignobles ont une tendance sérieuse à diminuer. H. L.

[2] Voir la description de la plaine au commencement du chapitre.

times [1]. Le but principal du vigneron suisse est d'obtenir la plus grosse récolte possible et M. Schneebeli nous a cité le fait, parfaitement authentique, d'une récolte de 6600 gallons de vin dans un vignoble de deux acres d'étendue (300 hectolitres pour un peu moins d'un hectare). En prenant la récolte des vignobles à 440 gallons (22 hectolitres) par acre, nous trouvons que la production annuelle s'élève en moyenne à 1,421,200 hectolitres valant en moyenne 40 francs par hectolitre. Ce qui donne un revenu total de 57,000,000 francs.

La production du vin ne suffit pas aux besoins de la population. Aussi les importations de vins étrangers s'élèvent-elles à 15,400,000 gallons, dépassant ainsi de 11,000,000 de gallons l'exportation de vins suisses. Ces vins étrangers sont bus pour la plupart par les touristes qui, chaque année, arrivent en nombre de plus en plus considérable dans le pays [2].

Les principaux ceps suisses sont le Clævner, le Traminer blanc, le Ræuschling et l'Ebling. Le Clævner est la plante qui produit presque sans exception les vins rouges de la Suisse septentrionale et orientale et ceux de Neuchâtel; c'est seulement dans le Tessin et dans les vallées méridionales des Grisons que les vins rouges sont faits d'un autre raisin. Le Traminer blanc est cultivé presque exclusivement dans les cantons de

---

[1] Nous avons vu quelques grappes de raisins parfaitement mûrs cueillies à 1000 mètres d'altitude, à la treille de l'auberge des Avants. C'est certainement un des ceps les plus élevés du canton de Vaud.

H. L.

[2] L'importation du vin, favorisée par la situation résultant de la guerre de tarif franco-italienne, et l'abondance de la récolte dans ces deux pays, s'est élevée à 908,000 hectolitres, pour une valeur de 27,667,306 francs pour les vins en fûts et 1,462,430 francs pour les vins en bouteilles (en 1888). Par contre, l'exportation des vins suisses est tombée à un minimum par suite de la concurrence écrasante de l'étranger : elle n'avait jamais été aussi faible depuis 1868. Elle ne s'est élevée qu'à 628,427 francs. (H. L. Extrait de la statistique officielle du commerce de la Suisse).

Vaud et de Genève et aussi jusqu'à un certain point sur les bords des lacs de Neuchâtel et de Bienne, comme aussi dans le Valais et dans le demi-canton de Bâle-Campagne. On trouve le Rœuschling principalement sur les bords du lac de Zurich et dans le Simmenthal. L'Ebling se rencontre surtout dans les cantons de Schaffhouse, de Thurgovie, de Bâle et dans le district connu sous le nom de « pays du vin » dans le canton de Zurich. Ce dernier plant produit des vins blancs. Outre ceux que nous venons de citer, la Suisse produit nombre d'autres vins plus ou moins bons et plus ou moins connus. Le Valais et le Tessin produisent des crûs particuliers spécialement adaptés à leur sol; dans ce dernier canton, un tiers à peu près des plants appartient à l'espèce connue sous le nom de « Vitis latrusca » ou vigne sauvage, qui ne donne qu'une pauvre récolte; dans le Valais, l'Arvine et l'Amigne, qui donnent d'excellents vins blancs, méritent une mention toute spéciale. Le « Riesling » fournit un vin très délicat. Le « Rèze » produit le « vin du Glacier », ainsi nommé parce que les habitants du Val d'Anniviers ont l'habitude de déposer leurs provisions dans leurs fameuses caves des régions élevées.

Les crûs suivants sont les plus connus des cantons de Vaud, Valais et Neuchâtel.

Vaud: La Côte, Lavaux, Dezaley, Montreux, Villeneuve, Yvorne.

Valais: Dôle, Malmsey, Johannisberg, La Marque, Coquimper, vin du Glacier, Fendant.

Neuchâtel: Neuchâtel, St-Blaise, Cortaillod.

Les cantons allemands produisent une grande quantité de vins rouges, parmi lesquels les plus connus sont le Hallauer de Schaffhouse, le Neftenbacher de Zurich et le Goldwändler d'Argovie. Le monastère d'Einsiedeln possède un vignoble renommé qui produit le célèbre vin de Leutschen.

On fabrique du vin mousseux dans les cantons de Neuchâtel et de Vaud. On commence à importer en Angleterre (et ailleurs) en assez grande quantité le champagne suisse fabriqué à Neuchâtel.

Au commencement du XIVme siècle déjà, on reconnut la nécessité, dans les districts les plus populeux de la Suisse, de ne pas consommer le bois avec prodigalité. En 1314, les autorités zuricoises défendirent à leurs forestiers « d'abattre, de faire flotter ou de vendre du bois du Sihlwald ». En 1339, c'est au tour de Schwytz de prohiber dans le voisinage de ses principales villes l'emploi du charbon de bois, et en 1592, nous trouvons un décret des autorités bernoises qui enjoint aux habitants de cette ville de n'abattre les arbres qu'avec prudence et économie.

Les lois forestières du XVIIme siècle ne s'occupaient presque exclusivement que de la conservation et de la protection des bois de construction, et ce n'est qu'en 1702 qu'une commission fut instituée à Zurich pour rechercher les meilleurs moyens de protéger les forêts et d'en augmenter le nombre. Quelques années plus tard, la Société de physique de Zurich et la Société d'économie de Berne donnèrent toute leur attention à ces questions; aussi les gouvernements de ces deux cantons ne tardèrent-ils pas à édicter des décrets nouveaux qui contenaient les éléments essentiels d'une législation forestière et sont restés les bases des dispositions qui ont été prises plus tard. Le peu de tranquillité dont la Confédération souffrit au commencement de ce siècle vint empêcher le développement de la sylviculture, mais lors du réveil de l'instruction en général vers 1830, la question se trouva posée une fois de plus.

Persuadé de l'importance de la question, le gouvernement fédéral, quelques années plus tard, prit la chose en main et créa, en 1855, une école de sylviculture, annexée aujourd'hui à l'Ecole polytechnique de Zurich. Dans les premiers temps, les cantons regardèrent naturellement d'un mauvais œil cette législation nouvelle, destinée à venir empiéter sur leurs droits de souveraineté, et ce sentiment se fit surtout jour dans les arrondissements où existaient de grandes forêts, possédées soit par les communes soit par les bourgeoisies. Mais le gouvernement fédéral ne négligea aucun effort pour leur montrer de quel côté étaient leurs vrais intérêts et à peine se furent-ils rendu compte de l'importance de la question qu'il s'agissait de régler que tout mécontentement et toute opposition cessèrent. Même dans les cantons les plus arriérés, on ne tarda pas à reconnaître combien la conservation des forêts était nécessaire à la Confédération, non seulement parce qu'elles étaient utiles à leurs besoins journaliers, mais parce qu'elles servaient de soutien au sol dans les endroits glissants et à raison des différents phénomènes météorologiques dont elles étaient la cause. Il fallait ajouter à ces raisons le rapide renchérissement des bois de construction. Ce fut sans doute l'impression sérieuse et profonde produite en Suisse par les désastreuses inondations de 1868 qui fut cause de l'insertion, dans la Constitution fédérale revisée de 1874, de l'article 24, qui donnait à la Confédération, le droit de haute surveillance sur la police des endiguements et des forêts dans les régions élevées et l'obligeait à concourir à la correction et à l'endiguement des torrents ainsi qu'au reboisement des régions où ils prennent leur source, et à décréter les mesures nécessaires pour assurer l'entretien de ces ouvrages et la conservation des forêts existantes. La conséquence naturelle de ces obligations de la Confédération fut la création de places d'inspecteurs et de sous-inspecteurs des forêts. Dans les cantons, l'administration des forêts est confiée à un département spécial qui a pour chef un membre du pouvoir exécutif assisté du forestier en chef du canton.

En Suisse, le traitement de ces fonctionnaires forestiers est des plus modique. Les inspecteurs cantonaux reçoivent de 3 à 4500 francs par an; les forestiers d'arrondissement de 2200 à 2800 francs, les sous-forestiers environ 1200 francs. Il est rare qu'ils reçoivent en outre gratuitement une maison et un jardin.

Le tableau suivant donne la division et l'étendue des forêts en Suisse :

	Acres		Hectares
Forêts cantonales	81,945	environ	33,000
Forêts communales	1,299,075	»	526,000
Forêts particulières	573,940	»	232,000
Total	1,954,960		791,000

CHAPITRE XV

COMMERCE

Importation et exportation. — La Suisse fait plus de commerce, par tête d'habitant, que presque tout autre pays européen. — Articles d'importation et d'exportation. — Relations commerciales avec les autres pays. — Industrie séricicole ; cotonnière ; de broderie ; horlogère ; d'instruments scientifiques ; bijouterie ; boîtes à musique, etc. — Machines. — Bière et spiritueux. — Tabac, cigares, cigarettes, tabac à priser. — Fromage et lait. — Sculpture sur bois.

Le commerce spécial, c'est-à-dire en n'y comprenant ni le transit ni l'importation des marchandises pour dépôt, s'est élevé pendant les années 1885 à 1888 à :

Année	Total	Importation	Exportation
1885	1,421,940,096	756,253,164	665,686,932
1886	1,466,653,702	799,230,060	667,423,642
1887	1,508,127,549	837,034,916	671,092,633
1888	1,500,139,243	826,078,595	673,060,648

Pour avoir une idée approximative du commerce général, c'est-à-dire en y comprenant le transit et les marchandises en dépôt, il faut ajouter à chacun de ces chiffres environ 500 millions. En les comparant avec les statistiques des autres pays pour la même période, on trouve que, outre les Pays-Bas, la Suisse est le pays de l'Europe où le commerce général est le plus élevé par tête d'habitant. L'Angleterre et la Belgique viennent ensuite, puis la France et l'Allemagne. Le commerce de l'Italie (qui a une population dix fois supérieure à celle de la Suisse) n'est que du double, et cette différence est encore plus grande entre l'Autriche et la Suisse. Ce fait est d'autant plus remarquable qui ni par sa position géographique, ni par sa configuration topographique, la Suisse ne possède de ces grands avantages qui suffiraient à nous expliquer la raison de son remarquable mouvement commercial; elle est éloignée de tout port de mer, son territoire est coupé par les chaînes des Alpes et du Jura; elle ne possède ni une mine de charbon qui vaille la peine d'être exploitée, ni un canal, ni une rivière navigable [1]. La grande quantité de force motrice produite par les chutes d'eau peut, dans une large mesure, compenser le manque de charbon; c'est aussi grâce à cette force inépuisable que l'on a pu introduire et développer dans le pays plusieurs branches importantes d'industrie. L'admirable extension des voies ferrées et télégraphiques, les nombreux services de diligences installés dans les plaines et dans la montagne, sont venus naturellement faciliter les échanges avec les pays voisins, et la construction récente des lignes du St-Gothard et de l'Arlberg n'a pas peu contribué à donner au commerce suisse une impulsion puissante. En règle générale, la construction de ces routes et de ces voies ferrées a coûté énormément cher; l'habitant de la Suisse — le fermier de l'Oberland aussi bien que l'ingénieur civil — a constamment à lutter avec la surface raboteuse de son

---

[1] Le Rhin est navigable de Constance à Schaffhouse, même pour les vapeurs, et nombre de rivières servent au transport des bois par radeau. En outre, il y a quelques mines de charbon en exploitation dans le canton de Zurich, de St-Gall et de Fribourg, et il y a quelques canaux dont le principal est celui de la Linth, du lac de Wallenstadt à celui de Zurich, et celui de la Broye, du lac de Neuchâtel au lac de Morat.
H. L.

pays. La pauvreté du sol a longtemps forcé les Suisses à aller chercher ailleurs leurs moyens d'existence et jusqu'au commencement de ce siècle, les Suisses, comme nous l'avons déjà dit dans notre chapitre sur l'armée, ont, en échange de concessions commerciales, consenti à laisser lever chez eux des régiments pour le service de princes étrangers. Ce ne fut qu'après l'abolition des capitulations que l'industrie et le commerce commencèrent à prendre le développement qui devait leur donner la place importante qu'ils tiennent aujourd'hui grâce aux ressources qu'ils lui procurent, dans le budget fédéral.

Il est toujours difficile d'expliquer clairement les raisons de la disproportion qui existe entre les chiffres de l'exportation et de l'importation d'un pays. Quant à ce qui concerne la Suisse, on ne doit pas oublier que la majeure partie des matières premières ou à moitié ouvrées dont se servent les manufacturiers doivent être importées dans le pays, de même qu'une énorme quantité de denrées alimentaires [1]. Un excédent d'importation peut signifier que le pays a de nombreux capitaux employés à l'étranger ou bien qu'il a de nombreux ressortissants y faisant le commerce et envoyant chaque année chez eux une portion de leurs gains. C'est certainement le cas pour la Suisse, à qui, en outre, les touristes, lesquels en nombre toujours plus considérable, viennent chaque année visiter ce jardin de l'Europe, apportent une quantité énorme de numéraire qu'ils dépensent sur place. C'est seulement dans ces dernières années que les autorités fédérales ont pris des mesures pour affaiblir la concurrence étrangère et qu'elles se sont crues obligées d'imposer, dans un but de défense personnelle, des droits plus élevés sur certains articles; mais des mesures de ce genre ne sont considérées que comme des armes dont on ne se sert que dans

---

[1] Il en a été importé pour plus de 240 millions en 1888. H. L.

des circonstances particulièrement graves, lorsque le commerce du pays devient l'objet de restrictions injustifiables de la part d'un Etat étranger par exemple [1].

Nous allons donner ici quelques-uns des principaux articles d'importation. Ces chiffres ont été pris dans la statistique du commerce de la Suisse avec l'étranger pour 1888 publiée par le Département fédéral des péages. Chaque fois que cela nous a été possible, nous avons cité, par ordre d'importance, le pays de provenance. Comme on le supposera facilement, ce sont les comestibles, boissons et tabacs qui forment le principal article d'importation. On a importé en Suisse, en 1888, pour une valeur de 245,124,353 francs (commerce général) et 190,194,528 francs (commerce spécial), sans compter 35,876,871 francs (commerce général) et 30,630,688 francs (commerce spécial) pour bière, vin, eau-de-vie, esprit-de-vin en fûts. Cette rubrique entre donc à elle seule pour un quart dans le chiffre de l'importation totale (spéciale) du pays.

Céréales et farines env. 90 millions. Autriche, Russie, Allemagne.
Bétail de boucherie » 14 » Autriche et Allemagne.
Vin » 29 » France, Italie, Autriche.
Sucre » 16 » Autriche, Allemagne, Hollande.
Café » 15 » Amérique.
Volaille » 4 » France.
Œufs » 4 » France et Italie.

Il a été importé pour 7,930,000 francs de tabacs sous diverses formes. C'est une augmentation de 534,520 francs sur l'année 1887. L'Allemagne à elle seule en a importé pour 4,955,990 francs. Puis viennent la Hollande avec 607,060 francs, les Etats-Unis avec 565,220 francs et la Belgique avec 465,720 francs. Mais il faut

[1] En vertu de l'art. 34 de la loi douanière fédérale de 1851, le Conseil fédéral est autorisé dans les cas extraordinaires et surtout dans les cas de disette, ou bien quand le commerce de la Suisse est l'objet de restrictions injustes de la part d'un Etat étranger, à apporter tels changements dans le tarif douanier qu'il croit convenables. Sous réserve cependant de l'approbation des Chambres.

remarquer que dans le chiffre de l'importation allemande, hollandaise et belge, il entre énormément de produits américains.

L'importation des matières textiles s'est élevée en 1888 à 299,432,596 francs (commerce spécial), dont environ 108 millions pour les matières brutes, 95 millions pour les articles à demi ouvrés et 92 millions pour les produits achevés. Dans ce dernier sont compris les tissus destinés à être brodés ou teints.

Les articles les plus importants sont environ :

	Import. totale	Matières brutes	Matières à demi ouvrées	Articles confectionnés
Soie	150,000,000	60 à 65 millions	75,000,000	10,000,000
Coton	65,000,000	30 à 40 »	5,000,000	2,500,000
Laine	55,000,000	10 à 15 »	5,000,000	40,000,000

Les chiffres pour l'année 1888 sont un peu inférieurs à la moyenne donnée dans le tableau ci-dessus.

La soie provient principalement de France et d'Italie [1], le coton brut des Etats-Unis [2], les tissus de coton d'Angleterre, les lainages d'Allemagne [3], et les tissus de lin de Belgique et de France.

Parmi les autres articles d'importation les plus importants, nous pouvons citer les suivants, provenant principalement de l'Allemagne :

Espèces chimiques pour usage technique.	26,183,090
Cuir	19,536,150
Confections et modes	26,474,601
Fer.	31,614,382
Animaux vivants	33,902,328
Charbon, coke, lignite, briquettes . . .	29,288,132
Autres métaux, machines et quincaillerie	11,119,768
Bois et meubles	16,293,228
Pétrole et huiles minérales	8,603,136

[1] Et du Japon.   H. L.
[2] Et de l'Egypte.   H. L.
[3] Et de France. La laine brute provient de l'Allemagne, de la Belgique et de l'Australie.   H. L.

Environ 50 millions de francs entrent chaque année en Suisse (49,615,711 francs en 1888) en numéraire.

Nous donnons ci-dessous une liste des principaux articles d'exportation dont le plus important de beaucoup est celui que nous indiquons en première ligne :

Matières textiles	365 millions
Montres et bijoux	80 »
Fromage, lait condensé et farines alimentaires	50 »
Denrées alimentaires, bière et vin . .	25 »
Machines	20 »
Peaux brutes et tannées et cuir . . .	15 »
Couleurs artificielles, bois et meubles .	10 »
Produits de la petite industrie y compris les bois sculptés	50 »

La valeur des produits de l'industrie séricicole exportés s'élève à 200 millions de francs (201,281,715 en 1888), parmi lesquels il faut compter pour environ 15 millions d'articles de commerce intermédiaire, 65 à 70 millions d'articles à moitié ouvrés et de 110 à 115 millions de tissus, rubans, articles confectionnés, broderies. C'est l'Allemagne qui consomme la plus grande partie des articles mi-ouvrés. L'Angleterre, la France et les Etats-Unis d'Amérique achètent pour environ 90 millions de produits achevés (tissus principalement). Il a été exporté en 1887 pour 1,887,567 francs de broderies de soie en Angleterre et en France principalement. Les fils de coton entrent dans l'exportation totale pour 20 millions de francs environ, dont la plus grande partie va en Allemagne, en France, en Autriche et en Italie. L'exportation des tissus de coton de toute espèce s'élève à environ 50 millions (15 millions de tissus blancs et 30 millions de tissus de couleur ou imprimés). Les premiers sont employés pour la plus grande partie par les imprimeurs alsaciens ; les autres s'écoulent principalement en Orient et dans les pays méridionaux. L'industrie de la laine a pris également un développement assez considérable pendant ces dernières années (16,058,893 francs en 1888 à l'exportation, dont la moitié environ va en Allemagne et en Autriche). Le commerce de l'horlogerie qui reprend de l'importance, a ses débouchés les plus importants en Angleterre, aux Etats-Unis, en Allemagne, Italie, Autriche, France et Russie. Ce sont la France, l'Italie et l'Allemagne qui achètent le plus de fromage suisse; l'Angleterre consomme le plus de lait condensé.

L'espace nous fait malheureusement défaut pour donner ici en détail tous les renseignements relatifs aux différents produits de l'industrie suisse. Nous nous bornerons à présenter ci-dessous le tableau du commerce de la Suisse avec certains pays étrangers en 1888 (commerce spécial).

Pays	Importation	Exportation
Allemagne	253,771,416	164,486,898
France	202,817,187	142,909,725
Italie	115,840,526	51,435,860
Autriche	95,963,661	33,165,401
Grande Bretagne	43,860,696	104,735,372
Etats-Unis	21,949,330	87,035,749
Belgique	27,866,676	10,933,075

L'importation allemande, française, anglaise, américaine et italienne a diminué dans des proportions assez sensibles tandis que l'importation de produits autrichiens et belges a augmenté. D'un autre côté, la Suisse a vu son exportation diminuer avec l'Italie (51 millions au lieu de 65 millions en 1887), avec l'Autriche (33 millions au lieu de 38 en 1887) et légèrement avec l'Allemagne, tandis qu'elle augmentait de 11 millions avec la France, de 6 millions avec les Etats-Unis, de plus d'un million avec l'Angleterre et de plus d'un demi-million avec la Belgique.

Le tableau suivant nous donne l'état du commerce spécial de la Suisse avec les cinq parties du monde :

Pays	Importation	Exportation
Europe	779,175,635	543,933,359
Amérique	26,416,104	98,896,356
Afrique	13,064,919	3,457,487
Asie	6,952,180	24,246,311
Australie	1,469,757	2,527,145
	827,078,595	673,060,658

soit une diminution de 9,956,321 francs à l'importation et une augmentation de 1,968,015 francs à l'exportation sur l'année 1887.

Ces chiffres varient naturellement un peu chaque année grâce aux changements politiques que subissent les relations des diverses puissances, grâce aussi surtout à ces causes diverses et inattendues qui souvent viennent affecter le commerce du monde entier. En feuilletant attentivement les statistiques des années précédentes, on ne peut s'empêcher de remarquer que en règle générale, le chiffre de l'importation augmente régulièrement, tandis que le chiffre de l'exportation reste pour ainsi dire stationnaire. Mais ce fait ne prouve pas nécessairement, comme on pourrait le croire, une diminution de la prospérité commerciale du pays.

L'industrie de la soie est une des plus anciennes de la Suisse, où on la trouve déjà établie au XIIIme siècle. C'est Zurich qui est le centre le plus important pour la manufacture de la soie écrue. Le canton du Tessin est le seul où l'on trouve des filatures de cocons. Zurich et Bâle sont les centres principaux pour la filoselle et leurs produits sont généralement envoyés dans les ateliers de soieries des bords du Rhin. Le grand nombre d'ouvriers employés au tordage ont eu beaucoup à souffrir de la concurrence étrangère.

Grâce à l'introduction des métiers mécaniques, l'industrie du coton, si importante au commencement de ce siècle, est presque dans la même condition que l'industrie de la soie. Les fils de coton retors, les fils et les cotons blancs, surtout ceux fabriqués dans l'est et le nord de la Suisse, souffrent énormément de la concurrence anglaise et des droits protecteurs établis dans les autres pays. Les fils de coton sont principalement consommés à l'intérieur du pays, les tissus blancs sont destinés pour la plupart aux imprimeries de Zurich et d'Alsace. Les tissus de couleur ont vu aussi des temps meilleurs et les débouchés que ces produits trouvent aujourd'hui en Orient et dans l'Extrême-Orient ne sont qu'une bien faible compensation pour tous ceux que l'introduction du système protecteur leur a fait perdre dans l'Europe centrale.

Les tissus imprimés, l'une des industries les plus importantes du canton de Glaris, où elle a été apportée au milieu du siècle dernier, ont fortement à lutter sur les marchés étrangers avec l'article anglais, et l'introduction toute récente des droits protecteurs en Italie et en Autriche est encore venue leur porter un coup sensible.

Dans l'industrie du coton, on comprend généralement celle de la broderie, qui a subi de nombreuses modifications dans ces dernières années, mais n'en a heureusement pas moins continué à prospérer. C'est surtout dans la Suisse orientale que se fabriquent les broderies. Il n'y a plus que le travail le plus fin qui soit fait à la main, car on en est arrivé à obtenir avec les machines des résultats merveilleux. On peut, malgré cela, considérer encore la broderie comme une des industries domestiques de la Suisse. Elle a tant souffert de l'énorme surproduction que les fabricants et les ouvriers ont été obligés dans leur intérêt d'organiser entre eux une sorte de ligue.

Les industries de la laine et du lin, jadis si prospères, ont perdu beaucoup de leur importance; la concurrence allemande est venue leur enlever même les marchés du pays, aussi les fabricants demandent-ils avec instance l'établissement de droits protecteurs.

Les industries de la paille et des élastiques ont fait récemment de grands progrès, quoique la Chine soit un concurrent dangereux pour la première et que la dernière ait à souffrir des changements incessants de la mode.

Après les industries textiles viennent celles des métaux, parmi lesquelles se place en première ligne l'industrie horlogère. On peut dire même que cette dernière est véritablement chez elle en Suisse; on y trouve nombre d'arrondissements où depuis des générations et des générations des familles entières n'ont eu d'autre métier et en ont vécu. Les cours des écoles d'horlogerie sont suivis par des élèves venant de toutes les parties du monde. A Genève, cette industrie existait déjà en 1587. Elle ne tarda pas à s'unir intimement à l'art de la bijouterie, jetant ainsi les bases de cette union de l'art et de la mécanique qui a valu à Genève la réputation dont cette ville jouit aujourd'hui. Peu à peu cette industrie s'étendit aux cantons de Vaud, de Berne et de Neuchâtel, où un jeune forgeron de village, nommé Daniel JeanRichard [1], réussit, sur la simple inspection d'une montre qu'un voyageur anglais avait brisée en passant, à en construire une semblable. Les montres de grand prix sont faites seulement dans les localités où cette industrie s'exerce depuis de longues années déjà et où il existe des ateliers pourvus d'un outillage coûteux et perfectionné L'industrie horlogère a beaucoup souffert depuis nombre d'années de la concurrence américaine et des tarifs protecteurs. Parmi les améliorations que l'on doit aux fabricants

---

[1] Une statue lui a été élevée l'an dernier au Locle.   H. L.

genevois, on ne doit pas passer sous silence la montre à remontoir [1].

La fabrication des instruments scientifiques, des bijoux, des boîtes à musique et des jouets mécaniques se rapproche beaucoup de l'industrie horlogère et s'exerce d'ailleurs dans les mêmes endroits. Les boîtes à musique faites à Genève sont les plus renommées et c'est là qu'on y a apporté le plus d'améliorations, depuis la traditionnelle tabatière qui ne jouait qu'un seul air jusqu'au puissant orchestrion moderne. On trouve aujourd'hui des boîtes à musique qui jouent des airs chinois, japonais ou persans; c'est là la meilleure preuve du succès de cette industrie.

Nous avons déjà dit que la Suisse est obligée d'importer non seulement presque toutes ses matières brutes, mais encore une certaine quantité de produits à moitié ouvrés. Néanmoins la fabrication des machines, qui se pratique surtout dans le nord et le centre de la Suisse et principalement à Zurich et à Winterthour, a atteint une très grande importance et, dans certaines de ses branches, a su lutter avec succès contre la concurrence étrangère. Cependant l'Allemagne, l'Italie et l'Autriche ont pris récemment des mesures pour favoriser leurs fonderies et leurs ateliers de construction de machines.

Avant l'entrée en vigueur de la loi fédérale sur la fabrication et la vente des spiritueux (23 décembre 1886), il existait en Suisse plusieurs milliers de distilleries. C'étaient pour la plus grande partie des petits établissements ne possédant qu'un seul alambic dont se servaient les gens du village. Une des branches les plus importantes de cette industrie consiste dans la fabrication de liqueurs telles que l'absinthe, le vermouth, la gentiane et le kirsch, dont les meilleures qualités se fabriquent dans les cantons de Neuchâtel,

---

[1] Voir le rapport de M. Conway Thornton, secrétaire de la légation d'Angleterre à Berne, sur l'industrie horlogère.

de Zug, de Schwytz et de Bâle-Campagne. En 1882, le chiffre total de l'alcool distillé en Suisse s'élevait à 70,000 hectolitres.

D'après les statistiques publiées lors de l'exposition de Zurich en 1883, il y avait en Suisse 423 brasseries dont la plupart possédaient le matériel le plus perfectionné. Jusqu'en 1840, on consommait peu de bière même dans les plus grandes villes, mais l'augmentation du prix du vin fit rechercher la boisson houblonneuse. Le brasseur suisse ne peut brasser qu'avec difficulté, ayant à faire venir de l'étranger son orge, son houblon, son charbon et souvent même la plus grande partie de son matériel; il lui est d'un autre côté presque impossible d'affronte le marché étranger grâce aux droits élevés dont ce produit est frappé à son entrée dans les pays voisins. On brasse en Suisse environ 1,115,507 hectolitres de bière; on en importe annuellement 55,745 (en fûts) dont les $9\:^1/_3$ dixièmes viennent d'Allemagne tandis qu'on n'en exporte guère plus de 13,104 hectolitres dont les deux tiers sont écoulés en France [1].

La culture du tabac existe depuis de longues années en Suisse et spécialement dans les cantons de Vaud, du Valais, de Fribourg, de Berne, d'Argovie, de Thurgovie et de Bâle-Campagne. La qualité du tabac suisse laisse beaucoup à désirer et des 1378 tonnes récoltées annuellement, bien peu de chose passe la frontière. Les manufactures de tabac emploient environ 15,000 ouvriers. Nous donnons ci-dessous le tableau de l'importation et de l'exportation de ce produit en 1888:

	Importation.		Exportation.	
Tabac en feuilles	52,155 q.m[2]	5,737,050 fr.	1.513 q. m.	235,173 fr.
Cigares et cigarettes	1,040 »	2,059,200 »	4,319 »	3,631,458 »
Tabac à fumer, à priser et à chiquer	375 »	93,750 »	706 »	155,422 »

[1] Nous avons déjà parlé au chapitre précédent des vins.
[2] Le quintal métrique vaut 100 kilogrammes.   H. L.

On estime à 12 ¹/₂ livres la consommation du tabac par tête d'habitant adulte en Suisse.

Parmi les autres industries du pays, nous pouvons énumérer les fabriques de fromage et de lait condensé (qui rentrent plutôt dans le domaine de l'agriculture), les poteries, les tuileries, le ciment, les produits chimiques, le chocolat et les fruits conservés. On trouve à Genève et à Thoune des ateliers de poterie soi-disant artistique dont les produits sont vendus principalement aux nombreux touristes qui visitent la Suisse.

Les bois sculptés suisses sont connus dans le monde entier et leur fabrication fait vivre de nombreuses familles de l'Oberland. Mais il ne faut pas oublier qu'au point de vue financier, les fabriques de parqueterie, de chalets d'habitation et de meubles ont une importance beaucoup plus grande pour la Suisse. La sculpture sur bois, l'une des dernières branches de l'industrie véritablement domestique, a été introduite dans le canton de Berne il y a 60 ou 70 ans par un certain Christian Fischer de Brienz, qui n'essaya d'abord à ses moments perdus de faire autre chose que des ronds de serviette, des coquetiers, des étuis à aiguille et divers petits objets de ce genre. Il lui vint à l'esprit que tout le voisinage y gagnerait si l'on pouvait persuader aux jeunes gens d'employer leurs longues soirées d'hiver à imiter son exemple. Dans ce but, il organisa une école du soir, avec l'aide de deux de ses compatriotes, Christian Flenz et Peter Baumann, et jeta ainsi le germe d'une industrie nouvelle qui donne aujourd'hui le travail à cinq ou six mille personnes. Ce fut lui qui fabriqua le premier des fameux chalets suisses devenus si rapidement populaires aussi bien dans le pays qu'à l'étranger et dont la vente est devenue si considérable. Il imita plus tard ces fleurs et ces plantes grimpantes dont sont couverts presque tous les chalets oberlandais et qui viennent ajouter ainsi tant de charme et tant de beauté à ces coquettes petites habitations. Peter Baumann acquit bientôt une très grande habileté dans la sculpture des fleurs et c'est aujourd'hui encore d'après les modèles qu'il a donnés, modèles empreints d'un grand sentiment artistique, que la jeune école fait ses premiers essais. Peter Baumann vit encore et ses quatre-vingt-dix ans ne lui ont rien enlevé de son habileté. Lorsque nous écrivions ce livre, nous eûmes l'idée d'aller visiter son atelier à Brienz et nous trouvâmes ce brave homme occupé à donner les derniers coups de ciseau à une merveilleuse branche de roses qu'il venait de tailler en plein dans un gros morceau de bois. Désignant du doigt les fleurs jetées sur son établi qui lui servaient de modèle, puis le propre ouvrage auquel il travaillait, il s'écria avec un ton de satisfaction dans la voix: « Oui, c'est tout à fait nature, » — et il avait raison, la couleur seule manquait.

Comme nous l'avons fait remarquer dans notre chapitre sur l'éducation, des écoles de sculpture sur bois ont été créées à Meyringen et à Brienz. Toutes deux sont subventionnées par le gouvernement fédéral[1]. Leur administration est, jusqu'à un certain point entre les mains des marchands du pays, qui sont d'ailleurs leurs clients les plus généreux et les plus assidus. Il en résulte que maîtres et élèves s'occupent plutôt de la fabrication de ces objets particuliers, si familiers à ceux qui ont parcouru les rues d'Interlaken, qu'à la production d'œuvres d'une valeur réelle.

Parmi ceux qui consacrent également leurs loisirs à ce genre de travaux, on peut citer toute une classe

---

[1] Une troisième école a été créée à Brienzwyler, également subventionnée par le gouvernement. On a pu voir récemment à Berne, exposés à la vitrine d'un des principaux magasins d'ameublement, de fort jolis bahuts entièrement faits par des élèves des écoles de Brienz et de Meyringen et qui témoignent des progrès accomplis par ces jeunes gens. Les meubles qu'ils ont exposés à Genève ont également été très remarqués et à juste titre.   H. L.

d'hommes qui, quoique petite en nombre, y joue un rôle des plus importants. Nous voulons parler des guides-sculpteurs, si l'on nous permet de nous servir de cette expression, tels que Melchior Anderegg et ses fils, feu Andreas Maurer, et les frères Andreas et Hans Jaun, qui demeurent tous dans les environs de Meyringen. Adonnés dès leur enfance aux exercices du corps, ils ont choisi naturellement de préférence pour modèles les oiseaux et les animaux qu'ils étaient habitués à chasser et surtout le chamois, dont peu de personnes étaient mieux à même qu'eux d'observer les habitudes et de reproduire les formes gracieuses. Sans avoir reçu d'éducation spéciale, ils sont parvenus à surmonter les difficultés techniques de cet art, et possèdent à un très haut degré le don d'imiter les objets qui leur sont familiers. Il y a quelques années, Melchior Anderegg a même envoyé à la Galerie *Dudley* à Londres une petite statuette représentant un de ses amis pour laquelle une simple photographie lui avait servi de modèle. Ce sont en somme de véritables artistes [1].

---

[1] La Suisse a remporté de grands succès à l'exposition de Paris de 1889. Elle n'y a pas envoyé moins de 1100 exposants et la section suisse y a occupé une superficie de 6.500 mètres carrés, 1500 de plus qu'à l'exposition de 1878. Sans vouloir entrer ici dans des détails qui nous entraîneraient trop loin, on ne peut que rester étonné de ce que peut produire par son travail et son opiniâtreté un petit peuple qui par sa situation géographique, semblait destiné à n'être qu'un peuple de bergers, et qui est devenu un peuple industriel de premier ordre. Son industrie mécanique notamment, on a pu s'en convaincre, est devenue maintenant une des plus remarquables du monde entier.

Sur une population totale de 2,917,819 habitants, la Suisse compte 159,543 ouvriers (159,106 ou 159,057, si l'on consulte d'autres tableaux de la statistique du département de l'industrie), qui bénéficient de la loi sur les fabriques. Sur ce nombre, 22,914 ont moins de dix-huit ans, et 136,629 davantage. 86,532 appartiennent au sexe masculin et 73,011 au sexe féminin. Le chiffre des fabriques est de 3786.

Voici comment se répartissent la population ouvrière et les établissements selon les cantons :

	Habitants	Ouvriers	Fabriques
Berne	536,679	15,169	317
Zurich	337,183	36,920	610
Vaud	247,655	5,992	166
St-Gall	228,160	20,363	845
Argovie	193,580	14,827	312
Lucerne	135,439	2,788	70
Tessin	126,751	2,750	30
Fribourg	119,155	1,282	36
Neuchâtel	108,153	3,110	69
Genève	105,509	3,395	134
Thurgovie	104,678	8,348	352
Valais	101,985	363	13
Grisons	94,810	1,109	41
Soleure	85,621	9,006	90
Bâle-Ville	73,749	10,448	180
Bâle-Campagne	61,941	3,324	47
Appenzell Rh.-Ext.	54,109	4,187	250
Schwytz	50,307	2,049	35
Schaffhouse	37,783	2,630	52
Glaris	33,825	8,563	87
Zoug	23,029	1,983	18
Uri	18,249	110	5
Obwald	15,403	136	3
Appenzell Rh.-Int.	12,888	390	14
Nidwald	12,538	261	10

Les industries sont réparties en dix classes. En tête vient la classe des industries textiles avec 91,098 ouvriers et 1978 fabriques (cotonnades 54,158 ouvriers, soieries 27,819, industries lainières 3538, autres industries 5583). L'industrie des machines et des appareils tient le deuxième rang avec 16,490 ouvriers et 249 établissements. Puis viennent la bijouterie et l'horlogerie (12,409 ouvriers et 191 établissements), les aliments et stimulants (10,702 et 410), la papeterie et les industries graphiques (7356 et 272), la tannerie, pelleterie, chapellerie et autres (5158 et 80), l'industrie du bois (5048 et 234), celle des métaux (4157 et 107), les salines, carrières, poterie, etc. (3992 et 140), enfin les industries chimiques et physico-chimiques (2696 et 106). H. L.

CHAPITRE XVI

SOCIALISTES ET ANARCHISTES

Pouvoir du Conseil fédéral relativement aux étrangers. — Discours de M. le conseiller fédéral Droz. — Propagation du socialisme. — Les socialistes allemands à Zurich et les socialistes russes à Genève. — Innocuité des socialistes suisses. — Expulsion des anarchistes étrangers. — La police politique. — Expulsion de journalistes étrangers.

L'article 70 de la Constitution fédérale donne à la Confédération « le droit de renvoyer de son territoire les étrangers qui compromettent la sûreté intérieure et extérieure de la Suisse. »

C'est en sa qualité de pouvoir exécutif que le Conseil fédéral, en vertu des §§ 8, 9 et 10 de l'article 102 de la Constitution fédérale et agissant par voie administrative, lance les décrets d'expulsion que les cantons sont chargés de mettre à exécution.

L'article 102 dit :

§ 8. Le Conseil fédéral veille aux intérêts de la Confédération au dehors, notamment à l'observation de ses rapports internationaux et il est en général chargé des relations extérieures.

§ 9. Il veille à la sûreté extérieure de la Suisse, au maintien de son indépendance et de sa neutralité.

§ 10. Il veille à la sûreté intérieure de la Confédération, au maintien de la tranquillité et de l'ordre.

Le Conseil fédéral conserve sa pleine et entière liberté d'action dans chaque cas particulier et seule l'Assemblée fédérale peut le censurer si elle croit qu'il a dépassé ses pouvoirs.

A différentes reprises, cette question du droit d'asile a causé des embarras à la Suisse, mais même sous le poids d'une pression étrangère, le gouvernement fédéral ne s'est jamais départi de ce principe invariable que la Suisse, tout en maintenant hautement son droit d'asile, ne pouvait permettre aux étrangers qui étaient venus chercher un refuge chez elle, d'abuser de l'hospitalité qui leur était donnée pour ourdir des conspirations contre des gouvernements étrangers et moins encore de venir y organiser dans l'ombre le vol ou l'assassinat. La Suisse est un sol sacré pour ceux qui viennent y vivre paisiblement et qui ne font rien qui puisse mettre en danger sa sécurité, mais aucune indulgence ne peut être montrée envers ceux qui en agissent autrement et qui doivent alors, aux termes de la Constitution, être expulsés de son territoire.

A propos d'une affaire dont nous aurons plus loin l'occasion d'entretenir nos lecteurs, M. le conseiller fédéral Numa Droz faisait en plein Conseil national la déclaration suivante, le 20 mars 1888 :

« Un des droits les plus précieux de notre souveraineté, c'est le droit d'asile. De tout temps, nous avons ouvert libéralement notre maison aux réfugiés politiques, le plus souvent non pas par sympathie pour leurs personnes ou leurs doctrines, mais par humanité. Il en est fréquemment résulté des ennuis pour nous : c'est à peu près le seul point au sujet duquel, depuis 1815, nous ayons eu des difficultés avec nos voisins. Mais nous avons toujours maintenu fermement notre droit d'Etat souverain, et nous voulons continuer à agir de même.

« Seulement, les étrangers qui viennent sur notre sol

à titre de réfugiés politiques ou en vertu des traités d'établissement doivent bien se dire qu'ils contractent des devoirs envers nous. Ils doivent non seulement respecter nos institutions, mais se conduire vis-à-vis des autres pays comme nous sommes tenus de le faire nous-mêmes. Les sentiments d'aigreur qu'ils peuvent nourrir contre les autorités de leur patrie ne sauraient à nos yeux légitimer de leur part des actes d'hostilité partant de notre sol. Si nous les laissons faire usage de la liberté de la presse et du droit de réunion, — ces libertés politiques que le peuple suisse s'est garanties à lui-même dans sa constitution pour l'exercice de sa vie publique, — c'est à la condition qu'ils s'en montrent dignes; sinon, nous avons le droit et le devoir de leur appliquer les lois du pays. Or, ces lois ne prescrivent pas uniquement des poursuites judiciaires : elles prévoient aussi — c'est le cas en particulier de l'article 70 de la constitution fédérale, qui est la loi suprême du pays — l'expulsion des étrangers qui compromettent la sûreté intérieure ou extérieure de la Confédération. »

Il n'y a pas à douter que le socialisme n'ait fait dans ces dernières années de grands progrès parmi les classes ouvrières aussi bien dans les villes que dans les villages et les responsabilités toujours plus grandes imposées par les lois aux patrons, fabricants et compagnies de chemins de fer sont une preuve indéniable des progrès que fait de son côté ce que l'on a appelé le socialisme d'Etat.

Les socialistes allemands sont très nombreux en Suisse et ils ont établi depuis longtemps leur quartier général à Zurich. En général, ils partagent les doctrines des « démocrates socialistes » et n'ont pour ainsi dire aucun rapport avec les anarchistes déclarés et ne se montrent pas hostiles aux institutions de la Suisse. Ils ont plutôt pour but d'introduire la réglementation du travail par l'Etat plutôt que d'essayer d'obtenir une réorganisation politique de l'Etat. Ce ne sont pas des conspirateurs dans le sens criminel du mot. Ce sont pour la plupart des ouvriers voyageurs, de bonne conduite et habiles dans leur métier. Beaucoup d'entre eux ont quitté leur pays parce qu'ils y avaient fait de mauvaises affaires, d'autres se sont soustraits par la fuite aux obligations du service militaire. — Ils entretiennent d'assez bons rapports avec les socialistes suisses de la classe ouvrière [1].

On trouve également à Zurich quelques socialistes russes, mais leur quartier général est Genève, où par contre l'on rencontre peu de socialistes allemands. Au commencement de 1888, il y avait à Genève, s'il faut en croire un correspondant de journal généralement bien informé, environ 84 étudiants russes, polonais et américains et environ une vingtaine de réfugiés politiques (des deux premières nationalités). D'ordinaire, les étudiants ne s'occupent guère de politique active. Les réfugiés russes, au contraire, tout en ne prenant aucune part sérieuse aux conspirations qui se trament dans leur pays, s'occupent avec ardeur à propager leurs doctrines et à l'époque dont nous venons de parler, ils possédaient quatre petites imprimeries d'où sortaient des journaux, livres, revues, organes de différentes nuances d'opinion. Les Polonais possèdent aussi une petite imprimerie qui leur permet de publier des pamphlets socialistes qui ne sont pour la plupart que des traductions de l'allemand.

Les socialistes suisses sont d'habitude de pauvres ouvriers et artisans sans méchanceté. Ils aiment la théorie, mais s'arrêtent devant l'exécution. Ils ont l'habitude de se réunir dans un café et de deviser lon-

---

[1] La Société du Grutli a décidé récemment, à la suite des incidents provoqués par l'affaire Wohlgemuth, qu'elle n'accepterait plus d'étrangers parmi ses membres. H. L.

guement devant un verre de bière, mais ferment invariablement leurs oreilles à ceux qui viennent leur prêcher l'emploi d'engins explosibles ou qui, sous le prétexte de régénérer la société, viennent leur conseiller le meurtre de quelques individus. Par exemple, au commencement de l'année 1884, un anarchiste, un Bohémien, croyons-nous, vint à Berne et se mit en plein café à exposer ses théories de l'assassinat et de la destruction par la dynamite, mais il ne reçut aucun encouragement de la part des socialistes suisses qui étaient présents, et nous avons toujours été persuadés que les mesures prises à l'égard d'hommes de cette trempe par les autorités étaient approuvées par le peuple suisse tout entier, à bien peu d'exceptions près.

Il s'est également trouvé en Suisse des anarchistes prêts à commettre toute espèce de crimes sous prétexte de régénération sociale, et les plus actifs d'entre eux ont presque toujours été des étrangers. Il y avait en 1884 dans différentes villes de la Suisse un certain nombre de sociétés du nom de *Freiheit* qui entretenaient des relations avec le trop célèbre Most. Beaucoup de membres de ces sociétés étaient allemands ou autrichiens et plusieurs ont été expulsés du territoire suisse pour des causes non politiques.

Le Conseil fédéral — nous le tenons d'une source absolument autorisée — considère l'étranger qui a assassiné l'agent de police qui l'a dénoncé ou qui dans le but de procurer des fonds à la caisse anarchiste, a commis un vol ou un meurtre, non comme un criminel politique — qui pourrait en cette qualité jouir du droit d'asile qu'accorde la Suisse à cette catégorie de gens — mais comme un vulgaire malfaiteur que l'on peut poursuivre et juger pour crimes et délits de droit commun. S'il est condamné de ce chef, il peut, en vertu d'une demande d'extradition régulière, être remis entre les mains des autorités de son pays. S'il proteste contre son extradition en arguant du caractère politique de son crime, c'est au Tribunal fédéral à statuer. S'il n'est pas extradé, il doit être expulsé en vertu de l'article 70 de la Constitution et toujours conduit à la frontière du pays qu'il désigne. Ceux qui viennent prêcher en Suisse la doctrine de l'insurrection contre les gouvernements étrangers ou le régicide, tombent directement sous l'application de cet article.

En 1879, le rédacteur étranger d'une feuille anarchiste nommé l'*Avant-garde* édité en Suisse fut expulsé du pays pour avoir publié dans les colonnes de son journal un appel à l'assassinat des rois et des magistrats étrangers.

La même année, un autre étranger fut expulsé pour avoir, entre autres raisons, écrit et signé de ses initiales dans le *Tagwacht*, un article dans lequel il reprochait à la démocratie socialiste allemande son attitude patiente et recueillie, lui recommandant d'en venir à une « agitation énergique » et de frapper fort, comme le seul moyen d'en finir. La mort de quelques milliers d'hommes qui devait en être la conséquence n'avait aux yeux de cet énergumène aucune importance.

Le gouvernement suisse a également lancé plusieurs décrets d'expulsion contre un certain nombre d'étrangers qui, sans être réellement coupables de participation directe dans les crimes commis par d'autres, n'en entretenaient pas moins avec ceux-ci des relations si intimes qu'ils pouvaient être à juste titre reconnus coupables de complicité morale.

Il est inutile de relater ici les faits et gestes des socialistes et des anarchistes en Suisse pendant ces dernières années. En 1885, une enquête approfondie faite sur les agissements de ces derniers résulta de nouveau dans l'expulsion d'un certain nombre d'étrangers.

Le 27 janvier 1888, pendant la discussion au Reichstag à Berlin de la nouvelle loi sur le socialisme, un député socialiste donna lecture d'une lettre que lui et un de ses collègues avaient adressée au capitaine de police de Zurich relativement à deux individus d'origine allemande que l'on accusait d'être des agents à la solde de la police de Berlin et chargés par elle de provoquer un mouvement anarchiste en Suisse, et de la réponse que lui avait adressée ce fonctionnaire, réponse dans laquelle il reconnaissait l'exactitude des faits qui étaient venus à la connaissance des deux députés [1].

[1] Je ne citerai que pour mémoire ici l'affaire du policier allemand Wohlgemuth, qui fut arrêté au printemps dernier et tenu en prison pendant plusieurs jours par les autorités argoviennes pour avoir entretenu sur le territoire suisse des relations avec un anarchiste allemand nommé Lutz, chargé, prétendait-on, de provoquer un mouvement socialiste en Suisse. Cette affaire fit un bruit énorme et amena une tension extrêmement grave entre le gouvernement allemand et le gouvernement fédéral. Chacun des deux gouvernements maintint cependant le point de vue auquel il s'était placé, mais le dernier profita de cet incident pour demander et obtenir le rétablissement du poste de procureur général permanent, poste qui avait déjà existé précédemment, mais avec d'autres attributions. Malgré toute l'agitation qui se fit autour de cette loi, ses adversaires ne purent pas arriver à réunir les 30,000 voix nécessaires pour demander le referendum et le nouveau fonctionnaire fédéral est entré en fonctions le 1er novembre de cette année (1889). Ce fut au cours de la correspondance que cet incident provoqua entre les deux gouvernements que le prince de Bismarck déclara que « la neutralité de la Suisse pourrait bien cesser d'être garantie s'il était démontré qu'elle fut contraire à l'intérêt des puissances. »

Puisque cette question de la neutralité de la Suisse a été ainsi soulevée, il ne sera pas sans intérêt de donner ici un résumé de la brochure de M. Ch. Hilty, professeur de droit fédéral et de droit international à l'université de Berne, qui traite admirablement cette question. « Avant même, dit M. Hilty, qu'on eût fixé la rédaction des articles concernant la Confédération dans la seconde paix de Paris et le protocole de la Conférence (3 novembre 1815), on s'occupa de la reconnaissance promise à la Suisse le 20 mars 1815, mais que la Convention militaire avait empêché de faire auparavant. Ce fut le représentant de la Suisse, M. le colonel Pictet de Richemont, qui fut chargé de rédiger l'acte. Sa rédaction rencontra l'approbation générale et ne subit dans les délibérations que quelques changements sans importance et une abréviation de la dernière phrase. On en fit une annexe au traité de paix du 20 novembre

Le Conseil fédéral, sentant qu'il était temps enfin de mieux organiser sa police politique (ou des étrangers), adressa le 12 mars de l'année dernière un message aux Chambres leur demandant un crédit de vingt

1815 et l'Autriche, la France, l'Angleterre, le Portugal, la Prusse et la Russie y apposèrent leur signature. En 1816, ces six puissances, et avec elles la Suède et l'Espagne, remirent à la Confédération des expéditions authentiques de cet acte, qui est devenu le modèle de tous ceux que l'on a dressés dès lors pour neutraliser de nouveaux territoires. Ce document est trop long pour le citer ici en entier. Qu'il nous suffise de dire que les puissances signataires de la déclaration de Vienne du 20 mars faisaient, par cet acte, une reconnaissance formelle et authentique de la neutralité perpétuelle de la Suisse, lui garantissaient l'intégrité et l'inviolabilité de son territoire dans les nouvelles limites et reconnaissaient en outre authentiquement que la neutralité et l'inviolabilité de la Suisse et son indépendance de toute influence étrangère sont dans les vrais intérêts de la politique de l'Europe entière. » On ne peut avoir raisonnablement le moindre doute sur le fait que la Suisse est perpétuellement neutre et il ne peut guère y en avoir davantage sur le fait que sa neutralité est garantie par les puissances signataires quoique l'acte du 20 novembre ne parle pas, c'est un fait remarquable, de neutralité garantie et que l'on ne retrouve cette expression que dans le titre ainsi formulé : « Acte portant reconnaissance et garantie de la neutralité perpétuelle de la Suisse et de l'inviolabilité de son territoire. » Après avoir énuméré les devoirs des Etats perpétuellement neutres et expliqué tout au long ce que c'est que la garantie de la neutralité, M. Hilty finit son travail par les conclusions suivantes que nous croyons devoir donner en entier parce qu'elles sont intéressantes au point de vue juridique et parce qu'elles ont rencontré en Suisse une approbation unanime.

1. La Confédération doit considérer l'Acte du 20 novembre 1815, constitutif de sa neutralité perpétuelle et garantie, comme une des lois fondamentales du droit international, et en respecter toutes les clauses, en particulier celle qui l'oblige à se soustraire à toute influence étrangère.

Elle doit aussi appliquer impartialement, à l'égard de tous les Etats, les règles du droit international, que l'Acte de 1815 à la vérité ne mentionne pas, mais qui d'ailleurs sont unanimement reconnues, sur les rapports de voisinage, la police des étrangers, le droit d'asile, etc.

2. Il faut qu'elle se tienne en état de maintenir sa neutralité en toute circonstance et avec des forces suffisantes pour donner à réfléchir à quelque adversaire que ce soit. Cette résolution doit être prise une fois pour toute et demeurer inébranlable.

3. Nous devons la prendre à l'égard de tout agresseur quelconque. Les sympathies politiques que, dans telle ou telle partie du pays, l'on

mille francs dans ce but et expliquant en détail ce qui était arrivé.

Les commissions des deux Chambres se prononcèrent à l'unanimité en faveur de l'octroi de ce subside

pourrait éprouver pour l'un ou l'autre des belligérants, ne devraient pas nous arrêter un seul instant lorsqu'il s'agirait de défendre notre neutralité ; il faut de même que l'Etat qui serait disposé à la violer comprenne bien qu'un tel acte est un crime contre le droit des gens, qu'aucune nécessité militaire ne saurait excuser et dont la conséquence serait, sans parler des indemnités et garanties que nous réclamerions, un très sensible refroidissement dans nos relations avec lui.

4. Il faut que, dans le cas où nous aurions affaire à un Etat beaucoup plus puissant, nos autorités aient le ferme propos de s'allier sur-le-champ avec son adversaire, abandonnant ainsi notre neutralité, mais, bien entendu, dans le dessein de la rétablir après la paix, en l'assurant par des garanties territoriales que l'ennemi aurait à nous fournir. Il va de soi que cette alliance ne se justifierait que par une lésion grave et intentionnelle de notre neutralité, lésion qui nous mît dans la nécessité de résister par tous les moyens en notre pouvoir.

5. Les garanties éventuelles dont nous parlons doivent faire, à l'avance, l'objet d'une étude approfondie de la part de qui de droit, et devenir l'une des conditions du traité d'alliance que nous serions obligés de conclure. Nous trouvons déjà quelques indications à cet égard, non seulement dans les préliminaires des traités de Vienne, de Paris et de Turin, mais encore dans le mémoire de Finsler, général quartier-maître de la Confédération : *Des frontières militaires désirables pour la Suisse*, du 2 mai 1814, imprimé dans le *Politisches Jahrbuch*. II, p. 529.

6. A la fin de la guerre qui aurait ainsi suspendu momentanément la neutralité, la Confédération aurait à faire de nouveau une déclaration de neutralité perpétuelle, et à en obtenir la reconnaissance expresse au congrès traitant de la paix, où elle serait naturellement aussi représentée. Mais elle devrait se contenter d'une reconnaissance générale de sa neutralité, avec la garantie du territoire qui en est la conséquence, comme le porte l'Acte de 1815. Il ne faudrait pas aller plus loin.

7. Toute alliance cesse avec la paix ; il n'en doit résulter aucun protectorat.

8. Les autorités fédérales doivent tenir pour maxime inviolable de leur politique de ne jamais conclure avec d'autres Etats de traités qui pourraient diminuer l'indépendance politique de la Confédération, comme par exemple une union douanière. Car nous pouvons dire, en modifiant un peu l'art. 4 de la première constitution helvétique : « La liberté et l'indépendance sont les premiers biens du pays, préférables même au bien-être. »

o °
o   o

Si ces principes, que nous tenons pour seuls justes et praticables, sont

et ce fut à cette occasion que M. Droz prononça au Conseil national le discours dont nous avons donné plus haut un extrait, en traitant cette question au point de vue politique avec une éloquence et une franchise

bien ceux de la Confédération, non seulement elle gagnera par là la sympathie générale de tous les peuples désintéressés, si précieuse pour un petit Etat dans un conflit sérieux, mais encore elle saura conserver vivantes dans son peuple les nobles vertus de nos pères, et pourra faire entendre sa voix en faveur de la liberté politique et de la paix générale, si compromises par les formidables armements de tous les Etats de l'Europe.

Ainsi comprise, et si nous envisageons avec fermeté les périls qui la menacent, notre neutralité réunit les avantages de la guerre et de la paix. Car il ne faut pas que le besoin de tranquillité nous fasse oublier que la guerre aussi a ses avantages, et dans ce sens, nous comprenons qu'un grand capitaine de notre temps ait pu la nommer l'une des parties du gouvernement divin, dont le monde ne saurait se passer absolument.

Pour nous, nous voyons dans l'esprit militaire toujours en éveil et dans les habitudes qu'il donne, une école de commandement et d'obéissance, qui sans cela manquerait à la démocratie, un apprentissage, indispensable pour les classes inférieures, de l'ordre et de la dignité, enfin le meilleur moyen de rapprocher les citoyens de tous les états et d'atténuer les inégalités sociales.

Oui, si nous ne perdons pas de vue les dangers qui peuvent nous venir du dehors, et dont l'oubli a causé la perte de l'ancienne Confédération, nous verrons disparaître à l'intérieur toute sorte de maux : les haines sociales artificiellement provoquées, et qui sont chez nous sans raison véritable ; ce cosmopolitisme qu'on voudrait substituer au patriotisme, qui seul est naturel et sain ; ces querelles des partis, dont une domination passagère fait le seul objet ; ces disputes confessionnelles sans conviction profonde ; cette passion de fêtes et de plaisirs, le fruit le plus détestable d'une longue tranquillité.

C'est au contraire dans le danger, si nous en croyons l'historien de notre peuple, que paraît ce qu'il y a de noble et de grand dans notre caractère....

○ ○ ○

Encore un mot, que nous devons dire ici, quoi qu'il nous en coûte. S'il nous fallait combattre pour la neutralité de la Suisse, nous combattrions en réalité pour la *liberté ;* car, dans le fond, ce n'est pas à cause de sa neutralité qu'on en veut à la Confédération, c'est à raison de l'idée politique qu'elle représente en Europe.

Nous l'apercevons chaque jour plus clairement, et déjà une partie de la presse allemande, grisée par la puissance de cet empire, nous le fait

remarquables. Ce fut en qualité de chef du département des affaires étrangères et au nom de ses collègues du Conseil fédéral, qui tous étaient présents à cette séance sauf l'un d'entre eux retenu chez lui par

connaître en termes assez précis : « Si la Suisse, lisons-nous dans une correspondance de Berlin, du 27 juin, à la *Münchener Allg. Zeitung*, si la Suisse entend être l'un des membres du système politique de l'Europe, elle verra qu'il lui faut tenir compte des conditions d'existence des autres Etats, et *modifier ses institutions conformément aux circonstances actuelles.* Voilà, ni plus ni moins, ce qu'exige l'Allemagne, tant dans son propre intérêt que dans celui de la Suisse. »

Nous avons entendu les mêmes choses de l'empereur Maximilien Ier avant la guerre de Souabe, puis, en français, de Napoléon Ier, et enfin de Metternich ; et c'est la pensée que Schiller met dans la bouche de son bailli, lorsque celui-ci tient son dernier discours dans le chemin creux : Nous ne tolérerons plus aucune velléité de liberté. Le bien-être général, les exigences de la civilisation européenne ne sauraient s'accomoder des prétendus besoins et des habitudes singulières d'un peuple qui résiste à toutes les tendances de l'époque : il faut qu'il ploie, ou qu'on le brise. Chose curieuse ! le peuple allemand compte parmi les plus glorieux souvenirs de son histoire la résistance qu'il opposa au système politique romain, puis à celui de Napoléon, c'est-à-dire à l'idée, grandiose à certains égards, d'une civilisation universelle, fondée sur la puissance d'un Etat dominant, aux dépens de la liberté des différents peuples. Ce n'est pas ici le lieu de rechercher si la puissance de la civilisation, sans liberté politique, sans liberté individuelle, suffit au bonheur de l'homme, ni si le peuple allemand est le missionnaire le plus convenable pour cet idéal des Latins. Nous nous écarterions trop de notre sujet....

Dans tous les cas, la Confédération ne saurait, sans renoncer à son indépendance, se conformer à ce système comme on le lui demande. Il faut qu'elle subsiste ou qu'elle succombe avec son principe de liberté, de grande liberté civile personnelle. Mais, nous le reconnaissons, cette liberté ne doit pas servir à des causes immorales, et la Suisse n'a pas pour mission de devenir le repaire et l'arsenal d'agitateurs de toutes les nations. L'avertissement qu'on nous en a donné ne doit pas être vain, et ce conflit n'aura pas été sans profit pour nous, s'il a fait comprendre à chacun qu'il est nécessaire au peuple suisse d'abandonner toute tendance cosmopolite et de conserver le sens historique et national.

Au demeurant, nous avons le devoir de maintenir de toutes nos forces sur notre sol nos principes politiques, et de nous refuser absolument à les modifier « conformément aux circonstances actuelles » ; et, s'il fallait combattre pour les défendre, notre conviction est précisément que la liberté est la seule chose au monde pour laquelle il vaille la peine de prendre les armes. (D'après la traduction de M. F.-H. Mentha). H. L.

une indisposition, qu'il prit la parole pour exposer le côté politique de la question. Il ne cacha pas l'impression déplorable qu'avait faite dans tout le pays la découverte d'une bande de fauteurs de crimes et de désordres à la solde de la police allemande, quoique le ministre de l'intérieur de l'empire ignorât complètement le fait et il qualifia d'atteinte à la discipline administrative le fait du capitaine Fischer d'avoir répondu à la lettre des deux députés socialistes allemands. Il rappela que diverses notes, d'une forme et d'un caractère amical cependant, avaient été échangées à ce sujet avec la légation d'Allemagne à Berne, et terminait en énonçant les principes que nous avons cités plus haut relativement au droit d'asile.

Ce discours fut applaudi avec enthousiasme et le crédit fut voté à l'unanimité et sans discussion. Au Conseil des États, trois jours plus tard, le crédit fut également voté à l'unanimité après un autre discours de M. Droz.

Les principes qui doivent diriger le gouvernement fédéral en matière de droit d'asile ont de cette façon été clairement établis et acceptés à l'unanimité, sans une parole de discussion, par les deux Chambres représentant à la fois la Suisse tout entière et chaque canton en particulier.

Ce fut en vertu de ces principes que le Conseil fédéral, le 18 avril 1888, lança un décret d'expulsion contre quatre étrangers, membres du comité allemand socialiste à Zurich et employés à l'imprimerie du *Sozialdemokrat*[1].

---

[1] Ce fut en vertu du même principe encore que le 16 octobre de cette année, le Conseil fédéral expulsa trois Allemands, membres du parti anarchiste, qui « avaient abusé de leur séjour en Suisse pour faire de l'agitation pour le triomphe des doctrines révolutionnaires de leur parti et s'étaient mis à cet effet en relations avec un certain nombre de leurs acolytes de Suisse et de l'étranger et cherchaient en outre à faire des prosélytes. » H. L.

Ce journal était depuis quelque temps l'organe attitré des socialistes allemands à Zurich. Il était imprimé et publié par une maison de librairie qui prétendait être suisse et avait nominalement à sa tête un citoyen suisse, mais en réalité il était rédigé par un comité composé de socialistes allemands, qui avaient pour but la publication de journaux, de brochures qu'on ne leur aurait pas laissé publier en Allemagne et qu'ils essayaient d'y faire entrer clandestinement. Le *Sozialdemokrat* paraît avoir eu bien peu d'abonnés en Suisse et avoir été fait surtout à destination de l'Allemagne où dix à douze mille exemplaires étaient secrètement apportés chaque semaine, dit-on. Il ne prêchait pas l'anarchie, mais prônait la révolution sociale et s'emportait en menaces contre les autorités et les institutions de l'Allemagne.

Un autre journal nommé *Der rothe Teufel* (le diable rouge), parut également pendant quelque temps à Zurich dans les premiers mois de l'année 1887. Il contenait des articles en vers et en prose, illustrés, et naturellement hostiles à la famille impériale d'Allemagne et aux autorités de ce pays. On sut plus tard qu'il sortait des mêmes presses que le *Sozialdemokrat*.

Le Conseil fédéral fut d'avis que ces publications étaient de nature à altérer les bons rapports qui existaient entre l'Allemagne et la Suisse et que ceux qui les publiaient abusaient de l'hospitalité qui leur était accordée. En conséquence, il expulsa les quatre étrangers les plus compromis. Mais l'éditeur du *Sozialdemokrat* étant Suisse, ne put être compris dans le décret que les autorités de Zurich mirent à exécution.

CHAPITRE XVII

LA PEINE DE MORT

Abolition, par la Constitution de 1874, de la peine de mort et des châtiments corporels. — Discussions subséquentes. — Rétablissement nominal de la peine de mort dans certains cantons. — Agitation en 1882. — La peine de mort rejetée à Zurich par un vote populaire : Discours de M. de Segesser. — Etat actuel de l'opinion publique en Suisse.

Autrefois, les exécutions capitales se pratiquaient en Suisse soit par la décollation à l'aide d'une courte et lourde épée à deux mains, soit par la guillotine [1].

L'article 65 de la Constitution de 1874 décrétait l'abolition de la peine de mort, sauf en temps de guerre et pour crimes qui relevaient d'une cour martiale. Il abolissait également les peines corporelles.

Mais, ici, comme partout ailleurs, cette question de l'abolition de la peine de mort devait donner lieu à beaucoup de discussions, et le Conseil fédéral tout entier, animé comme toujours d'idées larges et généreuses, envoya en 1879 un message aux Chambres dans lequel il déclarait s'opposer à la revision de cet article. Après une discussion assez vive on en vint cepen-

[1] Dans tous les cantons où la peine de mort existe encore dans la loi, la décollation se fait à l'aide du glaive.

dant à un compromis. L'art. 65 fut mitigé et remplacé par l'article suivant :

« Art. 65 nouveau. Il ne pourra être prononcé de condamnation à mort pour cause de délit politique.

Les peines corporelles sont abolies. »

Cette modification fut adoptée par le peuple le 18 mai 1879 par 200,485 voix contre 181,588.

Mais toute cette agitation était plutôt politique qu'humanitaire. Comme on le sait, les cantons ne veulent guère admettre aucune diminution de leur souveraineté et comme le nouvel article 65 leur laissait le droit de rétablir ou d'abolir la peine de mort pour crimes non politiques, il y eut beaucoup d'électeurs, et surtout ceux du canton de Vaud, qui votèrent pour la revision, s'empressant ainsi de saisir l'occasion de limiter la compétence de la Confédération en matière criminelle et d'augmenter leurs propres droits sous ce rapport. Le canton de Zurich, les deux cantons de Bâle-Ville et de Bâle-Campagne, le Tessin, Neuchâtel et Genève, qui tous avaient aboli chez eux la peine de mort avant l'adoption de la Constitution fédérale, restèrent conséquents avec eux-mêmes et votèrent contre la revision de l'article 65, comme le firent d'ailleurs aussi les cantons de Berne et de Thurgovie. Dans le canton de Soleure, il y eut presque autant de pour que de contre. En général, ce furent les cantons catholiques qui donnèrent les plus grandes majorités en faveur de la revision.

Depuis cette époque, les cantons de Lucerne, Uri, Schwytz, Obwald, Zug, Appenzell Rh.-Int., St-Gall et le Valais, représentant ensemble un vingtième de la population totale du pays, ont rétabli la peine de mort dans leur code ; mais — comme en Belgique d'ailleurs où le roi Léopold II a constamment fait usage du droit de grâce que lui confère la Constitution et où les dernières exécutions capitales ont eu lieu en 1864, —

cette peine n'existe que de nom, et dans ces cantons la dernière exécution a eu lieu en 1879.

Le canton de Zurich s'était prononcé contre la revision à l'énorme majorité de 36,460 voix contre 19,243. Mais le 2 octobre 1882, 11,999 électeurs, sous l'impression de plusieurs crimes abominables qui avaient été commis successivement, réclamèrent, en vertu de leur droit d'initiative populaire, que la question fût de nouveau soumise au peuple. Le Grand Conseil ne put que s'incliner et en référa au peuple tout en l'engageant à ne pas voter pour le rétablissement de la peine de mort, qui fut cependant acceptée le 27 mai 1883 à la majorité de 28,394 voix contre 25,259. Mais pour que ce vote sortît du domaine purement idéal, pour entrer dans celui de la réalité, il aurait fallu que la constitution cantonale d'abord, puis le code pénal fussent revisés eux-mêmes.

La question de la revision de la Constitution fut soumise au peuple zurichois le 5 juillet 1885. Le Grand Conseil proposait un article qui en substance limitait l'application de la peine de mort au crime d'*assassinat*, et il fit sa proposition parce qu'il se sentait constitutionnellement obligé de la faire quoique la grande majorité de ses membres fût hostile à ce rétablissement. Le peuple de Zurich rejeta la proposition du Grand Conseil par 27,577 voix contre 21,377, et depuis cette époque la peine de mort peut être considérée comme virtuellement abolie dans ce canton. Le Grand Conseil jouit d'ailleurs du droit de grâce et il est certain que, dans le cas d'une condamnation à mort, il l'exercerait en faveur du condamné.

Il faut jusqu'à un certain point chercher la cause du rejet de cet article dans la décision prise par le Grand Conseil de Lucerne qui, trois semaines auparavant, avait par 95 voix contre 35 commué en réclusion perpétuelle avec 5 années de prison cellulaire, la peine de mort prononcée contre un homme qui, de complicité avec sa femme, avait par ses mauvais traitements fait mourir sa petite fille âgée de cinq ans.

M. de Segesser, aujourd'hui décédé, et alors âgé de 68 ans et président du Grand Conseil, chef du parti clérical et jouissant d'une grande influence dans le canton, prononça un discours éloquent en faveur de la commutation de la peine. Il fit ressortir que le coupable était déjà mort pour la société, qu'il ne devait plus relever que de la justice divine et qu'on devait lui laisser le temps de se repentir. Il termina son discours en disant qu'arrivé à un âge où il pouvait d'un moment à l'autre être appelé lui-même devant le Seigneur, il ne voulait pas paraître devant le Juge éternel avec les mains souillées de sang.

Depuis que l'article 65 revisé a eu force de loi, il n'y a eu qu'une seule autre condamnation à mort prononcée en Suisse, à St-Gall, envers une femme convaincue d'infanticide, et la peine fut également commuée par le Grand Conseil.

De tout ce que nous avons dit plus haut, il résulte clairement que si de temps en temps l'opinion publique s'émeut à la suite d'une série de crimes brutaux et semble disposée à exiger une répression sévère, il n'en existe pas moins dans tout le pays un sentiment très vif contre l'application de la peine de mort et l'on peut dire que si elle existe en droit encore dans certains cantons, elle peut être considérée comme abolie en fait dans tout le pays.

L'on peut aussi ajouter que dans les huit cantons où le peuple a consenti à son rétablissement, les exécutions qui pourraient avoir lieu ne se feraient plus en public.

On se demande comment il se fait qu'une exécution capitale soit chose presque impossible en Suisse aujourd'hui. Les avis diffèrent à cet égard. S'il faut en croire un correspondant de la *Gazette de Lausanne* (7 juillet 1887), il ne faut attribuer ce fait ni à un adoucissement dans les mœurs, ni à un progrès dans la civilisation des masses, ni à une volte-face de l'opinion publique au sujet de la justice et de l'efficacité de la peine capitate. Cette répulsion pour l'application d'une loi dont au fond on ne peut contester l'impartialité ne serait due, d'après lui, qu'à un manque de courage physique et à l'horreur également purement physique qu'inspire l'échafaud.

D'un autre côté, un Suisse d'un des cantons allemands nous disait que les gens de son pays ne partageaient nullement cette façon de voir. « Les classes élevées et instruites, nous disait-il, sont d'avis que la société peut fort bien se passer d'une peine barbare, inutile et démoralisante. Sans parler de l'horreur que doit causer l'exécution d'un condamné peut-être innocent, éventualité que, malgré toutes les précautions de la loi, on doit toujours regarder comme possible, il est certain qu'aux yeux des masses ignorantes et criminelles, la vie humaine perd de son prix du moment où l'on voit l'Etat lui-même l'enlever, par une exécution publique ou privée, à un citoyen. C'est dans une éducation plus parfaite des masses, et non dans la peine de mort, que le peuple suisse veut chercher sa meilleure sauvegarde pour la société.

CHAPITRE XVIII

LES UNIONS INTERNATIONALES

Centre important de ces unions à Berne. — Union pour la protection des blessés. — Union télégraphique, postale, phylloxérique et pour les transports par chemin de fer. — Protection de la propriété industrielle. — Protection de la propriété littéraire et artistique. Bureaux à Berne.

L'établissement de différentes unions internationales, dont le siège a été placé à Berne, sur le sol de la neutre Helvétie, est un fait bien digne d'attirer l'attention du penseur, en ce qu'elles tendent à rapprocher davantage les nations les unes des autres, faisant ainsi œuvre de paix et de concorde, et le choix que l'on a fait de la Suisse pour y établir ces différents bureaux lui donne graduellement une position particulièrement honorable et utile dans la grande famille des nations.

Dans le rapport qu'il a envoyé à ce sujet au Foreign Office, M. C.-C. Thornton traite la question dans tous ses détails et c'est surtout de ce travail que nous extrayons les renseignements suivants qui nous semblent suffisants pour le but que nous nous proposons ici.

Ce fut en 1863, comme on le sait bien, qu'un comité privé, composé de personnages appartenant à différentes nationalités, se rendit à Genève et fonda la société de secours aux blessés en temps de guerre. Ce comité demanda au Conseil fédéral, comme représentant du pays où il avait tenu ses premières séances, d'engager les gouvernements des autres pays à venir tenir en Suisse une conférence diplomatique sur cette importante question humanitaire. Le Conseil fédéral accepta la mission qui lui était confiée et en conséquence les délégués de nombreuses puissances s'assemblèrent l'année suivante à Genève où ils signèrent le 22 août 1864 la célèbre convention de Genève, plus connue sous le nom de « Croix Rouge ».

On peut dire que c'est de là que date le choix de la Suisse qu'ont généralement fait les gouvernements, comme siège des bureaux internationaux qui ont été fondés subséquemment.

En 1865, à la suite de la signature de la Convention de Paris, l'union internationale télégraphique fut créée. Pendant un certain temps il n'y eut pas d'office central, et, à la conférence de Vienne en 1868, on proposa même que l'administration fût changée à tour de rôle, et établie, dans la période qui séparait deux conférences, dans la ville où s'était tenue la dernière, mais on finit par reconnaître qu'il valait décidément mieux avoir un bureau central permanent et on demanda à la Suisse de bien vouloir permettre qu'il fût établi sur son territoire. Tout le monde étant d'accord, l'office central de l'union internationale télégraphique fut établi sans plus de délai à Berne.

En 1874, l'union postale internationale fut créée et le bureau également établi à Berne. M. E. Borel, alors membre du Conseil fédéral et vice-président de la Confédération, donna sa démission pour accepter la direction du nouveau bureau, et depuis cette époque il en a rempli les fonctions avec une habileté à laquelle ses adversaires mêmes se plaisent à rendre hommage.

L'union postale internationale est devenue universelle depuis 1878.

Nous pouvons en passant mentionner deux autres conventions conclues à Berne : l'une contre le phylloxera, l'autre sur le transport des marchandises par chemin de fer. La première de ces conventions a été signée à Berne en 1878 et cette ville a été désignée comme lieu des futures conférences, mais il n'y a pas d'administration centrale. La seconde, à laquelle n'ont naturellement pu prendre part que les puissances européennes, a été signée à Berne en 1887 et un office central doit y être établi [1].

L'union internationale pour la protection de la propriété industrielle fut le résultat des dix années de négociations qui précédèrent la Convention de Paris du 20 mars 1883. Les conférences qui se tinrent à Berne en 1884, 1885 et 1886, préparèrent la création d'une nouvelle union internationale plus importante, celle pour la protection de la propriété littéraire et artistique, qui fut créée à Berne le 9 septembre 1886. Cette convention a été ratifiée par neuf puissances (Allemagne, Angleterre et ses colonies, Autriche, Belgique, Espagne, France, Hollande, Italie et Portugal [2]).

Les bureaux de ces deux unions sont établis à Berne [3].

[1] Il n'y eut en réalité qu'un projet de Convention qui fut signé par les délégués des gouvernements de l'Allemagne, de l'Autriche-Hongrie, Belgique, France, Italie, Luxembourg, Pays-Bas, Russie et Suisse, le 17 juillet 1886. Les délégués prièrent le Conseil fédéral suisse de bien vouloir inviter les gouvernements des Etats représentés à la Conférence à donner pouvoir à des plénipotentiaires, qui auraient à se réunir à Berne, de transformer, sans y apporter aucune modification, le texte du projet, qui comprenait également la création d'un office central à Berne, en une Convention définitive. Pour des raisons dans lesquelles nous n'avons pas à entrer ici, cela n'a pas encore été fait jusqu'à présent.
H. L.

[2] Le Luxembourg y a adhéré en 1888 et la principauté de Monaco en 1889.
H. L.

[3] Le bureau international pour la protection des œuvres littéraires

Les bureaux internationaux que nous venons de citer sont en fait les seuls qui existent aujourd'hui dans le monde, car le bureau du mètre, installé près de Paris, et qui est la seule institution qui existe dans un autre pays que la Suisse avec un caractère international, ne peut être placé dans la même catégorie et est d'ailleurs scientifique et non commercial [1].

Il est difficile, dit M. Thornton à la fin de son rapport, de se figurer, en passant par les rues tranquilles de la capitale fédérale, l'importance des opérations que l'on y fait sans que l'on s'en aperçoive ni l'étendue des intérêts que l'on y discute. Et cependant, il faut bien se dire que ces intérêts sont une des plus puissantes garanties du maintien de la Suisse comme Etat indépendant. Ce pays a acquis cette position par l'étude qu'il a su faire des besoins de l'humanité, en d'autres termes, il a su se rendre utile à tous sans offenser personne, et l'on peut espérer, pour le bonheur de l'humanité tout entière, que d'autres nations pourront s'inspirer

et artistiques a commencé à fonctionner le 1er janvier 1888. — A cette occasion, le Conseil fédéral a décidé de placer sous une même direction le nouveau bureau et celui existant déjà à Berne, de l'union pour la propriété industrielle. Par cette mesure qui laisse entièrement distincte la sphère d'activité respective des deux bureaux, le Conseil fédéral a voulu satisfaire aux vœux de plusieurs pays faisant partie des deux unions internationales. Elle permettra sans inconvénient, vu la grande analogie existant entre la protection de la propriété industrielle et celle des œuvres littéraires et artistiques, de réaliser dans l'administration des économies importantes et de réduire la part contributive incombant à chaque Etat contractant. Le Conseil fédéral a estimé que, dans la phase actuelle, la nomination d'un directeur, placé sur le même pied que ceux des bureaux internationaux des postes et des télégraphes, n'était pas indispensable, et il a nommé M. H. Morel, ancien conseiller national et ancien président de l'Assemblée fédérale, aux fonctions de secrétaire général des deux bureaux jusqu'au moment où il sera procédé à leur organisation définitive par la nomination d'un directeur. En attendant, M. Droz, chef du Département des Affaires étrangères, a été chargé d'exercer la haute surveillance sur leur administration.

H. L.

[1] Il vient d'être installé à Bruxelles un bureau international pour la publication des tarifs douaniers.

du même esprit. La confiance que les diverses puissances ont mise dans la Suisse lors de la création de ces unions internationales tend à établir entre elles des rapports plus suivis dans toutes les questions de vie journalière qui ne peuvent que rendre progressivement meilleure la bonne entente parmi elles. Les différents systèmes peuvent être comparés, les découvertes utiles partagées, les législations simplifiées et identifiées. Grâce à la possibilité d'obtenir des renseignements exacts de toutes les parties du monde, l'utile science de la statistique pourra recevoir plus de développements et donner de meilleurs résultats. Enfin il n'y a personne qui, ayant vécu quelques années en Suisse, et ayant appris à apprécier le bon sens pratique qui est le caractère distinctif de cet énergique petit peuple, ne se réjouisse de lui voir garder une place honorable parmi les nations. C'est l'avenir qui, plus que jamais maintenant, lui semble réservé.

CHAPITRE XIX

COMPARAISON ENTRE LES INSTITUTIONS POLITIQUES DE LA SUISSE ET DES ÉTATS-UNIS

Trois points de ressemblance. — Différences dans leur origine et leur développement. — Différences dans la revision de la Constitution. — Autorités législatives, exécutives et judiciaires. — Différences entre les deux pays. — Différences entre les deux républiques et la Constitution anglaise.

On nous a fait observer qu'il serait peut-être utile de faire ici la comparaison entre les institutions politiques de la Suisse et celles des Etats-Unis. C'est ce qui nous a engagés à écrire ce chapitre.

Il y a trois points de ressemblance dans la Constitution respective de ces deux pays :

1. Chez chacun d'eux, la création d'un Etat fédératif[1] a été le résultat du désir des différents Etats ou

---

[1] Il faut distinguer entre un « Etat fédératif » et une « Confédération d'Etats ». — Il y a Confédération d'Etats lorsque les Etats associés sont restés souverains et ont seulement délégué l'exercice de certains droits de souveraineté au pouvoir central, par un « pacte fédéral », qu'ils peuvent dénoncer ou abroger. Telles furent : la Confédération germanique de 1815 à 1866, celle de l'Allemagne du Nord de 1866 à 1871, la Confédération suisse jusqu'en 1798 et de 1815 à 1848, les Etats-Unis d'Amérique 1781 à 1787.

Dans l'« Etat fédératif », au contraire, il y a un pouvoir central maître de sa compétence qu'il peut étendre ou restreindre : c'est à ce pou-

cantons séparés de former une ligue solide contre les autres pays [1].

2. Dans chacun d'entre eux, le principe a été proclamé que l'indépendance de chacun des Etats ou cantons qui composent l'union ne doit être diminuée que d'autant que c'est absolument nécessaire à l'existence de la ligue et qu'il est avantageux de le faire dans les questions d'intérêt commun.

3. En Suisse comme en Amérique il existe deux Chambres, l'une représentant le peuple, l'autre les cantons ou Etats.

Si nous comparons entre elles les constitutions suisses et américaines, ce qui nous frappe tout d'abord, c'est que cette dernière est écrite dans un style élégant et bien tourné tout en restant claire et compréhensible, tandis que la première contient, sur différents sujets, un grand nombre d'articles laborieusement construits sans être obscurs cependant. Il faut en chercher la raison dans ce fait que l'origine de ces deux Etats fédératifs a été absolument différente. Aux Etats-Unis, quelque temps après la révolution qui devait changer treize Etats colons de l'Angleterre en autant d'Etats indépendants, ayant chacun sa Constitution propre, certains articles établissant les premiers principes

voir central qu'appartient la souveraineté, c'est lui qui est la personne du droit des gens, conformément à la Constitution fédérale. Tels sont les Etats-Unis d'Amérique depuis 1787, la Confédération suisse depuis 1848. L'empire allemand ne répond exactement à aucun des deux types mentionnés ci-dessus. Au point de vue du droit public interne, il se rapproche davantage de l'Etat fédératif que de la Confédération d'Etats et le contraire a lieu au point de vue international. (Voyez Rivier, Cours de droit des gens, Bruxelles 1889). C'est donc à tort au fond que la Constitution de 1874 donne à la Suisse le nom de Confédération, alors qu'elle devrait s'appeler en droit strict les Etats ou les cantons unis de la Suisse. H. L.

[1] Originairement, les Etats américains avaient plus de liens de rapprochement entre eux que n'en avaient les villes suisses d'où devaient sortir les cantons, mais il ne faut pas oublier les relations de ces dernières avec l'Empire germanique.

d'une union encore imparfaite furent adoptés tout d'abord. On s'aperçut bientôt de la nécessité de remplacer ces articles par un document plus explicite : c'est ce qui fut fait lors de l'adoption de la Constitution de 1787 qui entra en vigueur en 1789 et qui, au fond, est encore la loi organique telle qu'elle existe aujourd'hui.

En Suisse, au contraire, la Constitution actuelle peut être regardée comme le produit de siècles de luttes. La ligue, à mesure que l'adjonction de cantons nouveaux venait lui donner plus de force, passa par toute une série de développements et différentes phases d'intervention étrangère jusqu'en 1848 où la première vraie Constitution suisse reçut l'assentiment du peuple. Quoique ses auteurs se soient inspirés de celle des Etats-Unis, le contraste entre les deux est très grand. La Constitution suisse actuelle donne aux autorités fédérales le pouvoir et le droit de surveillance sur une quantité d'intérêts spéciaux différents et ce système a produit d'heureux résultats dans un pays aussi petit que la Suisse. Mais dans un pays aussi vaste que les Etats-Unis, qui diffère des autres à tant de points de vue qui lui sont particuliers, il fallait un autre système. La Constitution américaine, laissant beaucoup à déduire des droits que l'on suppose inhérents à la qualité d'homme et par conséquent inaliénables, se borne pour ainsi dire à énumérer des règles fondamentales et quelques principes généraux et tâche d'éviter autant que possible tout empiètement sur le domaine de la législation ordinaire. Pour tout dire en un mot, le gouvernement de l'Union est un gouvernement aux pouvoirs limités et clairement définis et si la Constitution mentionne certaines restrictions, c'est au détriment du gouvernement fédéral et non des Etats, sauf quand le cas est spécialement mentionné. D'autre part, les restrictions qui abondent dans la Constitution suisse s'appliquent pour la plupart aux cantons grâce aux pouvoirs directs et discrétionnaires accordés à la Confédération sur un vaste champ de législation.

En fait, la Confédération suisse peut facilement faire sentir son influence dans les différentes parties d'un petit pays bien compact, qui ne comprend que vingt-deux cantons seulement avec un peu moins de trois millions d'habitants, tandis que dans la puissante république transatlantique qui s'étend d'un océan à l'autre, le gouvernement central dans nombre de questions peut à peine faire sentir la sienne. Les 13 Etats qui avaient commencé leur existence politique avec moins de 3 millions d'habitants sont devenus trente-huit Etats avec plus de 60 millions d'habitants, si l'on y comprend les huit territoires. Des gouvernements locaux indépendants, ayant plein contrôle dans toutes les affaires domestiques devinrent indispensables et l'on est arrivé à cette conclusion que chaque partie de l'Union pouvait en général arranger ses affaires avec plus d'intelligence et de zèle qu'on ne pouvait en attendre de la part d'un gouvernement quelconque éloigné.

Nous allons exposer maintenant quelques-unes des différences les plus frappantes qui existent entre les deux républiques.

1. *Revision de la Constitution. En Suisse*, lorsqu'une section de l'Assemblée fédérale décrète la revision de la Constitution fédérale et que l'autre section n'y consent pas, ou bien lorsque 50,000 citoyens suisses ayant droit de vote demandent la revision, la question de savoir *si la Constitution fédérale doit être revisée* est, dans l'un comme dans l'autre cas, soumise à la votation du peuple suisse, par oui ou par non.

Si, dans l'un ou l'autre de ces cas, la majorité des citoyens suisses prenant part à la votation se prononce pour l'affirmative, les deux Conseils seront renouvelés pour travailler à la revision (art. 120). La Constitution fédérale revisée entrera en vigueur lorsqu'elle aura été acceptée par la majorité des citoyens suisses prenant part à la votation et par la majorité des Etats, c'est-à-dire après un second vote populaire sur le point particulier (art. 121)[1].

Aux Etats-Unis, il est procédé de la façon suivante :

La Constitution pourvoit elle-même à sa revision ; chaque fois que les deux tiers des deux Chambres le jugeront nécessaire, le Congrès proposera des amendements à la Constitution ou, sur la demande des législatures des deux tiers des divers Etats, il convoquera une Convention pour proposer des amendements qui dans les deux cas seront valables et deviendront partie intégrante de la Constitution lorsqu'ils auront été ratifiés par les législatures des trois quarts des divers Etats ou par les Conventions formées dans les trois quarts d'entre eux, selon que le Congrès aura proposé tel ou tel mode de ratification, pourvu que nul amendement ne vienne priver aucun Etat, sans son consentement, de l'égalité de suffrage dans le Sénat (art. 5).

On le voit, en Suisse la revision appartient directement au peuple, tandis qu'aux Etats-Unis elle appartient aux représentants du peuple réunis en conventions ou législatures [2].

2. *Autorités législatives*. Il existe des différences essentielles entre les assemblées législatives des deux

[1] Il faut dans ce cas la majorité des votants et la majorité des Etats. Nous rappellerons ici qu'il n'en est pas de même pour les lois et arrêtés d'intérêt général qui peuvent être soumis au referendum. Dans ce dernier cas, la majorité des votants suffit et la majorité des cantons n'est plus requise. La loi sur la poursuite pour dettes et la faillite a été dernièrement acceptée par le peuple à la majorité de 30,000 voix environ et à la minorité de sept ou huit cantons. Quinze ou seize s'étaient prononcés contre. H. L.

[2] Voir l'excellent article publié sur ce sujet par M. E.-J. Phelps, ancien membre des Etats-Unis à Londres, dans le n° de février 1888 de la *Ninetienth Century*.

pays; les deux Chambres suisses jouissent des mêmes droits; le Sénat américain possède certains pouvoirs qui n'appartiennent pas à la Chambre des représentants. C'est au Sénat seul qu'appartient la ratification des traités ainsi que la confirmation ou le rejet des nominations faites par le président (dans les deux cas à la majorité des deux tiers). C'est également lui qui juge les fonctionnaires mis en accusation. Les membres du Sénat américain sont nommés par les législatures de chaque Etat respectif pour un terme de 6 ans. Ceux du Conseil des Etats suisses sont nommés quelquefois par la législature, quelquefois directement par le peuple pour une période indéterminée que chaque canton a le droit de fixer comme il veut; mais tous deux sont rééligibles au Congrès et aux Conseils.

De même c'est à la Chambre des représentants seule qu'appartient le droit d'impeachment (art. 1 section II) (mise en accusation), de même que tout bill relatif à la levée des impôts doit prendre son origine dans cette Chambre, sous réserve des amendements que le Sénat peut y proposer ou voter (art. 1 sect. VII). Ses membres ne sont élus que pour deux ans tandis que ceux du Conseil national le sont pour trois et chacun doit avoir son domicile dans l'Etat qui l'a élu, ce qui n'est pas le cas pour le Conseil national.

3. *Autorités exécutives.* Le président des Etats-Unis et le président de la Confédération suisse ne peuvent guère être comparés l'un à l'autre. Le premier possède des pouvoirs étendus, tandis que les fonctions de l'autre se bornent à certaines formalités, toute la besogne du pouvoir exécutif étant faite par le Conseil fédéral dont il est un des membres.

Il faudrait donc plutôt comparer le président des Etats-Unis et le Conseil fédéral suisse, qui représentent le pouvoir exécutif chacun dans leur pays respectif.

Le président des Etats-Unis est élu pour une période de 4 ans et est rééligible. En fait, jusqu'à présent, aucun président n'a été réélu plus d'une fois et le sentiment national est si opposé à l'idée d'une troisième réélection que le cas ne s'est jamais présenté. Le choix d'un président est devenu une affaire assez compliquée. D'après la Constitution (art. 2 sect. II), chaque Etat nommera un nombre d'électeurs égal à la totalité des sénateurs et des représentants que l'Etat a le droit d'envoyer au Congrès. L'idée primitive était que les hommes les plus honorables devaient avoir le droit de choisir comme président le meilleur de tous. C'était là une théorie décidément conservatrice, mais dans la pratique les électeurs ne sont plus maintenant que les *porte-paroles* du choix du peuple dans chaque Etat. Donc chaque parti envoie des délégués à une Convention qui se tient dans une certaine ville. Noms après noms sont proposés aux délégués et les votes succèdent aux votes jusqu'à ce que quelqu'un ait obtenu la majorité absolue. Il devient alors le candidat du parti, quelle que soit sa couleur. Chaque Etat désigne alors ses électeurs qui doivent voter pour l'un ou l'autre des candidats qui ont été choisis dans la Convention par les représentants des partis.

Le Conseil fédéral suisse est élu par les Chambres pour trois ans parmi les citoyens éligibles au Conseil national. Ses membres sont rééligibles et, en fait, constamment réélus.

Aux Etats-Unis, le président est le représentant d'un des grands partis qui divisent le pays et son arrivée au pouvoir est toujours marquée par des changements importants, complets même quelquefois, dans le personnel administratif et en particulier par le renouvellement des diplomates à l'étranger.

En Suisse, le Conseil fédéral n'est pas le représentant d'un parti et les fonctionnaires gardent leurs places (quoiqu'ils puissent être changés lors du renouvellement des pouvoirs du Conseil fédéral) et personne ne songe à modifier la représentation diplomatique de la Suisse à l'étranger.

Le président des Etats-Unis a droit de véto sur toutes les lois votées par le Congrès. Il est vrai qu'il ne peut ni proroger, ni dissoudre les Chambres, mais il jouit d'un grand pouvoir personnel. Il commande en chef les armées de terre et de mer; il signe les traités avec les puissances étrangères, choisit lui-même les membres de son cabinet et fait nombre d'autres nominations, sujettes d'ailleurs comme les traités à la ratification du Sénat. Il jouit également du droit de grâce en cas d'offenses contre les lois fédérales. Lors de l'ouverture des sessions du Congrès, il envoie un message relatif à l'état des affaires publiques et recommande à son attention certaines questions particulières.

Quoique le cabinet, comme en Suisse, se compose de sept membres, ce nombre n'est pas fixé par la loi et le président peut l'augmenter ou le diminuer. Chaque ministre est à la tête d'un département particulier et soumet pour approbation au président ses rapports sur les affaires qui en ressortent. Ce dernier décide autoritairement au sujet des questions qui lui sont soumises, approuve, désapprouve, change et dans le cas de dissentiment avec l'un des membres de son cabinet, il a le droit, dans l'état actuel de la loi, de le renvoyer s'il ne donne pas sa démission de bonne volonté.

Les membres du cabinet ne sont pas nommés pour une période fixe; en dehors de leurs départements, ils n'ont aucune influence; ils ne prennent même pas la parole dans les Chambres comme les membres du Conseil fédéral suisse, quoique aucune loi ne le leur défende et que chaque Chambre puisse inviter l'un d'entre eux à assister aux séances si elle désire l'entendre sur telle ou telle question. Pour qu'une loi quelconque passe par le Congrès, il faut recourir aux services de quelque membre du Congrès qui se chargera de la présenter. Le cabinet américain n'est ainsi qu'un simple conseil d'administration entièrement sous la dépendance du président.

Nous avons expliqué au chapitre IV les fonctions du Conseil fédéral suisse. Chaque membre a sa voix dans les affaires qui sont de la compétence du Conseil tout entier; c'est de ce dernier que doit émaner toute loi qui doit être soumise aux Chambres et les mesures qu'elles ont adopté sont promulguées par lui quand elles ont reçu, dans le cas où c'était nécessaire, la sanction populaire. Les traités conclus par le pouvoir exécutif doivent recevoir l'approbation du pouvoir législatif.

Lors de l'ouverture des sessions, le Conseil fédéral n'adresse pas un message général à l'Assemblée, mais il lui en adresse de nombreux sur toutes les questions à discuter et à décider. Il envoie cependant à l'Assemblée un rapport général sur sa gestion.

Comme nous l'avons déjà dit, le Conseil fédéral suisse n'est guère autre chose qu'un comité nommé pour l'expédition des affaires et le président pour l'année courante ne possède pas plus d'influence que ses collègues.

4. *Autorités judiciaires.* Il existe en Suisse comme en Amérique une cour suprême de justice.

En Amérique, le nombre des juges de cette cour est fixé par le Congrès. Elle se compose aujourd'hui d'un juge en chef (*chief Justice*) et de 8 juges. C'est le président qui les nomme sous l'approbation du Sénat et ils restent en office tant qu'ils ne donnent pas lieu à des plaintes justifiées [1].

---

[1] *During good behaviour* (tant qu'ils se comportent bien). C'est la formule de l'immobilité. C'est la traduction de la vieille phrase latine *quamdiu se bene gesseriut* opposé au *durante beneplacito*, c'est-à-dire durant notre bon plaisir. H. L.

En Suisse, l'Assemblée fédérale nomme les juges du Tribunal fédéral pour six ans; ils sont au nombre de neuf et peuvent être réélus; l'Assemblée choisit parmi eux un président et un vice-président tous les deux ans. Il y a neuf substituts, également nommés pour six ans. Ce tribunal semble plutôt tenir de la nature d'une cour d'arbitres.

Les attributions de chaque cour diffèrent naturellement surtout dans les points suivants importants.

Tout juge de la cour suprême des Etats-Unis est obligé de considérer comme nuls et non avenus tous les actes législatifs émanant soit du Congrès soit des législatures des Etats, qui ne sont pas d'accord avec la Constitution fédérale ou qui dépassent les pouvoirs législatifs que la Constitution confère. La cour suprême ne s'occupe de la validité des actes du Congrès que dans le but de décider une question qui a été portée devant elle dans un procès en règle.

Le Tribunal fédéral, au contraire, n'a pas à s'inquiéter du caractère constitutionnel d'une loi ou d'un arrêté de portée générale qui a été voté par l'Assemblée fédérale, pas plus qu'il n'a à s'occuper d'un traité ratifié par ce corps. Il est obligé par la Constitution d'accepter ces lois et arrêtés et de les appliquer dans les cas qui lui sont soumis.

La raison en est claire. Les mesures qui ont été préparées par le Conseil fédéral, votées par l'Assemblée et adoptées par le peuple avec ou sans referendum, ont reçu ainsi la sanction du peuple suisse. Le Tribunal fédéral n'a donc qu'à s'incliner devant la décision du peuple et regarder ces mesures comme constitutionnelles et inviolables.

Aux Etats-Unis, il existe non seulement une cour suprême, à la tête de tout le corps judiciaire fédéral, mais il y a aussi un certain nombre de tribunaux inférieurs que le Congrès établit de temps en temps dans les différents Etats de l'Union. Les jugements de la cour suprême sont exécutés par les officiers de ce tribunal sans l'aide des fonctionnaires de l'Etat.

En Suisse, ces tribunaux subordonnés n'existent pas et le Tribunal fédéral n'a pas d'officiers de justice pour faire exécuter ses jugements, de sorte que ce dernier, aussi bien que le Conseil fédéral, qui est chargé de veiller à l'exécution des arrêts, doit avoir recours pour cela à des fonctionnaires cantonaux. Et il n'existe pas davantage ici de ligne de démarcation bien marquée, définissant exactement les attributions du Tribunal fédéral, comme autorité judiciaire, et celles du Conseil fédéral et de l'Assemblée fédérale, comme autorités politiques.

Il existe, en outre, entre les deux pays, les importantes divergences suivantes:

a) Il n'y a pas dans la Constitution américaine, comme dans la Constitution suisse, d'article obligeant le pouvoir fédéral à garantir la constitution particulière de chaque Etat (art. 102 § 3), quoiqu'elle garantisse la forme républicaine de gouvernement à chaque Etat.

b) En Amérique, non seulement le président a un droit de veto sur tous les actes du Congrès, mais les gouverneurs des Etats, sauf quatre, jouissent du même droit sur les actes de législature des Etats. Il n'y a rien de pareil en Suisse.

c) Chaque Etat de l'Union possède deux Chambres. Dans les cantons suisses, il y a, soit les landsgemeindes, soit une seule Chambre, avec des Conseils exécutifs.

d) Aux Etats-Unis, l'autorité exécutive dans chaque Etat est élue par le vote populaire. Ceci n'existe en Suisse que dans certains cantons.

e) Il y a encore une autre différence à signaler. Si le poste de président de la Confédération suisse devient vacant dans l'année par suite de décès par exemple, comme cela a été le cas l'année dernière lors de la mort de M. Hertenstein, il n'est pas pourvu à son remplacement pendant le reste de l'année, tandis qu'aux Etats-Unis, dans un cas pareil, le vice-président prend de droit la présidence pour le terme qui reste à courir.

Il est presque inutile de faire remarquer ici que le système constitutionnel tel qu'il existe en Angleterre diffère de beaucoup de celui qui est en vigueur dans les deux républiques dont nous venons de parler. Il y a cependant certains points qu'il vaut la peine de noter rapidement.

Il y a en Angleterre un souverain qui, tout en n'usant que rarement, surtout dans les affaires du pays, et sans l'assentiment du Parlement, de ces pouvoirs étendus qui, de par la loi, sont des prérogatives de la couronne, n'en possède pas moins, au point de vue politique, une certaine influence et s'occupe continuellement de questions de la plus haute importance.

Le cabinet se compose d'un certain nombre de personnes qui toutes, dans la pratique, siégent soit à la Chambre des lords, soit à la Chambre des communes, quoique, selon M. Bagehot, le cabinet ne doive pas être choisi nécessairement parmi les membres du Parlement. A sa tête, se trouve un premier ministre qui le représente aux yeux de la Couronne. Les membres du cabinet sont généralement choisis dans un seul parti; il est rare que l'on forme un ministère de coalition, appelé d'ailleurs à une très courte existence, selon toutes probabilités. Tant que les membres du cabinet sont d'accord au sujet de la politique à suivre, il n'y a pas lieu à changement, mais toute divergence sérieuse d'opinion de la part d'un ou plusieurs d'entre eux doit nécessairement amener une dislocation. Ils ne sont pas, comme en Suisse, élus par le Parlement quoiqu'ils ne soient au fond qu'une commission de ce dernier; ils ne sont pas davantage nommés pour une période fixe. Le cabinet peut, de l'assentiment de la reine, dissoudre le Parlement et ordonner de nouvelles élections. Le Conseil fédéral suisse ne peut pas dissoudre l'Assemblée. Les ministres anglais ne sont pas, comme aux Etats-Unis, de simples chefs de départements, mais en leur nom collectif, ils dirigent en dehors de leurs devoirs administratifs les affaires de l'empire aussi longtemps qu'ils jouissent de la confiance de la Chambre des communes, qui n'est elle-même que la personnification de la volonté populaire.

S'ils viennent à perdre cette influence, ils peuvent soit donner leur démission, soit en appeler au peuple, par une nouvelle élection à la Chambre des communes. Si la Chambre nouvelle est hostile au cabinet, le premier ministre remet entre les mains du souverain sa démission et celle de ses collègues et lui désigne en même temps, sur sa demande, la personne qui doit être appelée à former le nouveau ministère. Cette personne est généralement le chef de l'opposition qui l'a renversé.

CHAPITRE XX

CONCLUSION

Monopole fédéral pour la vente et la fabrication de l'alcool. — Impôt progressif sur le revenu. — Représentation des différents partis au sein du Conseil fédéral. — Augmentation de la tolérance religieuse. — Emigration. — Egalité politique de tous les citoyens. — Fédération des ouvriers suisses. — Démocrates socialistes. — Projet de centralisation pour l'armée.

L'espace nous manque pour parler en détail dans ce volume de beaucoup de questions que nous aimerions à y voir traitées, parmi elles, tout en premier lieu, l'importante question de la consommation de l'alcool en Suisse, qui a tant occupé l'opinion publique dans ces dernières années et a donné lieu à un message très étendu du Conseil fédéral à l'Assemblée fédérale en 1884. L'effet désastreux produit sur la population — de certains districts tout particulièrement — par l'absorption constante d'une énorme quantité de schnaps fabriqué dans un tas de petites distilleries et, par suite, l'accroissement progressif de la misère et du crime, exigeaient absolument une réforme. Lorsque la question fut discutée pour la première fois au Conseil national dans la session de printemps de 1885, quelques membres insistèrent au point de vue moral tout particulièrement, sur la nécessité de prendre des mesures pour la solution de ce sérieux problème social. D'autres y virent surtout une question fiscale et la majorité était en faveur de l'abolition des droits locaux perçus dans certains cantons sous le nom d'ohmgeld ou d'octroi. Enfin, une revision partielle de la Constitution fut adoptée en 1885 et la loi faite dans ce but entra en vigueur en 1887 après avoir été adoptée par la plupart des cantons. Cette loi établissait un monopole pour la manufacture et la vente des spiritueux par la Confédération. Quels que puissent être les résultats de la nouvelle loi, on espère que l'abolition des distilleries privées viendra arrêter la consommation de ce poison qu'on appelle le schnaps; quant aux bénéfices financiers que l'on en attend, ils doivent être employés à indemniser ceux des cantons dans lesquels l'ohmgeld a été aboli [1].

Une autre question qui mérite de ne pas être passée sous silence est celle de l'impôt progressif sur le capital et le revenu qui a été établi dans le canton de Vaud. Un impôt de ce genre existait déjà dans plusieurs cantons, mais à un degré de progression bien moindre que celui qui a été mis en vigueur dans le canton de Vaud le 1er janvier 1887. Il n'y a pas à douter que ce système ne soit destiné à peser lourdement sur les gens riches, aussi a-t-il été fortement appuyé par le parti radical qui représenta au peuple que de cette façon les nouvelles charges publiques seraient payées seulement par les classes aisées et viendraient ainsi diminuer les taxes payées par les citoyens pauvres. Le gouvernement radical présenta cet impôt progressif comme une mesure appelée simplement à appliquer le principe que ceux qui ont, tant en biens meubles qu'immeubles, une superfluité, doivent être imposés plus que ceux qui n'ont que ce qu'il leur faut pour vivre. La minorité conservatrice déclara que la

---

[1] Voir la note au bas de la page 33 (chapitre II).

nouvelle loi n'aurait d'autre résultat que de faire quitter le canton aux gens riches — qu'il y en avait déjà des exemples — et d'exonérer en général les agriculteurs au détriment d'une classe peu nombreuse, et cela sans le moindre sentiment de justice ou de proportion.

Nous parlerons pour terminer maintenant de quelques autres sujets intéressants.

On a vu que la Confédération suisse, qui n'était au commencement qu'une simple alliance entre trois petites communautés (1291) et qui s'accrut peu à peu par l'adjonction de villes et territoires voisins jusqu'à ce qu'elle eut embrassé 22 cantons, devint, par la Constitution de 1848, un Etat fédératif, qui possède comme tel un pouvoir central exerçant l'autorité suprême dans toutes les questions de relations avec l'étranger, mais ayant, en matière intérieure, sa souveraineté limitée de façon à empiéter le moins possible sur l'indépendance et la souveraineté de chaque canton en particulier.

La nature et les attributions du Conseil fédéral, ou pouvoir exécutif, sont particulièrement dignes d'attention et nous en avons parlé tout au long au chapitre IV.

Lors des élections triennales, il n'est pas d'habitude de changer les membres du Conseil fédéral s'ils ont fait leur devoir. Des hommes comme MM. Welti, Hammer, Hertenstein n'ont jamais été écartés du pouvoir quoiqu'ils aient été élus il y a nombre d'années par le parti du centre, aujourd'hui réduit à une simple poignée. Ce système a l'avantage évident d'une grande continuité dans le gouvernement exécutif, qui reçoit suffisamment d'éléments nouveaux par les élections qui ont lieu de temps en temps. Les conseillers fédéraux ne sont pas changés en bloc chaque fois que l'un ou l'autre parti vient à avoir la majorité et l'on ne peut pas dire cependant que même dans ce cas-là le Conseil fédéral ne soit pas d'accord avec l'Assemblée.

Le peuple se contente parfaitement de cela parce qu'il sait d'abord que les conseillers fédéraux sont de bons travailleurs et qu'ensuite il possède le referendum, qui remet entre ses mains le sort de toutes les lois et qui lui permet de ne pas s'occuper des opinions politiques de membres de son pouvoir exécutif.

Quant aux affaires religieuses, le Kulturkampf, dont la Suisse a si longtemps été le théâtre, semble, dans ces dernières années, avoir des tendances à se calmer.

Lors de l'ouverture de la session d'été de l'Assemblée fédérale en 1886, M. Zemp, membre ultramontain pour Lucerne, fut élu vice-président du Conseil national, ce qui ne s'était jamais présenté depuis la Constitution de 1848. Il devint ensuite président de la Chambre et il est curieux de remarquer qu'en 1887 les trois présidents des deux Chambres et du Tribunal fédéral étaient tous les trois des catholiques romains. Beaucoup d'étrangers ont pu croire, en présence de ce fait, qu'une réaction se faisait sentir en Suisse, quoiqu'il n'en fût nullement ainsi. La seule conséquence que l'on puisse induire de ce fait, c'est que les passions religieuses sont devenues moins intenses, car autrement M. Zemp, malgré tout le respect qu'il inspire, n'aurait pas été, avec les idées ultramontaines qu'on lui connaît, élu président de la Chambre. Quant au Conseil fédéral, il s'est toujours montré des plus disposés, chaque fois que l'occasion s'en est présentée, à travailler à amener la paix et la concorde entre les deux grands partis religieux qui existent en Suisse.

Les conditions matérielles du peuple suisse peuvent en général être considérées comme satisfaisantes. Et malgré cela, l'émigration suisse — et spécialement vers les Etats-Unis — est très grande. Ce sont les cantons allemands qui fournissent le contingent le plus grand, l'émigration des cantons français étant insignifiante en comparaison. Les chiffres varient beaucoup. En 1880, l'émigration dépassait 7000, les deux années suivantes 11,000 et en 1883 elle obtenait son maximum d'intensité : 13,502. Depuis cette époque, elle a diminué rapidement, descendant en 1887 à 7558, dont 6448 pour les Etats-Unis. Les émigrants appartiennent pour la plupart aux classes agricoles. La terre est généralement hypothéquée, quelquefois même pour plus de la moitié de sa valeur dans le canton de Berne. Aussi l'émigration y est-elle fort grande. — Malgré leur réputation de gens économes, beaucoup de paysans suisses ne sont que trop disposés à dépenser en fêtes et autres amusements plus qu'ils n'ont, contractent des dettes, et à mesure que la famille augmente, leurs engagements envers leurs créanciers augmentent aussi et tout cela finit par une hypothèque dont il faut payer les intérêts. Comme la plupart du temps ils n'en peuvent venir à bout, ils prennent la résolution de tout vendre et d'aller rejoindre aux Etats-Unis ceux de leurs parents et de leurs amis qui, pour les mêmes causes, les y ont déjà précédés, et ce sont presque toujours des Allemands qui viennent prendre la place qu'ils ont abandonnée ainsi.

Il ne semble pas qu'il y ait ici d'hostilité bien marquée entre les classes pauvres et les classes riches. Il faut en chercher la raison dans l'égalité politique de tous les citoyens devant la loi comme aussi dans ce fait que la propriété étant ici beaucoup plus également partagée que dans d'autre pays, on n'y fait guère parade d'un grand luxe, les grands propriétaires sont rares et d'autre part les riches sont en général assez charitables envers les pauvres.

Les fonctionnaires, fédéraux ou cantonaux, sont en général des gens travailleurs et économes, qui reçoivent un traitement très minime. Le gouvernement central coûte en Suisse beaucoup moins que dans tous les autres pays.

Il convient également de parler ici de la Fédération ouvrière suisse *(Arbeiterbund)*. Un certain nombre de délégués des différentes sociétés industrielles, au nombre de 200 environ, catholiques et protestants, se réunirent à Aarau au mois d'avril 1887, représentant environ 100,000 ouvriers [1]. Ils avaient pour but de fonder une fédération pour élever le niveau social et matériel de la classe ouvrière, sans distinction de croyance, et les autorités fédérales ont reconnu à cette association un caractère semi-officiel en consentant à assurer un traitement au secrétaire ouvrier, nommé par cette association. Ce fonctionnaire est une espèce d'agent entre le gouvernement fédéral et les classes industrielles. Ses fonctions sont de nature purement économique et il n'a pas le droit de s'occuper des questions politiques.

De cette façon les questions de salaires, d'assurance obligatoire, de la responsabilité civile des patrons peuvent être examinées et discutées avec une bien plus grande autorité et un bien plus grand calme.

Le 21 octobre 1888, 57 délégués de différentes parties du pays se réunirent à Berne dans le but de fonder, par la fusion de deux sociétés distinctes, un quatrième parti politique sous le nom de parti démocrate socialiste. Ce mouvement important n'a rien d'international et ce nouveau parti doit se composer exclusivement de citoyens suisses. Son programme comprend, dit-on, une organisation nouvelle de la démocratie, la centralisation de l'Etat, la séparation de l'Eglise et de l'Etat, la nationalisation du commerce et de l'industrie, et la répartition égale des bénéfices du travail parmi tous. L'élection du Conseil fédéral par le peuple, la suppression de la police politique, l'assurance obligatoire, la création d'une banque nationale ayant le monopole

---

[1] Il n'y a en Suisse que 159,543 ouvriers. Voir la note à la fin du chapitre XV.   H. L.

de l'émission des billets de banque, le rachat des chemins de fer par l'Etat, sont autant de questions qui figurent au programme pour l'année 1888-89. Il est encore trop tôt pour prévoir l'avenir qui lui est réservé. Ses tendances ont un caractère plus socialiste que celles de l'association du Grutli, qui, on le sait, se compose d'ouvriers appartenant aux classes agricoles et qui, pour le moment, semble disposé à se tenir à l'écart de la nouvelle société. Si cette dernière en arrive jamais à être un vrai parti politique, ayant ses députés à l'Assemblée fédérale, il est probable que quelques membres de la majorité radicale actuelle se joindront à elle, tandis que d'autres feront une évolution vers le centre [1].

Nous en avons dit assez au chapitre XI pour prouver que le soldat suisse n'a rien perdu ici de son antique réputation et l'impression qu'il a faite sur les officiers étrangers ayant assisté aux grandes manœuvres est décidément favorable. Nous avons dans ce chapitre, fait une courte allusion à la tendance qui se remarque dans le pays vers une centralisation plus grande de l'armée [2]. Cette tendance devient de jour en jour plus grande dans les cercles militaires de la Suisse tant allemande que française. Les différentes sociétés d'officiers qui existent dans le pays se sont, presque sans ex-

---

[1] Au mois de novembre de l'année dernière (1889), la réunion des délégués du parti démocrate socialiste a arrêté son programme pour l'année suivante. Ce programme contient entre autres choses : la suppression de la police politique, l'extension des garanties données par la Constitution fédérale aux garanties des citoyens, l'élection du Conseil fédéral par le peuple, le referendum obligatoire, le droit d'initiative, l'unification du droit pénal, la représentation proportionnelle, l'instruction obligatoire gratuite et laïque jusqu'à l'âge de 15 ans, une loi fédérale sur l'application de l'art. 27 de la Constitution (instruction publique), l'appui du parti socialiste, accordé à titre de palliatifs, à tous les projets de loi tendant à l'amélioration du sort des classes ouvrières, etc. etc. Et selon toutes probabilités, la plus grande partie de ce programme sera réalisé dans un temps donné. H. L.

[2] Voir la note page 164. chapitre XI.

ception, prononcées en faveur d'une centralisation la complète pour tout ce qui regarde l'organisation et centralisation de l'armée, la plaçant ainsi sous l'autorité exclusive de la Confédération. La petite sphère d'activité que la loi actuelle laisse encore aux cantons en matière militaire viendrait ainsi à disparaître et les cantons, comme tels, n'auraient plus l'influence dont ils jouissent maintenant et spécialement par rapport à la nomination et à la promotion des officiers, ce qui était jusqu'ici et jusqu'à un certain point, de leur domaine. Les partisans de la centralisation s'appuient, entre autres arguments, sur les différences très marquées qui existent aujourd'hui entre les différentes divisions et subdivisions de l'armée. Certaines divisions ou certains régiments ou bataillons qui devraient se composer d'un nombre égal d'hommes, varient beaucoup parce que les hommes d'un certain canton ne peuvent pas être incorporés avec les hommes d'un autre canton.

D'un autre côté, les adversaires de la centralisation prétendent qu'en appliquant plus strictement le règlement en vigueur, on pourrait en arriver à obtenir toutes les améliorations nécessaires sans devoir prendre une décision aussi importante qu'une revision de la Constitution sur ce point. Ils pensent en outre que, dans l'état d'incertitude où la politique européenne se trouve aujourd'hui, il serait peut-être peu sage d'entreprendre une modification de l'organisation militaire. La guerre, à leur avis, peut éclater d'un moment à l'autre et si dans un moment de crise pareille, l'armée se trouvait dans une période de transition, il serait encore plus difficile de défendre l'intégrité du pays qu'avec l'état de choses qui existe aujourd'hui, quelque défectueux qu'il puisse être.

Sans entrer à fond dans la question, on peut faire remarquer que si, comme c'est probable, on en arrive à la discuter à l'Assemblée fédérale, les partisans de la centralisation de l'armée auront quelque peine à maintenir la discussion sur le terrain seul, et que les autres partis ne manqueront pas de saisir cette occasion pour demander une revision de la Constitution sur d'autres points, ce qui viendra causer beaucoup d'agitation dans le pays. Et cependant la grande masse du parti militaire en Suisse s'est prononcée en faveur d'une centralisation absolue.

Le 4 novembre 1888, quatre-vingt-quatorze délégués des différentes sections de la société fédérale des officiers se réunirent à Berne et après une discussion prolongée, la proposition suivante fut adoptée, à la minorité de sept voix seulement :

« Le transfert à la Confédération de toutes les attributions et compétences législatives et administratives relatives à l'organisation militaire du pays, est une nécessité impérieuse pour que la défense de la Suisse puisse être assurée par une armée capable de tenir campagne et prête à combattre. Le comité central de la société des officiers est chargé de communiquer aux membres des autorités fédérales la résolution adoptée aujourd'hui par l'assemblée, ainsi que le procès-verbal des délibérations et des rapports des sections cantonales. »

La Suisse s'est toujours fait remarquer par le patriotisme sincère qui l'anime, par son amour de l'indépendance. Lors de l'inauguration du monument élevé à Næfels en commémoration du 500me anniversaire de la victoire remportée sur les Autrichiens, M. Hammer, alors vice-président de la Confédération, prononçait, le 5 avril 1888, les paroles suivantes :

« Jamais notre pays n'a été aussi uni qu'il l'est aujourd'hui. Jamais ses ressources n'ont été plus vastes, jamais son armée n'a été plus forte et mieux organisée. Mais en même temps jamais la Suisse n'a été aussi entourée d'Etats puissants, et fortement armés. Nous restons ici, un petit peuple, debout au milieu de ces grandes nations, s'il nous est permis de nous comparer à elles, mais, les yeux ouverts, confiants en Dieu et en nous-mêmes. Nous avons de bonnes relations avec tous nos voisins et d'après toutes les probabilités humaines, il est à espérer qu'il en sera encore ainsi pendant longtemps. Mais nul pays ne peut se flatter qu'il n'aura pas à passer par de dures épreuves, et quoiqu'il arrive l'on nous trouvera, nous et nos fils, vigoureux et résolus. »

APPENDICE

Les chiffres renfermés dans les tableaux qui suivent représentent les résultats du recensement fédéral de la population du 1er décembre 1888, tels qu'ils ont été déterminés ensuite de la vérification opérée par le bureau fédéral de statistique et tels qu'ils ont été arrêtés par l'assemblée fédérale en date du 20 juin 1889.

Nous donnerons ici pour l'intelligence des tableaux les explications suivantes.

Par « population de résidence ordinaire » d'une commune (d'un district ou d'un canton), on entend l'ensemble des personnes qui, à l'époque du recensement, habitent la commune d'une manière permanente ou qui y ont tout au moins leur principal domicile. La « population de fait », par contre, se compose de toutes les personnes dont la présence dans la commune est constatée au moment du recensement, ou, pour parler plus exactement, de toutes les personnes qui ont passé dans la commune la nuit du 30 novembre au 1er décembre 1888.

Afin de rendre possible une comparaison des résultats fournis par le dernier recensement avec ceux des recensements antérieurs, nous avons établi le tableau comparatif suivant. Nous ajoutons à titre d'explication que les définitions de la « population de résidence ordinaire » et de la « population de fait » pour le recensement de 1850 ne sont pas tout à fait les mêmes que celles employées pour les opérations postérieures.

En 1850 on recensait, dans la règle, la population seulement à son lieu de résidence ordinaire, et établissait ensuite à part le nombre des « étrangers en passage » et des « réfugiés politiques ». Les deux chiffres du recensement de 1850 indiquant la population de résidence ordinaire et la population de fait ne diffèrent l'un de l'autre qu'en ce que ce dernier chiffre

CANTON	Population de résidence ordinaire				
	1888 1er décembre	1880 1er décembre	1870 1er décembre	1860 10 décembre	1850 18 à 23 mars
Zurich	337.183	316.074	284.047	266.265	250.134
Berne	536.679	530.411	501.501	467.141	457.921
Lucerne	135.360	134.708	132.153	130.504	132.789
Uri	17.249	23.744	16.095	14.741	14.500
Schwyz	50.307	51.109	47.733	45.039	44.159
Unterwalden-le-H¹	15.043	15.329	14.443	13.376	13.798
Unterwalden-le-Bˢ	12.538	11.979	11.701	11.526	11.337
Glaris	33.825	34.242	35.208	33.363	30.197
Zoug	23.029	22.829	20.925	19.608	17.456
Fribourg	119.155	114.994	110.409	105.523	99.805
Soleure	85.621	80.362	74.608	69.263	69.613
Bâle-Ville	73.749	64.207	47.040	40.683	29.555
Bâle-Campagne .	61.941	59.171	54.026	51.582	47.830
Schaffhouse . . .	37.783	38.241	37.642	35.500	35.278
Appenzell Rh.-Ext.	54.109	51.953	48.734	48.431	43.599
Appenzell Rh.-Int.	12.888	12.874	11.922	12.000	11.270
St-Gall	228.160	209.719	190.674	180.411	169.508
Grisons	94.810	93.864	92.103	90.713	89.840
Argovie	193.580	198.357	198.718	194.208	199.720
Thurgovie	104.678	99.231	93.202	90.080	88.819
Tessin	126.751	130.394	121.591	116.343	117.397
Vaud	247.655	235.349	229.588	213.157	199.453
Valais	101.985	100.190	96.722	90.792	81.527
Neuchâtel	108.153	102.744	95.425	87.369	70.679
Genève	105.509	99.712	88.791	82.876	63.932
Suisse	2.917.740	2.831.787	2.655.001	2.510.494	2.390.116

comprend aussi les dits étrangers (au nombre de 1085) et réfugiés (au nombre de 1539), ce qui n'est pas le cas pour la population de résidence ordinaire.

Il y a 2,092,479 Suisses de langue allemande, 637,710 de langue française, 156,482 de langue italienne, 38,376 de langue romanche et 8,565 parlant d'autres langues ou patois, au nombre desquels il faut compter le « ladin », dialecte usité dans certaines parties des Grisons.

CANTON	Population de fait				
	1888 1er décembre	1880 1er décembre	1870 1er décembre	1860 10 décembre	1850 18 à 23 mars
Zurich	339.056	317.576	284.786	266.557	250.698
Berne	539.405	532.164	506.465	466.811	458.301
Lucerne	135.722	134.806	132.338	130.592	132.843
Uri	17.285	23.694	16.107	14.691	14.505
Schwyz	50.378	51.235	47.705	45.007	44.168
Unterwalden-le-H¹	15.030	15.356	14.415	13.355	13.799
Unterwalden-le-B⁸	12.520	11.992	11.701	11.179	11.339
Glaris	33.794	34.213	35.150	33.313	30.213
Zoug	23.123	22.994	20.993	19.596	17.461
Fribourg	119.529	115.400	110.832	105.260	99.891
Soleure	85.709	80.424	74.713	69.195	69.674
Bâle-Ville	74.245	65.101	47.760	41.044	29.698
Bâle-Campagne	62.154	59.271	54.127	51.590	47.885
Schaffhouse	37.876	38.348	37.721	35.571	35.300
Appenzell Rh.-Ext.	54.192	51.958	48.726	48.452	43.621
Appenzell Rh.-Int.	12.904	12.841	11.909	11.913	11.272
St-Gall	229.367	210.491	191.015	180.624	169.625
Grisons	96.235	94.991	91.782	89.775	89.895
Argovie	193.834	198.645	198.873	194.063	199.852
Thurgovie	105.121	99.552	93.300	90.133	88.908
Tessin	126.946	130.777	119.619	115.781	117.759
Vaud	251.297	238.730	231.700	212.528	199.575
Valais	101.837	100.216	96.887	90.455	81.559
Neuchâtel	109.037	103.732	97.284	87.362	70.753
Genève	106.738	101.595	93.239	82.323	64.146
Suisse	2.933.834	2.846.102	2.669.147	2.507.170	2.392.740

CANTON	Au 1er décembre 1888				
	Etrangers	Catholiques	Protestants	Israélites	Autres confessions
Zurich	34.607	40.402	294.236	1.416	2.960
Berne	15.556	68.246	468.120	1.245	1 694
Lucerne	3.180	127.533	7.939	215	93
Uri	576	16.892	378	3	11
Schwyz	1.677	49.289	1.097	2	8
Unterwalden-le-H^t	457	14.699	331	—	2
Unterwalden-le-B^s	618	12.397	126	—	1
Glaris	1.305	7.790	25.935	15	60
Zoug	886	21.696	1.394	18	12
Fribourg	2.421	100.524	18.869	127	42
Soleure	2.619	63.599	21.898	154	129
Bâle-Ville . . .	25.598	22.402	50.326	1.078	441
Bâle Campagne .	4.842	12.961	48.847	165	160
Schaffhouse . . .	5.074	4.813	32.887	26	150
Appenzell Rh. Ext.	2.195	4.502	49.555	26	117
Appenzell Rh.-Int.	318	12.206	697	—	3
St-Gall	18.539	135.796	92.705	575	365
Grisons	8.932	43.320	52.842	48	86
Argovie	5.500	85.962	106.414	1.064	394
Thurgovie . . .	10.339	30.337	74.282	61	411
Tessin	19.128	125.622	1.079	13	434
Vaud	19.867	22.428	227.475	638	755
Valais	2.993	100.925	865	3	44
Neuchâtel . . .	10.120	12.689	95.040	774	534
Genève	40.705	52.692	51.532	723	1.791
Suisse	238.062	1.189.662	1.724.869	18.384	10.697
		Soit 40.5 %	Soit 58.8 %	Soit 0.4 %	Soit 0.3 %

[1] D'après le dernier tableau publié par le Bureau fédéral de statistique.

ERRATA : page 14, 1re ligne, au lieu de : *auditorum*, lisez : *audiendum*.

ORDRE ET DATE
DE L'ENTRÉE DES 22 CANTONS
dans la Confédération.

	NOM FRANÇAIS	NOM ALLEMAND	DATE	CAPITALE
1	Zurich	Zürich	1351	Zurich
2	Berne	Bern	1353	Berne
3	Lucerne	Luzern	1352	Lucerne
4	Uri	Uri	1291	Altdorf
5	Schwytz	Schwytz	1291	Schwytz
6	Unterwalden :	Unterwalden :	1291	
	» Le Haut	» Obwald		Sarnen
	» Le Bas	» Nidwald		Stanz
7	Glaris	Glarus	1352	Glaris
8	Zoug	Zug	1352	Zoug
9	Fribourg	Freibourg	1481	Fribourg
10	Soleure	Solothurn	1481	Soleure
11	Bâle :	Basel :	1501	
	» Ville	» Stadt		Bâle
	» Campagne	» Landschaft		Liestal
12	Schaffhouse	Schaffhausen	1501	Schaffhouse
13	Appenzell :	Appenzell :	1513	
	» Rhodes Extérieures	» Ausser Rhoden		Hérisau
	» Rhodes Intérieures	» Inner Rhoden		Appenzell
14	St-Gall	St-Gallen	1803	St-Gall
15	Grisons	Graubünden	1803	Coire
16	Argovie	Aargau	1803	Aarau
17	Thurgovie	Thurgau	1803	Frauenfeld
18	Tessin (it. Ticino)	Tessin	1803	Bellinzone
19	Vaud	Waadt	1803	Lausanne
20	Valais	Wallis	1814	Sion
21	Neuchâtel	Neuenburg	1814	Neuchâtel
22	Genève	Genf	1814	Genève

TABLE DES MATIÈRES

Préface de M. Ruchonnet 9

Avant-propos des Auteurs 13

CHAPITRE PREMIER. — **Introduction historique** . 1
Les sept périodes de la Confédération suisse : I. La ligue des trois communautés (1291) : Uri, Schwytz et Unterwald. — Guillaume Tell. — Traité de Brunnen. — II. La Confédération des huit cantons (1353). — La Charte des prêtres. — La Convention de Sempach. — Aristocratie et démocratie. — Convention de Stanz. — III. La Confédération des treize cantons (1513). — La Réformation. — Les Diètes. — Influence de la France. — Intervention. — IV. La République helvétique (1798). — Abaissement des cantons. — Centralistes et Fédéralistes. — V. L'Acte de Médiation de Bonaparte et la Confédération des 19 cantons, 1803. — Diète et Landammann. — VI. Le Pacte fédéral de 1815. — Indépendance croissante des cantons. — Hostilités entre catholiques et protestants. — VII. La Constitution fédérale de 1848. — L'Assemblée fédérale composée de deux Chambres, et le Conseil fédéral de sept membres ou Pouvoir exécutif. — Berne, ville fédérale. — La Revision de 1874.

CHAPITRE II. — **La Constitution suisse**. 27
La double souveraineté fédérale et cantonale. — Lutte entre ces deux forces. — Pouvoirs relatifs. — Droits relatifs. — La souveraineté fédérale : guerre, contrôle de l'armée, frappe de la monnaie, importations et exportations, postes et télégraphes, travaux publics pour toute la Suisse. — La souveraineté cantonale : lois cantonales, tribunaux, police, écoles, travaux publics dans les limites du canton. — Construction et fonctionnement des chemins de fer. — Les trois pouvoirs fédéraux : l'Assemblée ou pouvoir législatif ; le Conseil fédéral ou pouvoir exécutif ; le Tribunal fédéral ou pouvoir judiciaire. — Récapitulation. — Fonctions exécutives et judiciaires. — Puissance croissante de la Confédération.

CHAPITRE III. — **L'Assemblée fédérale** 42

Le Conseil national et le Conseil des Etats. — Le Conseil national ou représentation du peuple. — Vote au scrutin. — Le président et le vice-président. — Le Conseil des Etats composé de deux membres par canton. — L'Assemblée fédérale se compose de deux Chambres. Pouvoirs relatifs de l'Assemblée et des Chambres. — Le referendum. — Droits relatifs. — Les postulats. — Influence relative de chaque Chambre. — Les séances et les débats.

CHAPITRE IV. — **Le Conseil fédéral** 59

Pouvoir exécutif composé de sept membres. — Leur élection par l'Assemblée. — La présidence et la vice-présidence. — Traitement du président et des membres. — Les sept départements. — Les affaires étrangères. — Les membres peuvent siéger dans chaque Chambre. — Ils sont indépendants de l'Assemblée et ne forment pas un cabinet représentant un parti. — Pas de lutte avec l'Assemblée. — Pouvoir exécutif. — Lutte avec les gouvernements cantonaux. — Travail acharné des membres. — Les trois différences entre le pouvoir exécutif suisse et les autres pouvoirs exécutifs.

CHAPITRE V. — **Le Tribunal fédéral** 73

Le Palais de justice fédéral à Lausanne. — Institution du Tribunal fédéral par la Constitution de 1848. — Accroissement de ses fonctions depuis 1874. — Nomination des juges. — Traitements. — Tribunal civil pour les procès entre la Confédération, les cantons, les communes et autres corporations ou compagnies. — Cour d'appel des tribunaux cantonaux. — Cour criminelle pour les délits contre la Confédération et les lois internationales. — Assises fédérales. — Le tribunal décide les questions de droit public et d'administration. — Projet de loi soumettant les contestations religieuses. — Modifications proposées.

CHAPITRE VI. — **Le referendum et l'initiative** . . 85

Le referendum ou renvoi des lois et arrêtés aux électeurs. — Le droit populaire de veto limité par la Constitution de 1848 est étendu par celle de 1874. — Il est soutenu à la fois par les conservateurs et les radicaux. — Son influence bienfaisante. — L'initiative ou droit des électeurs de proposer de nouvelles lois. — Développement de ces deux droits dans le canton de Zurich. — Leur fonctionnement dans les autres cantons. — Mesures repoussées. — Objections faites au referendum. — Ce qu'il en serait s'il était adopté en Angleterre.

CHAPITRE VII. — **Les partis politiques** 99

Il n'y a pas de partis de gouvernement en Suisse. — Aucune distinction entre les ministériels et l'opposition. — Les trois partis politiques de l'Assemblée fédérale : 1° la Droite, ou catholiques romains ; 2° le Centre, ou libéraux modérés : 3° la Gauche, ou radicaux démocrates. — Programme des démocrates. — Le centre de gravité à l'Assemblée fédérale. — Les associations politiques. — Il n'existe pas de « caucus » ou de système parlementaire. — Décadence de l'aristocratie.

CHAPITRE VIII. — **Les communes** 110
La commune est la base des institutions républicaines suisses. — Ses différentes formes. Organisation de la commune. — Communes bourgeoises. — Naissance des municipalités. — Différences politiques entre les radicaux et les conservateurs. — L'organisation des communes dans le canton de Berne. — Les deux corps gouvernants, l'assemblée communale ou pouvoir législatif, et le conseil communal ou pouvoir exécutif. — Conditions exigées des citoyens pour voter à l'assemblée — Exclusion du droit de vote. — Pouvoirs relatifs de l'assemblée et du conseil. — Devoirs des conseils communaux. — Surveillance du gouvernement cantonal. — La commune de Grindelwald. — Son assemblée et son conseil. — Ses propriétés communales. — Les impôts. — Les secours aux pauvres, l'hôpital, les pompes à incendie, le bois pour les écoles. — Gages des laboureurs, mécaniciens, etc. — Enregistrement des habitants.

CHAPITRE IX. — **Les cantons**. 127
Chaque canton est un Etat souverain dont le pouvoir est seulement limité par la Confédération. — Droits qu'ils possédaient d'envoyer des ambassadeurs aux puissances étrangères. — Droit de battre monnaie, de lever des soldats, de taxer les vins et spiritueux à leur entrée dans le pays. — Les landsgemeindes ou assemblées populaires. — La landsgemeinde d'Uri en mai 1888. — La Constitution de Genève. — Les trois pouvoirs cantonaux : législatif, exécutif et judiciaire. — Les conseils cantonaux.

CHAPITRE X. — **Les tribunaux cantonaux.** 139
Leur différente organisation, leurs lois, leur procédure. — Le tribunal cantonal se compose de neuf juges. — Le juge d'instruction. Les cours de district composées d'un président et de quatre juges. — Les jurés. — Les juges de paix. — Le tribunal de justice de paix. — Procédure. — Appels. — Il n'y a que des avocats, pas d'avoués. — Les prisons. — Abolition des peines corporelles.

CHAPITRE XI. — **L'armée** 153
Position militaire de la Suisse. — Qualités militaires du peuple suisse. — Service étranger. — Service obligatoire. — L'armée suisse est une armée de soldats citoyens. — Service restreint et fortes réserves. — Coût par homme des armées continentales. — Perfection de l'organisation. — Le système militaire actuel. — Troupes fédérales et troupes cantonales. — Projet de transférer le contrôle de l'armée au Conseil fédéral. — Les taxes d'exemption. — Elite, landwehr, landsturm. — Administration de l'armée. — Corps des instructeurs. — Ecole de recrues. — Education. — Le directeur cantonal. — Manque d'officiers instruits. — Pas de solde permanente ni de pensions. — Chevaux. — Fusils. — Fortifications. — Mobilisation. — L'équipement du soldat. — Esprit national du soldat suisse.

CHAPITRE XII. — **La religion** 180

Premiers temps du christianisme. — Les missions irlandaises. — Ulrich Zwingli. — Séparation des cantons catholiques et protestants. — Union des Eglises réformées par Bullinger. — Relations amicales entre Zurich et l'Angleterre. — Jean Calvin à Genève. — Puissance croissante des catholiques. — St-Charles Borromée. — Hostilités entre catholiques et protestants. — La Révolution française. — Tolérance sous la République helvétique. — Interdiction de l'ordre des Jésuites. — La liberté de conscience sous la Constitution de 1874. Force relative des Eglises catholique et protestante. — L'Eglise libre. — Le vieux catholicisme. — L'Eglise catholique romaine de Berne. — Réglementation des processions par les cantons. — L'Eglise nationale réformée de Vaud. — L'assemblée et le conseil de paroisse. — Les conseils de district et le synode. — Conditions requises pour devenir pasteur.

CHAPITRE XIII. — **L'instruction** 208

Elle est donnée par les cantons sous le contrôle de la Confédération. — Opposition à l'intervention fédérale. — Ce qu'elle était avant la Constitution de 1874. — Le système de l'instruction obligatoire et populaire dans tous les cantons. — Passion du peuple suisse pour l'instruction. — Tolérance religieuse. — Zurich, un des plus grands centres d'instruction du monde entier. — L'école polytechnique, l'université, les musées et les laboratoires. — Conseils d'écoles de district. — Pas d'élèves-professeurs ni de préfet. — Collège pour les professeurs. — Les jardins d'enfants. — Ecoles supplémentaires. — Collège supérieur pour dames. — Ecoles professionnelles. — Les quatre universités : de Bâle, Berne, Zurich et Genève. — Il n'y a pas d'université fédérale. — Chaque enfant doit savoir lire et écrire.

CHAPITRE XIV. — **Agriculture**. 229

Nombreuses différences dans l'élévation, la surface et le sol du pays. — La plaine : vins, fruits et pâturages. — La montagne : blé, pommes de terre et foin. — Le district alpestre : forêts et pâturages. — Les deux espèces de bétail : la race tachetée et la race noire. — Amélioration de la race. — Lait, beurre et fromage. — Propriétaires et fermiers. — Baux. — Maisons. — Culture de la vigne. — Lois forestières, fonctionnaires forestiers, étendue des forêts.

CHAPITRE XV. — **Commerce**. 247

Importation et exportation. — La Suisse fait plus de commerce, par tête d'habitant, que presque tout autre pays européen. — Articles d'importation et d'exportation. — Relations commerciales avec les autres pays. — Industrie séricicole ; cotonnière ; de broderie ; horlogère ; d'instruments scientifiques ; bijouterie ; boîtes à musique, etc. — Machines. — Bière et spiritueux. — Tabac, cigares, cigarettes, tabac à priser. — Fromage et lait. — Sculpture sur bois.

CHAPITRE XVI. — **Socialistes et anarchistes**.... 263
Pouvoir du Conseil fédéral relativement aux étrangers. — Discours de M. le conseiller fédéral Droz. — Propagation du socialisme. — Les socialistes allemands à Zurich et les socialistes russes à Genève. — Innocuité des socialistes suisses. — Expulsion des anarchistes étrangers. — La police politique. — Expulsion de journalistes étrangers.

CHAPITRE XVII. — **La peine de mort**....... 276
Abolition, par la Constitution de 1874, de la peine de mort et des châtiments corporels. — Discussions subséquentes. — Rétablissement nominal de la peine de mort dans certains cantons. — Agitation en 1882. — La peine de mort rejetée à Zurich par un vote populaire : Discours de M. de Segesser. — Etat actuel de l'opinion publique en Suisse.

CHAPITRE XVIII. — **Les unions internationales**.. 290
Centre important de ces unions à Berne. — Union pour la protection des blessés. — Union télégraphique, postale, phylloxérique et pour les transports par chemin de fer. — Protection de la propriété industrielle. — Protection de la propriété littéraire et artistique. Bureaux à Berne.

CHAPITRE XIX. — **Comparaison entre les institutions politiques de la Suisse et des Etats-Unis**..... 286
Trois points de ressemblance. — Différences dans leur origine et leur développement. — Différences dans la revision de la Constitution. — Autorités législatives, exécutives et judiciaires. — Différences entre les deux pays. — Différences entre les deux républiques et la Constitution anglaise.

CHAPITRE XX. — **Conclusion** 299
Monopole fédéral pour la vente et la fabrication de l'alcool. — Impôt progressif sur le revenu. — Représentation des différents partis au sein du Conseil fédéral. — Augmentation de la tolérance religieuse. — Emigration. — Egalité politique de tous les citoyens. — Fédération des ouvriers suisses. — Démocrates socialistes. — Projet de centralisation pour l'armée.

APPENDICE................... 309

ORDRE ET DATE DE L'ENTRÉE DES 22 CANTONS DANS LA
 CONFÉDÉRATION 343

www.ingramcontent.com/pod-product-compliance
Lightning Source LLC
Chambersburg PA
CBHW070618160426
43194CB00009B/1306